Manfred Bönsch

Nachhaltiges Lernen durch Üben und Wiederholen

Schneider Verlag Hohengehren GmbH

Umschlaggestaltung: Gabriele Majer, Aichwald

Gedruckt auf umweltfreundlichem Papier (chlor- und säurefrei hergestellt).

Bibliografische Information der Deutschen Nationalbibliothek

Die Deutsche Nationalbibliothek verzeichnet diese Publikation in der Deutschen Nationalbibliografie; detaillierte bibliografische Daten sind im Internet über ›http://dnb.d-nb.de‹ abrufbar.

ISBN 978-3-89676-903-9 – **3. unveränderte Auflage**
Schneider Verlag Hohengehren, Wilhelmstr. 13, 73666 Baltmannsweiler
Homepage: www.paedagogik.de

Printed in Germany – Druck: Djurcic, Schorndorf

Inhaltsverzeichnis

Vorwort

Unterricht an den Schulen ist trotz einer langen Geschichte, die viele Erfahrungen birgt, immer noch archaisch organisiert! Diese provozierende Bemerkung stellen wir bewusst an den Anfang dieses Buches.

Da sich der Unterricht in der großen Mehrheit der Schulen an Schülergruppen orientiert, ist sein Orientierungskriterium ein ominöser und häufig nur diffus zu fassender „Durchschnittsschüler“. Da Unterricht und nicht Lernprozesse einzelner Schüler geplant, initiiert, gesteuert und überprüft werden, kommen die zentralen Anliegen und Probleme häufig gar nicht in den Blick. Diese liegen beim je einzelnen Schüler und seinen Lernbefindlichkeiten. Wir wissen häufig nicht, ob er wirklich lernen kann und will oder ob er einfach einer Art „Überlebensstrategie“ folgt; wir wissen häufig nicht, wo seine Lernmöglichkeiten und -schwierigkeiten liegen.

Bedeutet dieser Sachverhalt generell, dass Didaktik als Wissenschaft vom Unterricht bemüht sein muss, über dieses archaische Schulehalten hinauszukommen, so ist die Lage bei der Lernerfolgssicherung noch dramatischer.

Unterricht heißt häufig nur, mit Lerninhalten verschiedenster Art bekannt zu machen und das entsprechende Lernen als selbstverständlich gegeben anzusehen. Wenn das Lernen nicht erfolgreich ist, ist die Schuldzuschreibung schnell bei der Hand: Schüler sind entweder faul und uninteressiert, oder sie sehen zuviel fern und sind zu stark abgelenkt. Wenn es schlimm kommt, erfolgen Hinweise auf ein entsprechend defizitäres Zuhause, auf intellektuelle Defizite bereits bei den Eltern (wie kann es bei deren Kindern denn schon anders sein?!).

Die folgenden Ausführungen holen diese oberflächlichen Defiziterklärungen zurück in die Verantwortung der Lehrer:

Ist Unterricht überhaupt lerngünstig und erfolgssichernd angelegt? Werden Lernprozesse bis zu ihrem erfolgreichen Ende begleitet?

Werden die Schüler als lernende Subjekte angesehen, die im Grunde ihr Lernen selbst in die Hand nehmen und dazu in die Lage versetzt werden müssen?

Ist der Unterricht überhaupt am Lernen der Schüler orientiert?

Nachhaltiges Lernen wird hier in zweierlei Hinsicht verstanden:

- Unterricht muss trotz seiner herkömmlichen Organisation (viele Fächer im 45-Minuten-Takt) so gestaltet sein, dass er vollständige Lernprozesse ermöglicht. Vollständig heißt, dass sie von vornherein auf die Phasen des Anregens, Motivierens, der Er- und Bearbeitung und des Übens, Wiederholens, Umsetzens und Anwendens hin ausgelegt werden (Planungs- und Realisierungsaufgabe von Lehrern/innen).

- Lernen ist von Schüler/innen zu realisieren. Also wird es nur nachhaltig im Sinne von wirksam, effektiv, erfolgreich sein, wenn Schüler/innen das Lernen in die eigene Verfügung bekommen. Sie brauchen so etwas wie eine Autodidaktik, d.h. eine Didaktik des selbstgesteuerten Lernens (eigene Lernstrategien, Lern- und Arbeitstechniken, Zeitmanagement, Planungssouveränität).

Manfred Bönsch

1 Üben und Wiederholen im Unterricht: Strukturaufriss eines unterrichtlichen Aufgabenfeldes und gleichzeitig ein Literaturbericht

Einleitung

„Die Tatsache, dass die Wiederholung von neu Gelerntem ein wichtiger Bestandteil eines jeden Lernprozesses ist, scheint von der wissenschaftlichen Psychologie nicht genügend Beachtung zu finden“ (HOFER 1974).

Diese Feststellung kann man ohne weiteres auch auf die didaktische Literatur übertragen. Zwei Beispiele mögen dies verdeutlichen: 1985 ist in der großen „Enzyklopädie Erziehungswissenschaft“ der Band 4 zum Thema „Methoden und Medien der Erziehung und des Unterrichts“ erschienen (OTTO/SCHULZ 1985). Es gibt dort keinen Text über das Üben und Wiederholen! 1980 war das zweibändige „Handlexikon zur Erziehungswissenschaft“ erschienen (ROTH 1980); auch in diesem Werk findet man keine Ausführungen zum Thema Üben und Wiederholen! Man könnte sehr viele weitere Literaturbeispiele nennen, in denen das hier zur Rede stehende Thema keine Rolle spielt. Eine zweite Merkwürdigkeit ist, dass Ausführungen zum Thema, wenn sich einmal welche finden, in recht stereotyper Weise einige Grundsachverhalte wiederholen und dabei häufig auf ziemlich alte Befunde zurückgreifen. So sind Ausführungen von MEUMANN (1914; ^{5}1920), EBBINGHAUS (1885) und JOST (1897) ständig zu finden. Der beste Text aus neuerer Zeit ist wohl der von Heinrich ROTH in seiner „Pädagogischen Psychologie des Lehrens und Lernens“ (^{12}1970).

Die Literatur zum Thema „Üben und Wiederholen“ ist bis heute also nicht sehr üppig, wenngleich nach einer Periode der größeren Vernachlässigung in den 70er Jahren sich heute ein stärkeres Interesse feststellen lässt. Dieses Kapitel will in historischer und aktueller Sicht wichtige Literatur rezipieren und dabei gleichzeitig die Struktur des unterrichtlichen Aufgabenfeldes entwickeln. Lässt sich diese doppelte Aufgabe erfüllen, kennt der Leser erstens die wichtigste Literatur und damit einige Quellen, um sich Anregungen zu holen, zweitens entwickeln sich ihm strukturelle Aspekte des Themas, die zum Schluss noch einmal gebündelt werden.

1.1 Erster Überblick: Einprägen, Einüben und Ausüben (EGGERSDORFER)

Für den Anfang ist die Bezugnahme auf ältere Publikationen recht günstig, da sie deutlich machen kann, dass historische Studien zum Thema nicht ohne Bedeutung und zwischenzeitlich eher Verluste als Gewinne für den hier zur Rede stehenden Aufgabenbereich zu konstatieren sind. Es wird dabei versucht, auch die Begrifflichkeit der Autoren wiederzugeben.

EGGERDORFFRS großes Werk „Jugendbildung" (^{7}1961) ist in vieler Hinsicht gründlicher im guten alten Sinn als viele vergleichbare Werke. Es lohnt sich daher, auch für unser Thema kurz dem Gedankengang EGGERDORFERS zu folgen, den er in dem Abschnitt „Die Festigung der Bildungsinhalte. Einlernen und Wiederholen. Einüben und Ausüben im Unterricht" niedergelegt hat.

Zunächst unterscheidet er Einlernen (von Bewusstseinsinhalten, von Wissen) und Einüben (von psychophysischen Akten, von Fertigkeiten). Für das Einlernen scheint das Mittel der Sprache unumgänglich zu sein. Das sprachliche Einprägen betrachtet er also als das Urphänomen des Einlernens. Doch steht hinter dem sprachlichen Lernen das elementare Einprägen von Vorstellungen oder Bildinhalten des Bewusstseins. Das Merken von Sachen und sachlichen Zusammenhängen ist Voraussetzung und Unterbau alles höheren Einlernens, die Wortsymbole sind Stütze dafür. Das Medium aller Übung ist das Handeln. Wie im Lernen Worte wiederholt werden, so im Üben Akte. Es geht dabei um Fertigkeiten auf verschiedenen Niveaus: um Organfertigkeit im Sinnlichen, Kunstfertigkeit im Geistigen, Willensfertigkeit im Sittlichen.

Folgendes System von Einzelbemühungen zur Festigung des „Lehrgutes" baut EGGERSDORFER sodann auf:

(a) Das Einlernen im Unterricht

Das erstmalige Einlernen im Unterricht: Das Einlernen von Texten irgendwelcher Art hat immer nur Berechtigung aufgrund einer ergreifenden, spannenden, anschaulichen, heimatnahen, sozial ausgerichteten und gedankentiefen Lehrarbeit. In dem Unterricht, der den Schüler zur lebendigen und freitätigen Anteilnahme am Lehrgut bringt, ist somit die notwendige Voraussetzung für alles Einlernen zu sehen. Der festigende Unterricht beginnt also schon bei der ersten Begegnung von Schüler und Unterrichtsgegenstand. Diese Feststellung bestätigt später CORRELL, wenn er sagt, dass das einsichtige Lernen, das Lernen durch Einsicht (im Unterschied zum Lernen als bedingte Reaktion und Lernen durch Versuch – Irrtum und Erfolg) den Vorteil hat, dass sich das Üben sehr stark einschränken lässt: „Einsichtig Gelerntes braucht nicht erst mechanisiert zu werden, denn diese Assoziation ist intellektuell durchdrungen und daher viel leichter zu reproduzieren" (CORRELL ^{2}1963).

Erst wenn das Lehrgut verstanden ist und wenn es als Wert mit dem Gemüt erfasst ist, kann zum Einprägen der sprachlich formulierten Unterrichtsergebnisse geschritten werden, sagt EGGERSDORFER. Hierbei sind mit MEUMANN (1884) vier Stadien des Einlernens zu beobachten, die in ungezwungener Haltung zu eigenartigen Ausdrucksformen und zu charakteristischen Gefühlslagen führen:

1. Das Stadium der Adaption oder der Orientierung des Lernenden: Das Wissen um die Aufgabe – was soll im Lernen erreicht werden? – ist immer unter der Führung des Lehrers zu bilden, denn „der Arbeitsaufwand richtet sich

automatisch nach der Größe der zugemuteten Leistung" (EGGERSDORFER [7]1961).

2. Das Stadium des passiv aufnehmenden Lernens: Lesend, sprechend oder hörend prägt sich der Schüler in verschiedenen Wiederholungen und in passiver Hinnahme den Text ein. Das Kind ist an sich geneigt, in diesem Stadium des unkritischen Aufnehmens zu verharren. Es muss vom Lehrer zum aktiven Lernen geführt werden; das heißt, dass er das Lernen lehren muss.

3. Das Stadium des aktiven, kontrollierenden Lernens: Ist dieses Stadium erreicht, kommt der Lernende vorwärts. EGGERSDORFER bemüht hier KANTS Einteilung: das Lernen wird zu einem judiziösen Memorieren (der Text wird selbsttätig erfasst, die Zusammenhänge werden überschaut, die Gliederung wird herausgehoben), das manchmal die Hilfen des „ingeniösen Memorierens" in Anspruch nimmt, wenn es sich im Merken auf Ähnlichkeit, Kontrast, anschauliche Relationen, die Nummerierung der Glieder, den Gleichklang von Stichwörtern, Memorierversen, Merkwörtern aus Anfangssilben als Gedächtnishilfen stützt.

4. Das Stadium der Befestigung: Erst diese Stufe des Lernaktes kann ganz dem häuslichen Fleiß der Schüler überlassen werden, während sich vorher die Schule immer aktiv einschalten muss. Diese Stufe nun besteht in jenen Wiederholungen, die das Bewusstsein des Auswendigkönnens entstehen lassen.

Das Wiederholen im Unterricht: Nur durch immer wieder angesetzte Wiederholungen kann dem Vergessen entgegengewirkt werden, auch wenn Interesse, Aufmerksamkeit, Selbsttätigkeit, Anschaulichkeit und logischer Aufbau das erste Lernen begleitet haben.

Der *ersten Wiederholung* kommt dabei eine ganz besondere Bedeutung zu, so dass MEUMANN das Gesetz formulierte: *„Die erste Repetition ist der eigentliche Träger des Behaltens, die folgenden dienen nur noch der letzten Befestigung"* (MEUMANN [5]1920).

EGGERSDORFER sieht wohl die Wichtigkeit der ersten Wiederholung, er führt als Möglichkeit der Realisierung aber nur das herkömmliche Abfragen oder Überprüfen der vorangegangenen Lektion zur Vorbereitung eines neuen Unterrichtsstoffs auf. Wir werden heute gerade bei der wichtigen Stelle der ersten Wiederholung einfallsreicher operieren.

Die Befestigung des Lehrgutes wird endlich in *verstreuten Wiederholungen* erreicht, die über die ganze folgende Bildungszeit verteilt werden sollen. Dabei gibt es verschiedene Formen:

1. Die „immanente Wiederholung" hat nach EGGERSDORFER die größte unterrichtliche Bedeutung. Sie zeigt sich in der ständigen Erneuerung und Verwertung einmal erarbeiteter Unterrichtsergebnisse. Das Spätere soll Früheres immer wieder ins Bewusstsein heben und ihm so Klarheit und Dauer geben.

2. Die „planmäßige Wiederholung“ soll dafür sorgen, dass nicht etwa Verschiebungen und Lücken im Bildungsganzen eintreten. Das Grundsätzliche darf nicht über dem Alltäglichen vergessen werden. Es müssen Lehrpausen auftreten, die der Rückschau gewidmet sind. Die Rückschau soll dann zur Überschau werden, um in zusammenfassender Repetition den weiteren Höhenblick, die Systembildung zu erleichtern. In Fragen gefasst: Wo setzen wir einen Jahresplan für Wiederholungen an, wo versuchen wir in einer Lehrpause Rückschau zu halten, um zu ordnen, zusammenzuschauen?

Wir sind zwar immer von unseren Misserfolgen bzw. den zu geringen Erfolgen beeindruckt und suchen die Ursachen meist in den allgemeinen Lebensverhältnissen (Reizüberflutung, Konsumsucht usw.), sollten vielleicht aber einmal mehr unser Augenmerk auf die Wirklichkeit des übenden und wiederholenden Unterrichts lenken.

Die planmäßige Wiederholung kann nach EGGERSDORFER nun auch wieder verschiedener Art sein:

- „Rekapitulation“ ist sie dann, wenn der Aufbau des Lehrgutes von vorn an durchlaufen wird. Die Festigung stützt sich dabei auf das zeitliche oder räumliche Nacheinander oder auf die Einsicht in eine Abfolge vom Grunde aus. Soweit ein mechanisches Memorieren dazukommt, tritt auch das „Lokalgedächtnis“ in den Dienst der Rekapitulation. So dient diese Wiederholungsarbeit am meisten der Erstellung eines „eisernen Wissensbestandes“, einer summarischen Übersicht, eines tragenden Gerüstes für das lose, sachliche Merken der Einzelheiten. Die Gefahr dieser Art der Wiederholung liegt in der eventuell zu starken Betonung der Anfänge eines Systems.
- Die „Inversion“ oder „rekurrierende Repetition“ gleicht diesen Nachteil aus, indem sie als rückläufige Wiederholung vom zuletzt Behandelten ausgeht.
- Die wiederholende „Konversation“ oder „kombinierende Repetition“ geht von einem beliebigen Punkt aus und erstellt einen „Querschnitt“ durch das gesamte erarbeitete Lehrgut. Sie löst die stärkste Selbsttätigkeit der Schüler aus. Sie ist nicht bloß reproduktives, sondern auch produktives Lernen. Der Mechanismus des Einlernens wird aufgelockert, neue Zusammenhänge werden klar, und das erhebende Gefühl des „Zuhauseseins“ in einem Wissensgebiet wird gewonnen. Freilich ist hier Voraussetzung eine gewisse geistige Beweglichkeit.

(b) Das Einüben im Unterricht

Das Einüben erfolgt durch die Wiederholung eines körperlichen oder geistigen Aktes bis zur Geläufigkeit. Rein körperliche Fertigkeiten können mechanisch geübt werden. Das Einüben geistiger Fertigkeiten muss auf Verständnis und innerer Anteilnahme beruhen. Die Wiederholung der übenden Akte selbst durchläuft ähnliche Stadien wie das Einlernen:

Das Stadium der reflektierenden Übung: Der Schüler übt und bedarf nach jeder Übung des Rückblicks und der Kontrolle durch Lehrer, Mitschüler oder Arbeitsmittel.

Das Stadium der mechanisierenden Übung: Ist die Sicherheit einer Aktfolge erreicht, so muss sie bis zur Geläufigkeit wiederholt werden. Um dieses Üben fruchtbar zu machen, müssen Übungsgesetze und Übungshilfen beachtet werden, wie sie ROTH ([12]1970) in sehr umfassender Weise dargestellt hat.

Das Stadium der variierenden Übung: Ist Geläufigkeit erreicht, so werden alle möglichen Abkürzungen, Abänderungen, Vorteile und Umstellungen geübt, die unter einen Übungsfall zu rechnen sind (abgekürzte Verfahren im Rechnen, Rechenvorteile, verhüllte Anwendungen einer grammatischen Regel, Abwandlungen einer zeichnerischen Grundform usw.). Die variierende Übung soll die erlangte Fertigkeit verfügbar machen.

Das Stadium der kombinierenden Übung: In ihm wird die neuerworbene Fertigkeit in das verwandte Können eingeordnet (in Textaufgaben werden verschiedene Rechenverfahren verlangt, bei Übersetzungen im fremdsprachlichen Unterricht werden die grammatischen Regeln angewandt usw.). Die volle Geläufigkeit eines Könnens ist erst erreicht, wenn es in jedem Zusammenhang gegenwärtig ist, in dem es die Sache fordert.

(c) Das Ausüben und der Unterricht

Mit dem Begriff des Ausübens zeigt EGGERSDORFER einen Aspekt des übenden und wiederholenden Unterrichts, den wir ebenfalls nicht immer im Blick haben. Im Ausüben (= Eingeübtes wie Eingelerntes werden ausgeübt) kommt ein neues Moment in das Bildungsganze: Es ist die Willigkeit des Handelns nach der Einsicht und der Fertigkeit. Lebendiges Wissen soll im Einlernen gesichert werden, durch geistiges Können im Einüben, geläutertes Wollen aber im Ausüben. Das setzt voraus, dass dieses Wollen selbst zuvor begründet worden ist.

Während EGGERSDORFER dieses Wollen nun überhöht als sittliches Wollen ansetzt und dabei von Gesinnung und erziehendem Unterricht, von Wahrheiten und Werten spricht, lässt sich zunächst einmal ganz schlicht feststellen: Im Ausüben des Könnens und Wissens in echten Bedürfnissituationen (das ist wesentlich!) liegt der Erfolg der Schule. Und eine neue Stufe der Motivation muss hier ansetzen, um die Schüler zu einem motivierten Ausüben zu führen. Es ist eine Frage, ob das nicht öfter über den Bereich der Schule hinausführen wird; diese Frage muss hier offengelassen werden. Aber wir müssen echte Bedürfnissituationen schaffen, um die Kinder und Jugendlichen zum Ausüben zu bringen.

EGGERSDORFER sagt, dass bei Schülern nur jene Bildungsinhalte gesichert sein werden, die in den alltäglich-beruflichen, den wissenschaftlich-künstlerischen oder den sittlich-religiösen Bereich überführt sind. Es begnüge sich also der Unterricht in keinem Fache mit der lebensfernen Schulübung! Außerschulische Interessen, Neigungen einzelner Fächer zum Leben hin (Sport, Singen, Musizieren z.B.) oder Schule und Leben verbindende Aufgaben müssen hier helfen. Am wenigsten kann der Sache nach das Sittlich-Religiöse ohne Ausübung bestehen. Hier ist das Handeln alles, das Wissen nichts.

1.2 Unterrichtsergänzende Speicher- und Verwendungsstrukturen (KRETSCHMANN)

Bei KRETSCHMANN/HAASE ([2]1948) finden wir wichtige Erweiterungen. Das Buch ist in drei Abschnitte eingeteilt (A. Der freie, Gesamtunterricht, B. Spielendes und übendes Lernen, C. Planen und Gestalten von Vorhaben), 149 von 198 Seiten sind dem spielenden und übenden Lernen gewidmet. Da das Buch heute im Buchhandel nicht zu bekommen ist, wollen wir versuchen, einen Überblick über die Anregungen von KRETSCHMANN/HAASE zu geben.

- *Das tägliche Unterrichtsprotokoll:* Für bestimmte Unterrichtsteile des Vormittags (z.B. Unterrichtsgespräche) können von Schülern abwechselnd Stichwortprotokolle angefertigt werden. Es ist klar, dass ein Stichwortprotokoll eine Aufgabe im folgenden Unterricht zu erfüllen haben wird. Es darf nicht nur eine Beschäftigung für einen Schüler sein.
- *Das Schülerprotokoll in Aufsatzform:* In bestimmten Fällen (für Besucher, für Sachhefte, für Sammelmappen, für Wiederholungen) kann es sinnvoll werden, die Stichwortprotokolle ausarbeiten zu lassen. Zur Orientierung für andere Klassen oder Schulen dient das ausgearbeitete Protokoll ebenfalls.

Die Lotterie (Geistessparkasse): In Schachteln und Kästen werden, nach den einzelnen Unterrichtsfächern sortiert, Papptäfelchen gesammelt und aufbewahrt. Auf diesen Täfelchen stehen Stichwörter von behandelten und besprochenen Unterrichts-einheiten (zum Beispiel Sokrates, Dreißigjähriger Krieg, Atom, Expansion). Ab und zu werden diese „Sparbüchsen" geöffnet. Jedes Kind zieht sich eine Pappe und berichtet dann in zusammenhängender Rede über den betreffenden Gegenstand. Diese „Sparbüchsen" sind eine von vielen Formen der Niederschläge des Unterrichts. Sie sind alles andere als lückenlose Sammlungen der Unterrichtsergebnisse. Bei all diesen Bedingtheiten aber bieten sie eine anregende Form der Wiederholung, die den Schülern zudem Spaß machen kann.

Das Lexikon (Sparkassenbuch): Wenn sich größere Mengen von Pappen angesammelt haben, können sie alphabetisch geordnet und mit der Beantwortung in kurzer Form zu einem Lexikon verarbeitet werden. Wenn man bei KRETSCHMANN Auszüge aus solch einem Lexikon liest, staunt man, was da alles zusammenkommen und wie fruchtbar es wohl auch werden kann. KRETSCHMANN ließ die vollgeschriebenen Oktavhefte binden und mit der Überschrift „Niederschläge des Gesamtunterrichts" versehen. Sie könnten für den Geschichtsunterricht zum Beispiel „Niederschläge des Geschichtsunterrichts" oder „Unser

Geschichtslexikon“ lauten. Viele spätere Jahrgänge können Beispiel und Orientierung durch solche Lexika gewinnen.

Das Jahrbuch: Für die Zeit des Kalenderjahres wird ein Jahrbuch in Angriff genommen, in das alle Kinder der Klasse (oder Schule) im Laufe des Jahres geschriebene und gezeichnete Beiträge geben können und sollen. Zweck dieses Jahrbuches ist es, eine Chronik des Klassen- oder Schullebens erstehen zu lassen, die am Schluss mit Titelblatt und Inhaltsverzeichnis versehen und gebunden wird und in die Klassen- oder Schulbücherei kommt. Aus allen Teilen des Unterrichts, von Wanderungen und Fahrten, von Feiern und anderen Gemeinschaftsveranstaltungen wird etwas aufgeschrieben. Aus der Analyse solcher Jahrbücher, wie sie KRETSCHMANN versucht hat, ist zu ersehen, über welche Breite sich dabei Wiederholung und Übung ereignen:

1. Aufzählungen und Reihenübungen
2. Beschreibungen
3. Schilderungen
4. Erlebnisse
5. Ausgedachte Geschichten
6. Bilderaufsätze
7. Abschriften
8. Lange Geschichten kurz machen
9. Aus dem Seelenleben:
   a) Als ich noch klein war (Mitteilungen der Eltern)
   b) Beobachtungen an kleinen Geschwistern
   c) Beobachtungen am eigenen Seelenleben
   d) Beobachtungen an erwachsenen Leuten
10. Mundart des Dorfes
11. Fragen
12. Was ich heute neu gelernt habe
13. Was früher in Holbeck* anders war als jetzt
14. Buchdeutsch und Sprechdeutsch
15. Übersetzen eines Lesestücks
16. Holbecker* Kriegsgeschichten
17. Briefe und Formulare
18. Gedichte und Witze
19. Sich Gedanken machen
20. Anstand und gute Sitte
21. Denksport
22. Vergleiche

23. Auflösung eines Gesamtvorganges in seine Einzelvorgänge
24. Unterrichtsprotokolle (häusliche Tischgespräche)
25. Zwiegespräche
26. Diktatentwürfe
27. Begriffsbestimmungen („Was ist Not?“)
28. Wie die Geschichte anfing (Der letzte Satz wird gesagt, z. B.: Da sagte der Vater: „Wie sieht denn bloß der Hund aus!“)
29. Wie die Geschichte weiterging
30. Dramatisieren eines Lesestücks

* Holbeck war der Schulort KRETSCHMANNS

Die Beispiele, die KRETSCHMANN aus dem Inhalt gibt, sind hochinteressant.

Wichtig scheint zu sein, dass bei der Anlage eines Jahrbuches der Lehrer von vornherein Möglichkeiten plant, in denen mit dem entstehenden oder mit einem früher entstandenen Jahrbuch gearbeitet wird, in denen es gebraucht wird, um es nicht nur als Bilanz, als Summe, sondern auch als Arbeitsmittel zu haben.

- *Die täglichen Witterungsbeobachtungen:* Tägliche Wetterbeobachtungen und -notierungen bieten mancherlei Gelegenheit zu Beobachtungsschulung und ausdauernder Verfolgung einer gestellten Aufgabe. Von der Sache her zeigen sich diese Möglichkeiten:
  1. Aus dem Verhalten bestimmter Pflanzen sind Schlüsse auf das Wetter zu ziehen.
  2. Wetterfahne und Baumbewegung lassen Windrichtung und -stärke erkennen.
  3. Der Umgang mit einfachen meteorologischen Instrumenten wird ermöglicht.
- *Die Gewichts- und Maßtabelle:* Wie viel kostet ein Streichholz? Wie viel wiegt ein Füllfederhalter? Wie schwer ist ein Hirschgeweih? Wie lang ist ein Autoreifen? Die Beantwortung solcher Fragen, deren Reihe der Leser sich leicht verlängern kann, führt zu einer Durchdringung der Sachumwelt der Kinder. Die Erfahrungen dabei werden nicht er-„fahren“, sondern er-„wogen“ und er-„-messen“. Mit Kaufmannswaage und Apothekerwaage, Messlatte und Bandmaß entsteht aus lauter Einzelfällen im Lauf der Zeit eine Tabelle. Was aber wichtiger ist: die Kinder üben sich im Messen und Wiegen, sie bekommen ein Verhältnis zu verschiedenen Maßen und Gewichten, und das führt zu einem erfahrungsfundierten Schätzen. Hier haben wir den Fall, dass in der Durchführung von Kleinigkeiten im jeweils auftretenden konkreten Ergebnis (das Wiegen eines Eis und das Messen eines Mauersteins dauern nicht lange) sich im Lauf der Zeit wichtige Fertigkeiten und Techniken aufbauen.

- *Der Bürotag:* Je nach Bedarf wird ein sogenannter Bürotag eingerichtet: Formulare und Zahlkarten werden ausgefüllt, Adressen werden geschrieben, Briefwaage, Tarife, Paketkarten usw. werden den Kindern bekannt. All das ist besonders fruchtbar, wenn es aus echten Bedarfssituationen heraus notwendig wird. KRETSCHMANN erledigte mit seinen Kindern so die Post des Gemeindevorstehers!
- *Die Kinderzeitung, Geburtstagssitten, Erzählstunden*
- *Die Speisekarte:* Die „Speisekarte" dient hauptsächlich der Stillarbeit. Sie hat ihr Spezifikum darin, dass durch die Auswahlmöglichkeit dem Kind Initiative, Phantasie und Urteilskraft abgefordert werden. Es kann sich die Reihenfolge der gestellten Aufgaben auswählen, muss aber schließlich doch alles bearbeiten. Die Themen lauten z. B.:

Was es vor 300 Jahren noch nicht gab.

Wie man berühmte Frauen und Männer ehren kann. Lauter Namen aus dem Dreißigjährigen Krieg.

Reihe: Das Schneeglöckchen hat weiße Blätter. Der Ehrenpreis hat blaue Blütenblätter usw.

Wie man von Bremen nach Rangun kommt.

Zwölf Dinge zum Besitzer machen.

Namen aus der Seemannssprache.

Ein Rest Bier. Ein Rest Milch. Usw.

Allerhand von der Anhaftkraft.

Fleißig ist das Gegenteil von faul – gesund ist das Gegenteil von krank, usw.

Wurst wird quer geschnitten. Eine Birne wird lang geschnitten usw.

Wichtig ist, dass man solche „Speisekarten" nicht beliebig aufstellt und einsetzt, sondern sie aus der aktuellen Situation heraus auf kleinen Karten dem einzelnen Kind aufschreibt. Damit kann man differenzieren. Ein Kind behielt solch eine „Speisekarte" oft zwei bis drei Tage. Mündliche Übungsformen wie schriftliche Arbeitsaufgaben sind möglich. Einzel- oder Partnerarbeit ist zu arrangieren. All das ist sehr schnell möglich, wenn man beweglich ist und „Speisekarten" aus dem aktuellen Unterrichtsgeschehen heraus erstellt. Wie viel tote Zeit kann auf diese Weise produktiv ausgenutzt werden, wenn die Durchführungsbestimmungen mit einer Klasse verabredet sind!

- *Das Rezept:* Bot die „Speisekarte" eine Auswahl an, mindestens die freie Festlegung der Reihenfolge, so gibt das „Rezept" für den Krankheitsfall (sprich: Unkenntnis, Leistungsschwäche) klare und gezielte Anweisungen. Diese „Rezepte", aufgeschrieben oder mündlich gegeben, können für die Schule oder für zu Hause ausgestellt werden. Das bewegliche Aufschreiben der „Rezepte" aus der Notwendigkeit des aktuellen Falles heraus ist auch hier wieder besser als das Zurückgreifen auf gedruckte und gekaufte Arbeitshilfen.

Wenn wir diese Vorschläge KRETSCHMANNS überblicken, so gewinnen wir einen weiteren Fixpunkt: Im Schul- und Unterrichtsleben kann eine Reihe von Übungsmöglichkeiten erwachsen, die – dank ihrer Eingebürgertheit in das Gesamt des Miteinanderlebens und -arbeitens in der Schule – gewissermaßen zu diesem Gesamt gehören und wenig vorbereitenden (erklärenden und einführenden) Aufwand erfordern. Das sind Übungsformen, die zur guten Tradition gehören, nicht der besonderen Motivation bedürfen, die Kinder aufgrund des eigenartigen Charakters immer wieder ansprechen und den erarbeitenden, Neues einführenden Unterricht sofort einbetten in die feststehenden Formen der Festigung und des Sicherns.

Nun muss nicht jeder Lehrer alle Möglichkeiten realisieren – das wäre entschieden zuviel –, aber jeder Lehrer sollte sich einige herausgreifen und sie zum Bestandteil des unterrichtlichen Miteinanders machen. Die feststehenden Formen im Sinne einer guten Tradition, die nicht erstarrt, sondern nach vorn offen ist, erleichtern das Erreichen des Unterrichtserfolges.

1.3 Unterrichtsbereichernde Ansätze und Hilfen

Bei der Durchsicht der Literatur fällt auf, dass hinsichtlich der lernpsychologischen Grundlagen immer wieder dieselben Aussagen gemacht werden; darauf wird später noch eingegangen. unter didaktischem Aspekt gibt es unterschiedliche Schwerpunkte, drei sollen im folgenden kurz referiert werden.

1.3.1 Motivation und Übungsbereitschaft (ODENBACH)

Karl ODENBACH hat sich schon sehr früh mit Fragen des Übens beschäftigt. Er hat 1963 eine Arbeit veröffentlicht, in der er sagt, dass seit etwa dreißig Jahren keine größere zusammenfassende Darstellung mehr zum Problem der Unterrichtsübung erschienen ist. Damit einher ging eine allgemeine Minderbewertung des Übens und Wiederholens auch im Unterricht, die ODENBACH zu erklären versucht. (Sein Buch ist in der 6. Auflage auf dem Markt [^{6}1974] ff. gewesen)

ODENBACH geht aus von den natürlichen Übungsformen des Kindes: das Üben durch häufiges Wiederholen stellt offenbar eine Naturform des Lernens dar, die beim Menschen schon in sehr frühem Alter einsetzt.

Im spielenden Wiederholen bildet das Kleinkind die wichtigsten Bewegungsformen und die elementarsten Behandlungsarten der Dinge aus. Das Motiv liegt dabei in der Erlebensfreude. Dominieren zunächst die Bewegungsspiele, so kommen im zweiten Lebensjahr die Deutungsspiele hinzu. Voraussetzung für diese sind schon spezifische Gedächtnisleistungen. Neben die bloße Nachahmung treten schöpferische Formen des Wiederholens. Während des Schulalters nimmt die Bedeutung der Regelspiele zu. Mit folgenden Feststellungen kennzeichnet ODENBACH das „natürliche Üben“:

1. Das Üben geschieht spontan und beharrlich.
2. Die Übung geschieht meistens in der Form des Spiels und ohne Bewusstsein eines Übungszwecks.
3. Üben und Spielüben werden ausgelöst und getragen von der lebhaften Freude am Tun, auch wenn dieses Tun erhebliche Anstrengungen erfordert.
4. Der Inhalt des spielenden Übens wird oft durch Nachahmen bestimmt.
5. Es ist, als ob die Dinge, mit denen manipuliert werden kann, und die Handlungen, die nachzuahmen sind, einen Aufforderungscharakter besäßen.
6. Fähigkeiten, die das Kind erworben hat, reizen zu immer wiederholtem Aktivieren (vgl. ODENBACH [6]1974, S. 26ff.).

Zu dem sicher sehr wichtigen Thema „Motivation und Übungsbereitschaft" führt ODENBACH aus (vgl. S. 34ff.):

- Für eine Reihe von Schulaufgaben gibt es eine *ursprüngliche Übungsbereitschaft* bei Kindern. ODENBACH nennt für die Grundschule die Leibesübungen, das malende Zeichnen und plastische Gestalten, das Singen und Musizieren u. a. m. Besondere didaktische Maßnahmen seien hier nicht notwendig.
- Das *Verhältnis der Schüler zum Lehrer* ist eine zwar sachfremde, aber doch ursprüngliche Übungsbereitschaft. Besonders dann, wenn der Lehrstoff keine oder nur geringe Anziehungskraft besitzt, ist ein positiver affektiver Kontakt hilfreich (etwas dem Lehrer zuliebe tun), der im Lauf der Zeit freilich als Motiv abgelöst werden sollte.
- Der *„Ernstfall" als Übungsimpuls* ist immer dann gegeben, wenn reale Aufgaben in Projekten Wissen und Können erfordern (Herausgabe einer Schulzeitung, Bau eines Futterhäuschens, Führung einer Ortschronik u. a. m.).
- Das *Spiel als Übungsimpuls* hat zur Entwicklung von Lernspielen geführt (auf die gleich noch eingegangen wird).
- Die *Selbstkontrolle als Übungsimpuls* wird mit einigen Ausführungen zu Selbstbildungsmitteln auch gleich noch gesondert angesprochen.
- Der *Wettkampf als Übungsimpuls* kann in wettkampfähnlichen Übungsformen Schüler sehr stark ansprechen, wenngleich die Grenzen dafür deutlich zu sehen sind (lernschwächere Schüler können unter Wettkämpfen schnell leiden).
- Der *individuelle Leistungsvergleich* ist nach ODENBACH ebenfalls ein Übungsimpuls. Denn jeder zieht aus seinem persönlichen Leistungsfortschritt am meisten Lernmotivation, so dass ihm jederzeit ermöglicht werden sollte, diesen festzustellen.
- *Einsicht* als Übungsimpuls zielt schließlich auf das kognitiv bestimmte Verhältnis von Lernenden zu notwendigen, oft mühevollen Lernanstrengungen.

Dem Buch von ODENBACH sind im übrigen vielfältige Beispiele für abwechslungsreiches Üben und Wiederholen zu entnehmen!

1.3.2 Lernspiele (KLAFKI)

„Unterrichtsspiele im Dienste der Wiederholung“ hat Wolfgang KLAFKI einmal eine schulpraktische Arbeit überschrieben (1952). Bei der Suche nach lustbetonten, kindgemäßen Formen der Wiederholung kämen wir immer wieder auf die Form des Spiels. Es geht für die Pädagogik laut KLAFKI darum, eigenständige pädagogische Spielformen, „Lehr-„ oder „Lern-„, besser „Unterrichtsspiele“ zu entwickeln. Dabei gilt es, zwei Momente, die ursprünglich durchaus wesensverschieden sind: „kindliches Spiel“ und „Unterricht“, zu vereinigen und aus ihnen ein Neues zu schaffen. Das kindliche Spiel hat keinen Zweck außer sich selbst, sein Sinn (Zweck) ist ihm immanent, es ist „sich selbst genug“. Der Unterricht dagegen ist Mittel zu einem höheren Zweck, der Bildung nämlich. Sein Sinn liegt außerhalb seiner selbst, es gehört zu seinem Wesen, dass er über sich selbst hinausstrebt, sich selbst aufzuheben, überflüssig zu machen versucht. Das trifft in ganz besonderem Maße für den Bereich der Wiederholung zu.

Gibt es vom kindlichen Spiel her einen Zugang zum Lernen (ein Kind will Fangball spielen und lernt aus eigenem Antrieb das Fangen; es macht das Lernen zum Mittel seines Spiels), so muss die Pädagogik den umgekehrten Weg gehen und untersuchen, wo es vom Unterricht, vom Lernen her echte Zugänge zum Spiel gibt. An diesen Stellen muss sie Unterrichtsspiele entwickeln, die zwischen zwei Extremen bleiben müssen: der Lernzweck darf den Spielcharakter nicht so weit überlagern, dass das Kind das Unterrichtsspiel als Spiel nicht mehr zu empfinden vermag. Und: die Zwecklosigkeit des Spieles darf nicht so weit gehen, dass sie dem Lernzweck faktisch keinen oder nur einen unbedeutenden Raum lässt.

ODENBACH hat in einer anderen Arbeit (1967) Naturformen des Lernens nachgespürt und vier Formen gefunden: 1. Das Dressur-Lernen 2. Das Versuch-und-Irrtum-Lernen 3. Das Spiel-Lernen 4. Das gnostische Lernen. „Da wir das Spiel-Lernen schon im Tierreich finden, darf es ebenfalls als eine Naturform des Lernens gelten.“ (S. 40) Das mag erklären, warum wir in der Schule immer wieder das Spiel in unsere Bemühungen einspannen. ODENBACH führt aus: „Charakteristisch für das Spiel-Lernen ist die große Zahl der Wiederholungen, die das Kind aus Funktionslust ausführt und die offenbar notwendig sind, um den besten und flüssigsten Bewegungsablauf zu erreichen und die Bewegungsgestalten oder Erkenntnisvorgänge – die noch nicht bewusst als ›Erkenntnis‹ aufgefasst zu werden brauchen – zu befestigen oder zu automatisieren“ (S. 45).

Dabei spielt die Nachahmung eine große Rolle. Welche Leistungen das Spiel-Lernen hervorbringt, mag am Beispiel der Deutungsspiele aufgezeigt werden. Sie gestatten

1. ein willkürliches Verfügen über den Erinnerungsschatz,
2. ein Einsetzen und Durchführen erinnerter Handlungsabläufe unabhängig von der augenblicklichen Situation,

3. die Möglichkeit einfacher Rollenspiele (Nachahmung fremder Verhaltensabläufe, die als Ganzes erfasst werden),
4. eine willkürliche Bedeutungsübertragung auf Dinge, um einen Verhaltensablauf (Spielablauf) zu ermöglichen.

„Je reicher sich das Spiel-Lernen entfaltet, um so umfangreicher müssen die Gedächtnisleistungen sein, die hier wie überall das Lernen ermöglichen" (ODENBACH 1967, S. 49). Außerdem entfaltet sich die Phantasie, die große Bildekraft des menschlichen Geistes.

Zum Lernspiel und Spiel-Lernen wollen wir nach den theoretischen Ausführungen einige Beispiele aufführen. In der genannten Arbeit gibt KLAFKI drei Unterrichtsbeispiele für die Wiederholung im Erdkundeunterricht an:

1. Auf Pappkärtchen stehen Fragen bzw. Stichworte aus dem behandelten Sachgebiet. Die Klasse bildet Gruppen von drei bis fünf Spielern. Ein Schüler einer Mannschaft zieht nun ein Kärtchen. Er liest vor, was darauf steht, z. B.: „Nach der Behandlung Norddeutschlands ist die Frage: wie ist die Lüneburger Heide entstanden?" Ein Schüler antwortet nun, so gut er kann. Der Lehrer notiert sich, wie viele Punkte die Antwort wert ist. Jeder Schüler kommt wenigstens einmal dran. Dann werden die Punkte für jede Mannschaft addiert und bekannt gegeben. Kleine Belohnungen können den Eifer steigern.
2. Vorbereitet werden für dieses Spiel eine große Umrisskarte und Bildchen, Täfelchen, kleine Tütchen mit Symbolen wirtschaftlicher Erzeugnisse (Kaffeebohnen, Apfelsinenschalen usw.). Ein Schüler zieht mit geschlossenen Augen eines dieser kleinen Teile und muss dann das Symbol deuten und alles sagen, was sinngemäß mit ihm zu tun hat. Dann darf er sein Symbol am richtigen Ort auf der Umrisskarte festkleben.
3. Auf einer wiederum selbst gefertigten Umrisskarte, auf der diesmal die wichtigsten geographischen Erscheinungen aufgezeichnet wurden, sind wichtige einzelne Punkte (Städte, Flüsse, Berge, Seen, Wüsten usw.) markiert. Alle Punkte werden zu einer Reiseroute verbunden; für bestimmte Strecken gibt es vielleicht zwei Wege oder kleine Abstecher. Auf einer Liste wird vermerkt, welche Fragen nun an den einzelnen Punkten zu beantworten sind. Dann läuft das Spiel in Form eines Reisewürfelspiels ab. Es wird in Gruppen gespielt. Für das möglichst schnelle Ankommen und die Antworten an den Punkten gibt es verschieden viele Spielmarken. Die Mannschaft mit den meisten Spielmarken wird Sieger. Ein ähnliches Landkartenspiel hat ODENBACH vorgeschlagen. Mit Hilfe von sogenannten Phantasielandkarten schlägt ODENBACH ein „Einspielen", ein Einüben erkannter Gesetzlichkeiten und erfasster Zusammenhänge vor.

Die Möglichkeit, Lern- oder Unterrichtsspiele im Unterricht einzusetzen, könnte jetzt auch durch die verschiedenen Unterrichtsfächer hindurch verfolgt werden; im Mathematikunterricht z. B. werden sehr gern kleine Wettkampfspiele durchgeführt (wobei vorausgesetzt werden muss, dass die Problematik des Wetteifers in der Erziehung gesehen und beachtet wird!). Von der Form her lassen sich alle Spielformen in zwei Gruppen einteilen: einmal gibt es Spiele, die ohne irgendeinen Abschluss immer weitergespielt werden können (z.B. das Spiel mit der Puppe oder der Eisenbahn); zum anderen gibt es Spiele, die mit Erreichung eines Zieles enden (z.B. das Reisewürfelspiel, siehe oben). Johannes KRETSCHMANN nennt als den Zweck der Lernspiele: das Wissen soll vorweisbar gemacht werden. Er beschreibt in dem bereits erwähnten Buch (KRETSCHMANN/HAASE ^{2}1948) ausführlich vor allem eine Reihe von Arbeitsmitteln und deren Gebrauch.

1.3.3 Selbstbildungsmittel im Unterricht

1.3.3.1 *Der Begriff*

Es herrscht eine bemerkenswerte Uneinheitlichkeit im Gebrauch der Begriffe, die Hilfsmittel verschiedener Art für den Unterricht kennzeichnen oder wenigstens umschreiben sollen. Bildungsmittel, Selbstbildungsmittel, Selbstunterrichtsmittel, Arbeitsmittel, Lehrmittel, Lernmittel, Erarbeitungsmittel, Übungsmittel, Unterrichtsmittel – alle diese Begriffe gibt es, und ihr Gebrauch folgt keinen Regeln oder Verabredungen. Wegen der gebotenen Kürze wollen wir hier nur versuchen, den Begriff des Selbstbildungsmittels zu erklären.

In einem anderen Zusammenhang habe ich bereits darauf hingewiesen, dass man weniger das einzelne Mittel als Lern-, Arbeits- oder Selbstbildungsmittel fest kennzeichnen sollte, sondern dass es besser wäre, seinen jeweiligen Einsatz im Unterricht mit einem der Begriffe zu versehen. Von seiner Funktion und nicht von seiner so oder so gearteten Beschaffenheit her müssen wir das Mittel im Unterricht sehen. Das einzelne Mittel kann oft verschiedene Funktionen erfüllen. Einigt man sich darauf, erlangt man mehrere Vorteile:

1. Bei Überlegungen über den Einsatz eines Mittels wird vor allem die Situation des jeweils geplanten unterrichtlichen Tuns durchdacht.
2. Man ist nicht mehr gezwungen, einen Atlas z.B. krampfhaft als Arbeits- oder Lernmittel zu bezeichnen, obwohl er in mehreren Funktionen wirken kann.
3. Entscheidend wird die didaktische Zubereitung eines Mittels.

„Selbstbildung“ wird von Berthold MICHAEL am Anfang seines Buches (1963) so definiert: „Sie ist individuelles, von der unmittelbaren Gegenwart des Lehrers freies Lernen des Schülers“ (S. 6). Am Ende seiner umfangreichen Arbeit unternimmt MICHAEL es, „das Wesen der Selbstbildung als Unterrichtsverfahren dahingehend zu bestimmen, dass der Schüler innerhalb des Umkreises der durch die Schule vorgegebenen Lehrgüter an bestimmten Aufgaben relativ selbständig tätig wird und auf diesem Wege sich seine Bildung erwirbt“ (S. 284).

Eine bemerkenswerte Einschränkung ist erfolgt! Wir folgen der zweiten Formulierung. Das Selbstbildungsmittel nun ist jenes Mittel, das die so definierte

Selbstbildung möglich machen oder sie unterstützen soll. Damit ist klar, dass Selbstbildungsmittel im Rahmen des Lernprozesses sowohl in der Erarbeitungsphase als auch in der Phase der Sicherung, Festigung und Übung ihren Einsatz finden können.

1.3.3.2 *Forderungen, die an ein Selbstbildungsmittel zu stellen sind*

Uns stehen heute Hilfsmittel in großer Anzahl für den Unterricht zur Verfügung, auch für den Bereich der Selbstbildung. Es gehören dazu nicht nur die Angebote des betreffenden Marktes, sondern auch selbsthergestellte oder aus den Bereichen des „täglichen Lebens" genommene Hilfsmittel.

Der Lehrer, der sucht, findet reichlich, und es ist dann wichtig, Kriterien für die Begutachtung und Auswahl zur Verfügung zu haben, um pädagogisch verantwortlich auszusuchen. In Anlehnung an Peter PETERSEN ([6]1959) und Elisabeth APELT (1951) lässt sich folgendes feststellen:

1. Das Selbstbildungsmittel muss Anreiz bieten, sich mit ihm zu beschäftigen. Dieser Anreiz kann im gefälligen Äußeren liegen, im interessanten Inhalt oder in abwechslungsreicher Aufgabenstellung.
2. Der Schüler muss erkennen können, was er mit dem Selbstbildungsmittel anfangen soll. Die Aufgabenstellung muss eindeutig sein. Der Umgang mit dem Selbstbildungsmittel muss unkompliziert sein und Raum für die Eigeninitiative der Schüler lassen.
3. Das Selbstbildungsmittel muss die Mittel zur Kontrolle des Getanen enthalten.
4. Das Selbstbildungsmittel muss Anreiz zum wiederholten Umgehen mit ihm enthalten und auch zum Weitergehen anregen.
5. Der Aufbau eines Selbstbildungsmittels muss planvoll gestaltet sein. Seine didaktische Zubereitung muss ihm innere Lenkkraft verleihen.
6. Das Selbstbildungsmittel muss einen genügend großen Bildungs- und Lernwert besitzen.

Nun kann selbst bei Erfüllung dieser sechs Forderungen der „Bildungsertrag" nach einer Auseinandersetzung der Schüler mit Selbstbildungsmitteln gering sein. Das noch so gute Selbstbildungsmittel ist nicht alleinige Bedingung für eine eventuell möglich werdende Selbstbildung. Entscheidend ist die Unterrichtssituation, in der ein Schüler auf ganz bestimmte Weise einem Selbstbildungsmittel begegnet.

1.3.3.3 *Der Einsatz von Selbstbildungsmitteln im Unterricht*

Das erste und wichtigste Postulat lautet, dass der Umgang mit Selbstbildungsmitteln immer dem Unterricht durch den Lehrer folgt. Das heißt, dass der Einsatz von Selbstbildungsmitteln nur dort fruchtbar wird, wo im vorausgegangenen Unterricht die Schüler mit den notwendigen Kenntnissen und Fertigkeiten ausgestattet worden sind, dass sie die Ebene erreicht haben, auf der der Einsatz von Selbstbildungsmitteln möglich und sinnvoll werden kann.

Von hier aus beantwortet sich die Frage nach den Möglichkeiten des Selbstbildungsmittels, bei der Erarbeitung einer Sache oder nur bei der Wiederholung, Übung und Sicherung eines Wissensbestandes dienen zu können: überwiegend liegt und sehr bedeutend ist die Aufgabe des Selbstbildungsmittels bei der Gestaltung von Wiederholung und Übung, wenn man diese nicht mit dem Abfragen und der darauf folgenden Antwort erschöpft sehen möchte.

Sollen Übung und Wiederholung einer Sicherung des Lernerfolges dienen, so sind Selbstbildungsmittel sehr fruchtbar, weil sie echtere Aufforderungen geben, weil der einzelne Schüler nach seinem Tempo und nach seiner Art vorgehen kann und weil sich dabei das individuelle Sich-zu-eigen-Machen einer Sache voll ereignen kann. Hinzu kommt bei einer Reihe von Selbstbildungsmitteln die Möglichkeit des handelnden Gebrauchs des Wissens und damit eine Art der Festigung mit größerer Erfolgschance.

Aber auch bei der Neuerarbeitung mit Hilfe von Selbstbildungsmitteln wird der Wissens- und Könnensbesitz des Schülers aktiviert. Entweder müssen bekannte Techniken angewandt werden, oder das Neue muss aufgrund von schon Bekanntem erkannt, erfasst, erschlossen oder Schritt für Schritt erarbeitet werden. So ist Selbstbildung mit Selbstbildungsmitteln in der Schule jedenfalls immer ein Weitergehen von, Anwenden von, Umgehen mit dem bis dahin Erreichten.

Ein gutes Beispiel liefert Walter JEZIORSKY (1965). Zu Beginn seines Rechtschreib-Lehrgangs mit Selbstbildungsmitteln wird auf den sogenannten Einführungskarten Bild- und Wortgut aus der Alltagswelt der Kinder genommen. Jede Rechtschreibkarte bringt etwa 6, später bis zu 12 Bilder aus je einem Sachzusammenhang, der den Kindern geläufig ist: z. B. die Stube mit Tisch, Stuhl, Radio, Uhr, Bild, Lampe. Das Selbstbildungsmittel baut hier auf einem schon sicher vorhandenen Fundus auf, um darauf dann fortzuschreiten.

Bei den Hinweisen JEZIORSKYS zu der organisatorischen Bewältigung des Ablaufs der Arbeit mit Selbstbildungsmitteln beim Schreiblehrgang finden wir denselben Sachverhalt: Man mag zunächst in Klassenfront die Schreibarbeit beginnen; wenn sich nach mehreren Unterrichtsstunden bei einigen Schülern ein offensichtlicher Lernfortschritt zeigt, kann man den Weg zur Arbeit mit Vorlagekarten, also mit Selbstbildungsmitteln, freigeben. Tag für Tag kommen dann weitere Schüler hinzu. So wird zuerst auch wieder eine Grundlage, ein Anfang im Unterricht mit dem Lehrer geschaffen, ehe es in die Alleinarbeit mit dem Selbstbildungsmittel hineingeht.

Wenn es gelingt, die Alleinarbeit der Schüler in ihrem vollwertigen Rang neben dem Unterricht mit dem und durch den Lehrer zu sehen, wird man dieser Arbeit mit Selbstbildungsmitteln auch die entsprechende Gestalt und Zeit geben.

Wie aber sieht die Gestalt des Umgangs und Arbeitens mit Selbstbildungsmitteln aus? Nehmen wir noch einmal ein konkretes Beispiel von JEZIORSKY: Beim

Rechtschreiblehrgang holt sich der Schüler eine Bildkarte und die dazugehörige Wortbildkarte, geht an seinen Platz, betrachtet zunächst natürlich die Bilder, dann auch die Wortbildkarte. Er prägt sich die Wortbilder ein, deckt anschließend mit der Bildkarte die Textkarte ab und schreibt auf ein Blatt oder ins Heft die Wörter, die ihm die Bildkarte diktiert. Bei Unsicherheiten sieht der Schüler auf der Wortbildkarte nach. Zum Schluss vergleicht er seine Arbeit mit der Vorlagekarte, berichtigt etwaige Fehler und bringt das Geschriebene dann dem Lehrer, der weitere Arbeitsanregungen gibt. So wird nach und nach die Reihe der Karten durchgearbeitet.

An die Arbeit mit der einzelnen Karte kann sich, bevor es an die nächste geht, je nach der Notwendigkeit folgendes anschließen: Jedes Wort wird noch dreimal aufgeschrieben. – Morgen wird dieselbe Karte noch einmal vorgenommen. – Die betreffenden Wörter werden in das Wörterheft, das jeder Schüler führt, eingetragen. – Mit diesem Heft wird von Zeit zu Zeit gesondert geübt, bis alle Schwierigkeiten (oder die meisten) überwunden sind.

Diese Arbeitsweise ist nicht in eine Unterrichtsgestaltung einzuordnen, die unter der Führung und Gestaltung des Lehrers weitgehend dem von der Lernpsychologie gekennzeichneten Lernprozess für alle Kinder gleichzeitig zu folgen versucht. Bei der Arbeit mit Selbstbildungsmitteln wird ein anderer Weg eingeschlagen. Erste Aufgabe des Lehrers ist es, dafür (Zeit-)Raum zu schaffen, d. h., der Arbeit mit Selbstbildungsmitteln am Vormittag Zeitblöcke zu reservieren. Weil dabei dann der Lernprozess bei jedem Schüler auf eigene Weise verläuft, ist eine zeitlich exakte Planung nur bedingt möglich. Es ist ein weiteres Kennzeichen, dass bald durch die unterschiedlichen Arbeitstempi und Begabungen die Schüler unterschiedlich weit vorangekommen sind.

Die Auflösung des straffen Vorgehens im Klassenverband zugunsten des individuellen Vorwärtskommens bedeutet für den Lehrer:

1. Es ist kein allgemeines Stunden- oder Tagesziel zu erreichen.
2. Es muss Zeit, Raum und Ruhe für die individuelle Arbeit gegeben werden.
3. Der Lehrer muss sich schriftlich mehr als sonst einen genauen Überblick schaffen.

1.4 Vom Geist des Übens (BOLLNOW)

1978 ist von Otto Friedrich BOLLNOW eine anthropologisch orientierte Reflexion zum Thema „Üben“ erschienen, die er im Untertitel „Eine Rückbesinnung auf elementare didaktische Erfahrungen“ nennt. Auch er geht von der These aus, dass die Übung im Selbstverständnis des Menschen, wenigstens in der abendländischen Tradition, keine hohe Einschätzung erfahren habe. Sie spiele in der Schule und in anderen Formen der Ausbildung eine untergeordnete und ziemlich verachtete Rolle. Da Unterricht vor allem fesselnd und interessant sein solle und Langeweile die ärgste Sünde des Unterrichts sei (HERBART), sei Übung randständig.

Alles Üben sei auf ein Können bezogen. Jedes Können sei nur auf dem Weg über das Üben erreichbar. Dabei führt BOLLNOW die Bedeutung des Könnens als Beherrschung einer Fertigkeit über einen utilitaristischen Sinn hinaus zu einer existentiellen Bedeutung. Im Können von etwas realisiert sich Menschsein, erfüllt sich menschliche Existenz. Mit dem Wort „Tunkönnen“ ist das eine, mit dem von HEIDEGGER übernommenen Wort vom „Seinkönnen“ ist das letztere gemeint. Es wird die jedem Menschen zugängliche Erfahrung deutlich, dass im „Können von etwas“ sich Menschsein erst füllt, erfüllt und von daher das „Sich-Üben in etwas“ existentiell notwendig ist. Didaktisch gesehen wird die doppelte Bedeutung von Üben deutlich: die Einübung bestimmter Fertigkeiten ist das eine – und meistens im Zusammenhang mit schulischem Lernen gemeint –, das Ausüben von etwas, das Praxis und ständiges An-sich-Arbeiten meint, ist das andere – und etwas viel Grundsätzlicheres. Sprachlich drückt sich dies im „gekonnten Handgriff“ und im „Gut-Machen einer Sache“ aus.

BOLLNOW geht auf die seelische Verfassung beim Üben ein. Wo der Mensch zerstreut ist oder Kummer hat, wo Übungen langweilig sind oder abgelehnt werden, da wird sich kaum großer Übungserfolg einstellen. Aber auch da, wo die Anspannung krampfhaft ist, wo um jeden Preis Erfolg erzielt werden soll, wird das Üben nicht sehr erfolgreich sein. Anspannung und Gelöstheit müssen in eine gute Balance gebracht werden. BOLLNOW zitiert das Wort von der „Heiterkeit des Übens«, spricht von der notwendigen Konzentration und geht dann auf die Bedeutung der Übung in der alten japanischen Kultur ein. Im Zen-Buddhismus hat die Kunst des Bogenschießens eine besondere Bedeutung gewonnen. Das Entscheidende dabei ist, dass es gar nicht darauf ankommt, möglichst schnell ein bestimmtes Ziel zu erreichen. Viel wichtiger ist es, eine bestimmte Haltung zu gewinnen. Nicht die Beherrschung eines Kunstgriffs, sondern eine innere Verfassung soll durch das Üben herbeigeführt werden.

In dieser Dimension der Betrachtung erreicht der Mensch tatsächlich über Übung eine höhere Daseinsform, verbunden mit Gelassenheit und einem In-sich-selber-Ruhen. Freiheit erfährt er im Zustand des Könnens, zu dem er durch Übung kommt. BOLLNOW meint eine innere Freiheit, die zum Inhalt hat: im Einklang mit seinen Verhältnissen leben. Hinzugefügt werden muss, dass dies nicht ein Ausweichen vor den Schwierigkeiten des Lebens in eine weltlose Innerlichkeit bedeutet, sondern, nach BOLLNOW, vielmehr die Bestimmung eines in der rechten Weise verantwortlich tätigen Lebens.

Die Übung ist dann als ein Weg zur inneren Freiheit zu verstehen, als eine Notwendigkeit, die immer wieder schmerzlich erfahrenen eigenen Unzulänglichkeiten im alltäglichen Dasein durch Bemühungen um eine Verbesserung des eigenen Zustandes zu überwinden. Dabei hat die Übung durchaus ihre eigenen Krisen und auch befreienden Durchbrüche. Übungen schließen unstetig und krisenhaft verlaufende Vorgänge ein.

Bei der Rückbindung an didaktische Fragen verweist BOLLNOW auf die Grundgedanken Maria MONTESSORIS, nach denen die Übungen nicht nur auf Kognitives oder Manuelles zielen sollten, sondern immer auf die Verwandlung des Menschen im ganzen. In der selbstvergessenen Hingabe der Kinder an ihre Übungen erfolgt eine Polarisation der Aufmerksamkeit – „das Kind ordnet sich"! Auch bei FRÖBEL sei die Übung als konzentriertes Anschauen und Mitleben zu finden.

Zum Schluss formuliert BOLLNOW 13 zusammenfassende Thesen zur Didaktik der Übung. In ihnen wird noch einmal deutlich, dass die Übung hohe erzieherische Bedeutung hat, dass sie zu Leistung, zur Freude am Gekonnten führt, dass sie Disziplin und Genauigkeit, Mühe und Askese fordert, dass sie, richtig durchgeführt – das heißt: mit Freude, Gelassenheit, Heiterkeit praktiziert –, viel mehr als praktischen Nutzen bringt, eben eine innere Verfassung, die den Menschen wahrhaft weiterführt, hin zu einem Menschsein eigener Qualität.

1.5 Aktuelle Systematisierungen (KÖSEL/SCHNEIDER, POTTHOFF, EISENHUT/HEIGL/ZÖPFL)

Nach dieser von praktischen Fragen sich lösenden Reflexion BOLLNOWS soll der Literaturbericht mit dem Verweis auf drei Publikationen didaktischer Provenienz schließen und gleichzeitig zur Prüfung Anregung geben, ob das Aufgabenfeld „Üben und Wiederholen im Unterricht" gegenüber EGGERSDORFER heute wesentlich anders beschrieben wird. Orientierender Überblick und Heraushebung von Spezifika sollen die beiden leitenden Darstellungsgesichtspunkte dabei sein.

1.5.1 Übung – Grundlage des Lernens (KÖSEL/SCHNEIDER)

KÖSEL/SCHNEIDER haben 1978 in der Reihe „Workshop Schulpädagogik" eine Arbeitshilfe zum Thema „Übung – Grundlage des Lernens" vorgelegt. Um zunächst *Orientierung zu* geben: KÖSEL/SCHNEIDER führen in das Thema ein, geben Thesen, Lehrziele für Lehrer, entwickeln Übungsarten und -methoden (Arbeitsteil I). Dann stellen sie wissenschaftliche Grundlagen der Übung dar; dies sind im wesentlichen anthropologische und psychologische Grundlagen (Arbeitsteil II). Im Arbeitsteil III werden didaktische Probleme bearbeitet, u. a. der Einsatz von Arbeitstechniken und Medien bei der Übung, fachdidaktische Aspekte, Übungsprinzipien für den Lehrer und Grundsätze des Übens und Wiederholens. In den Arbeitsteilen IV und V werden Rahmenbedingungen entwickelt: Übung und Curriculum, Lernziele und Übung, Humanisierung der Schule, gesellschafts- und bildungspolitische Relevanz bei der Übung.

Wer in der Literatur zum Thema etwas bewandert ist, findet bei KÖSEL/SCHNEIDER die meisten Anregungen im Kapitel „Übungsarten und Übungsmethoden" und im Kapitel „Der Einsatz von Medien und Arbeitstechniken" bei der Übung.

Folgende Übungsarten werden erläutert und mit Beispielen belegt:

- die lineare Übung (gradlinig, eindimensional)
- die vieldimensionale Übung (vielseitige Ausdehnung)
- die kreisförmige Übung
- die spiralförmige Übung
- die strukturorientierte Übung (Aufbau, Gefüge, Erlebnisganzes, Strukturelemente)
- die ganzheitliche Übung
- die elementhafte Übung

Unter Übungsmethoden werden verstanden:

- die visuelle Übung
- die auditive und motorische Übung
- die emotionale Komponente bei der Übung
- die soziale Komponente bei der Übung
- Verhaltensvorschläge für den Lehrer
- weitere Aspekte wie Wettkampf, Selbstkontrolle, Wiederholungsarten.

Hier ist der Methodenbegriff wohl etwas großzügig verwendet worden. Für die Unterrichtspraxis sehr anregend sind die Ausführungen über folgende Medien und Arbeitstechniken, meistens mit Beispielen:

Medien

Diagramme
Übungskarten
Übungsspiele
Modelle
Zettelkasten/Lernkartei
Lernpatience
Formelsammlungen
Unterrichtsbücher
Rätselkasten
Arbeitsblätter
Tafelzeichnungen
Tonband-Kassetten
Dias/Bilder
Bildzeichen/Superzeichen
Folien/Transparente
Feed-back-Techniken

Gliederungstechniken

Matrix (Kasten) und/oder -Gliederung
gebundene/ungebundene Gliederung
Übungsplan zur Selbstkontrolle
Teil und Ganzes: Baumdarstellung
Sprechzeiten und Glyphen
Dimensionsanalyse

1.5.2 Erfolgssicherung im Unterricht (POTTHOFF)

Über das 1981 erschienene Taschenbuch von POTTHOFF kann folgende Überblicks*orientierung* gegeben werden:

Zunächst strukturiert POTTHOFF das Aufgabenfeld; da geht es um die Darstellung der Grundvorgänge des Übens, Einprägens, Auswendiglernens, Automatisierens, Lernens durch Einsicht, Anwendens und Transfers. Im 2. Kapitel entwickelt POTTHOFF wichtige Ausführungen zum Zusammenhang von Lehrgangstypen (schulisches Lernen erfolgt überwiegend in Lehrgängen), im 3. Kapitel wird der Stellenwert des Übens und Anwendens in Verlaufsmodellen des Lernens untersucht. Dann folgt das „Pflichtkapitel" „Motivation und Übungsbereitschaft", worauf hier nicht mehr näher einzugehen ist. Das 5. Kapitel mit der Überschrift „Didaktische und methodische Maßnahmen zur Sicherung von Lernergebnissen" ist eine Mischung von anregenden methodischen Hilfen (z.B. Tafelanschriebe als Sicherungshilfen) und psychologischen Befunden (Bedeutung der Erarbeitung, Lernzielkontrollen und Übung, Bedeutung sensitiver Perioden). Im 6. Kapitel erfasst POTTHOFF unter „Übungsformen" das Einüben von Arbeitstechniken, die Einzel-, Partner- und Gruppenarbeit. Im 7. Kapitel nimmt er einen Ansatz auf, der viel mehr in den Vordergrund gerückt werden muss: „Schüler werden selbständig beim Üben und Anwenden." Im letzten, dem 8. Kapitel behandelt POTTHOFF das Anwenden in schulischen Lehrgängen und in Lebenssituationen. In der Regel sind die Ausführungen von Beispielen begleitet.

Sucht man wieder die Teile heraus, die nicht oder nur wenig in anderen Publikationen zu finden sind, so kann man auf die Kapitel 2 und 7 verweisen. Die Betrachtung von Übungs- und Wiederholungsmöglichkeiten im Zusammenhang mit der Anwendung der Lehrinhalte in Lehrgängen ist bei der Ausfaltung des hier zur Rede stehenden Themas wichtig. POTTHOFF führt sie an den Beispielen

- des ganzheitlichen Lehrganges
- des logisch-systematischen Lehrganges
- des Lehrganges nach dem Spiralcurriculum
- des Ausganges vom Elementaren (= das Pädagogisch-Elementare sei etwas Sinnvolles, Ganzes, das als Bau- oder Gestaltungsprinzip, Sinnzusammenhang oder Methode erkennbar wird)

aus und macht den jeweils unterschiedlichen Stellenwert des Übens und Wiederholens deutlich.

Das Thema „Schüler brauchen Lernstrategien und –techniken" werde ich in einem besonderen Kapitel (siehe S. 121ff.) behandeln, weil ich von der Prämisse ausgehe, dass Lernen eine Aktivität ist, die bei den Lernenden liegt. Unterricht kann dieses Lernen immer nur anregen, begleiten/steuern und kontrollieren/bewerten, nie selbst übernehmen. POTTHOFF begründet die Aufgabe, Schüler selbständig zu machen, mit eher praktischen Gesichtspunkten: Schüler lernen unterschiedlich schnell, das Verstehen schreitet unterschiedlich voran, so dass eine Differenzierung beim Üben und Wiederholen unerlässlich ist. Folglich entwickelt POTTHOFF Hilfen für

- das richtige Abschreiben
- den richtigen Umgang mit affektiven Einflüssen (Übungserfolg motiviert, Mut und Selbstvertrauen sind zu stärken, Bloßstellungen lähmen usw.)
- das Überlernen
- den richtigen Zeitpunkt und die Anzahl von Wiederholungen.

POTTHOFF informiert außerdem über Lerntypen, retroaktive Hemmungen und richtige Vorgehensweisen beim Üben.

1.5.3 Üben und Anwenden (EISENHUT/HEIGL/ZÖPFL)

In der Lernbuchreihe „Erziehen und Unterrichten in der Schule“ ist 1981 das nun zu betrachtende Lernbuch „Üben und Anwenden“ von EISENHUT/HEIGL/ZÖPFL erschienen. Man darf sagen, dass es einen Überblick über bekannte Sachverhalte gibt und mit Zusammenfassungen, Arbeitsaufgaben und Lernkontrollen sowie Literaturangaben zur Auseinandersetzung mit diesen Sachverhalten anregt. Das Buch hat vier Kapitel: Im ersten Kapitel wird „die Übung im Spannungsfeld der Pädagogik“ behandelt. Die Klage über Übungsdefizite und ihre Ursachen wird wie in fast allen anderen Publikationen geführt. Im zweiten Kapitel wird „der Begriff der Übung“ entwickelt, im dritten Kapitel werden Ausführungen zum „Üben im Unterricht“ gemacht. Das alles erfolgt auf rund 30 Seiten. Das vierte Kapitel ist das Hauptkapitel. In ihm werden folgende „Übungsprinzipien“ beschrieben:

- das Prinzip der Bereitschaft
- das Prinzip des Übungserfolges
- das Prinzip des entwicklungsgemäßen Übens
- das Prinzip des Gebrauchs
- das Prinzip des Formwechsels
- das Prinzip der Übungsverteilung.

Ein kurzes Kapitel „Übung und Erziehung“ beschließt dieses Büchlein.

1.5.4 Kurze Zusammenfassung

Wenn man die Literatur, die hier kurz skizziert worden ist, überblickt, könnte man zugespitzt feststellen, dass viel Neues nach EGGERSDORFER nicht dazugekommen ist. Bei EGGERSDORFER findet man eine bemerkenswerte Systematik, zu der unterrichtsergänzende Speicher- und Verwendungsstrukturen, unterrichtsbereichernde Ansätze und Hilfen gefunden werden konnten. Ein anthropologisch fundiertes Verständnis des Übens, das über das rein Technische hinausführt und die didaktische Diskussion vertieft, hat in neuerer Zeit BOLLNOW formuliert. Die weiteren neueren Publikationen sind produktiv in Einzelaspekten, sie helfen aber weniger, wenn es um die didaktische Neukonstruktion eines als unerlässlich anzusehenden Aufgabenbereichs geht. Ob mit ihnen das Üben und Wiederholen im Unterricht eine größere Bedeutung bekommen kann, erscheint fraglich.

2 Lernpsychologische Aspekte des Übens und Wiederholens im Unterricht

Wenn man sich um einen zentralen Bestandteil von Lernprozessen bemüht, sind Aussagen der Lernpsychologie unverzichtbar. Im folgenden Kapitel werden wichtige Grundinformationen zusammengestellt. Diese sind zum Teil älteren Datums, werden aber auch in der lernpsychologischen Literatur immer wieder angeführt. Das Weiterführende der folgenden Ausführungen – neben einer Art Bestandsaufnahme – liegt darin, dass über die Grundinformationen hinaus Anregungen und Hilfen für das Speichern von sprachlichem Material, für das Erlernen von Fertigkeiten und für den Aufbau von Verhaltensweisen gegeben werden. Damit wird die ganze Breite der Lernaufgaben in der Schule und der Sicherung eines entsprechenden Lernerfolges angesprochen.

2.1 Kurzinformationen über das Gedächtnis

Definition

Das Gedächtnis ist der Informationsspeicher eines Organismus, aus dem dieser Nachrichten über vergangene Ereignisse abrufen kann. (Das „Auf-der-Zunge-Liegen" oder das „Brett-vor-dem-Kopf" macht deutlich, wie sehr die Gedächtnisleistung von emotionalen Faktoren abhängig ist.)

Kurz- und Langzeitgedächtnis

Es gibt kein Gedächtnis, das entweder gut oder schlecht funktioniert; vielmehr existieren verschiedene Organisationsformen des Gedächtnisses, die unterschiedliche Gedächtnisarbeit leisten.

Kurzzeitgedächtnis

- Das Kurzzeitgedächtnis hat nur eine begrenzte Speicherfähigkeit.
- Diese Behaltenszeit (Merkfähigkeit) ist individuell verschieden; z.B. kann eine fünfstellige Telefonnummer bis zum Ende des Wählvorgangs behalten werden, oder man muss einmal oder mehrere Male nachsehen.
- Die Merkfähigkeit funktioniert möglicherweise nur für Sekunden.
- Informationen werden nur so lange behalten, wie sie gebraucht werden (das Vergessen schafft Platz für neue Informationen).

Langzeitgedächtnis

- Der Speicherungsvorgang einer Information erfolgt zuerst im Kurzzeitgedächtnis.

Durch eine Reihe von Wiederholungen wird eine Information in den Langzeitspeicher überführt.

- Das Langzeitgedächtnis (Erinnerungsfähigkeit) hat eine größere Kapazität als das Kurzzeitgedächtnis.
- Das zu behaltende Material wird erst kodiert (organisiert, in Kategorien und Gruppen eingeteilt) und dann im Langzeitspeicher deponiert.
- Gedächtnisinhalte, die Stunden, Tage, Wochen und Jahre zurückliegen, können abgerufen werden.
- Das Material wird langfristig archiviert und fällt langsam dem natürlichen Vergessensprozess anheim.

Konsequenzen für den Lernenden

- Das, was behalten werden soll, ist ausreichend zu wiederholen.
- Vor dem Lernen ist alles Material sinnvoll gruppenmäßig zu organisieren (ordnen).

Methoden der Prüfung der Gedächtnisfunktion

Wiedererkennen

- Gelerntes Material wird in ähnlichem Material versteckt dargeboten, z.B. beim Multiple-Choice-Verfahren (Auswahlfragen).

Wiedererlernen

- Nach einem bestimmten zeitlichen Abstand soll einmal Gelerntes wiedererlernt werden.
- Die dazu benötigte Zeit bzw. die Anzahl der Wiederholungen dienen als Maß für die Gedächtnisfunktion.

Reproduktion

- Material, das bereits gelernt wurde, soll abgerufen werden.
- Als Maß dient der prozentuale Anteil der richtigen Antworten.
- Mit Hilfe des unmittelbaren Gedächtnisses erfolgt die Reproduktion sofort nach Abschluss des Lernvorgangs.
- Mit Hilfe des mittelbaren Gedächtnisses erfolgt die Reproduktion nach einem bestimmten zeitlichen Abstand.
- Erste Versuche beschrieb der Psychologe EBBINGHAUS 1885: Er lernte eine Menge sinnloser Silben auswendig, und nach einer Stunde hatte er über 50 % des Materials vergessen. Nach einem Tag hatte er ca. 66 % vergessen, nach zwei Tagen hatte er über 71 % vergessen, und nach einigen Tagen blieb der Anteil des behaltenen Materials für mehrere Tage und Wochen konstant mit ca. 25 %.

Diese Befunde zeigen, dass man sehr schnell viel vergisst, im weiteren zeitlichen Verlauf aber immer weniger.

Bedingungen, die Vergessen und Behalten beeinflussen

Anordnung des Materials

- Texte sind übersichtlich zu gliedern, z. B. abgegrenzte Kapitel, Unterpunkte, Abbildungen (sie ersparen dem Lernenden die Organisation des Materials).
- Wichtige Kapitel sind in wesentlichen Punkten zusammenzufassen.

Motivation

Durch
- privates Interesse
- berufliche Gründe

entsteht ein erhöhtes Bedürfnis bzw. Antriebsniveau. Derartige Motivationen, z. B. vor Prüfungen, führen zu besseren Lernleistungen.

Emotionale Beziehungen

- Die Gedächtnisleistung ist besonders hoch, wenn mit dem Material eine angenehme gefühlsmäßige Verbindung besteht (dies macht sich die Werbung zunutze: lachende Gesichter, modern erscheinende Menschen).
- Auch in Verbindung mit einer negativen, unangenehmen Beziehung zum Material wird noch recht gut behalten.
- Die Gedächtnisleistung ist am geringsten, wenn eine emotional neutrale Beziehung zum Material besteht.
- Eine gefühlsmäßige Beziehung kann Gedächtnisinhalte verformen; durch Wünsche, Befürchtungen, Vorurteile kommt es zu Verdrängungen, Verfälschungen und nachträglicher Sinngebung des Materials.

Ungewöhnlichkeit

- Material wird um so besser behalten, je mehr es vom Gewöhnlichen abweicht (an besondere Schulereignisse oder Urlaubsereignisse erinnert man sich eher als an alltägliche).

Zeitliche Verteilung des Lernens

- Durch Wiederholungen bildet sich eine Art Gedächtnisspur (molekularbiologische und biochemische Prozesse sind beim Speicherungsprozess beteiligt).
- In den Lernvorgang eingeschobene Pausen stellen somit die Zeit bereit, die für den Speicherungsprozess notwendig ist.
- Bei einem Lernvorgang ohne Pause häufen sich die aufgenommenen Informationen, überlagern sich gegenseitig (= Interferenz) und behindern den Speicherungsvorgang.

Lernen im Schlaf

- Das Buch lediglich nachts unter das Kopfkissen zu legen, reicht natürlich nicht aus!

- Der Schlaf zwischen einer Lernphase und der Reproduktion des Gelernten begünstigt das Behalten mehr, als wenn man in der Zwischenzeit wach bleibt.
- Unwesentlich dabei ist, ob direkt nach dem Lernen oder später geschlafen wird.

Das Lernen unmittelbar nach einer Schlafphase soll die Gedächtnisleistung behindern; es sollte also eine etwas längere Wachphase zwischen Schlaf und Lernbeginn liegen.

Gedächtnisstörungen

Quantitative Gedächtnisstörungen

- Amnesie (= Gedächtnisschwund) betrifft meist die Erinnerung (= Langzeitgedächtnis), selten die Merkfähigkeit (= Kurzzeitgedächtnis).
- Die Merkfähigkeit lässt bei Alterungsprozessen nach.

Qualitative Gedächtnisstörungen

- Inhalte werden verändert, verzerrt. Wahnideen treten auf.
- Es kommt zu Desorientierung (zeitlich, örtlich).
- Die Fähigkeit, neue Informationen zu speichern und zu reproduzieren, ist beeinträchtigt.
- Gedächtnislücken werden durch freies Erfinden geschlossen.
- Diese qualitativen Gedächtnisstörungen treten bei psychischen Erkrankungen und Alkoholismus auf.

2.2 „Gesetze" des Einprägens und Übens

In diesem Abschnitt sollen „Gesetze" des Einprägens und Übens vorgestellt und erörtert werden, die ein gutes und erfolgreiches Üben ermöglichen, ohne die andererseits die Übung fehlerhaft und erfolgsschwach bleiben muss.

(1) Das Frequenzgesetz THORNDIKES

Es besagt, dass die Übung zuerst von der Zahl der Wiederholungen abhängt. Eine geringe Wiederholungszahl bewirkt geringen Übungserfolg, viele Wiederholungen werden einen größeren Übungserfolg zeitigen. Aber die Zahl der Übungen bietet nur die Möglichkeit für die Auswirkung der weiteren den Übungserfolg begünstigenden Kräfte. Hinzu kommen muss das folgende Gesetz.

(2) Das Gesetz der Modifizierung (das Gesetz des Formwechsels)

Die bloße Wiederholung führt nicht immer zu einer zuverlässigen Leistungssteigerung. Schüler lieben den Reiz des Neuen, des anderen. Es ist deshalb sehr wichtig, den Wiederholungen laufend neue Gestalt zu geben. Alte Gegebenheiten sollen bei fortschreitender Übung in neuem Zusammenhang, in neuen Situationen, in immer größeren Aufgaben auftreten, um die Übung fruchtbar zu machen. Im Üben schon muss das Umstellen auf immer neue Situationen, Anwendungen, Fälle mitgegeben werden. Hier wird der Übungsreichtum entscheidend. Dieses Übungsgesetz ist von mehreren Wissenschaftlern genannt worden (THORNDIKE, LINDAHL, GUYER, ROTH).

Durch den Wechsel der Übungssituationen wird die Übung in größere Zusammenhänge gestellt, es leuchten neue Aspekte des Lerngegenstandes auf, die „Lernumgebung" vergrößert sich.

Die Vielfalt der Aspekte bildet zugleich den Übenden. Bemerkenswert ist allerdings, dass Kinder etwa bis zum 9./10. Lebensjahr eine Tätigkeit auf die gleiche, monotone Weise unzählige Male hintereinander wiederholen können, allein angetrieben durch die Lust am Tun. Diese so gar nicht in die Welt der Erwachsenen passende Tatsache kann man in den ersten Schuljahren günstig ausnutzen, wenn man sich nur immer wieder klar darüber ist und selbst nicht vorzeitig ermüdet.

(3) Das Gesetz der Reinhaltung

Die Plastizität der menschlichen Natur hat immer positive und negative Seiten. Das Mnemische braucht nicht unbedingt einer Leistungssteigerung zu dienen. Es kann den Übungserfolg beeinträchtigen oder sogar illusorisch machen, weil immer Nachwirkungen von früher Getanem und Erlebtem mit im Spiele sind. Es ist daher sehr wichtig, beim Üben darauf zu achten, dass kein Fehler sich einschleicht. Freilich kann der Übende kaum erkennen, wann er Falsches mitübt, so dass sich hier die Forderung nach einer Führung des Übens erhebt. Bei den Tieren wird die Übung durch den Instinkt, beim Menschen muss sie von der Einsicht gestützt werden.

(4) Das JOSTsche Verteilungsgesetz

Oft vernachlässigt hat die Schule die rechte Dosierung der Übung. Bei planmäßigem Üben sind kurzdauernde, über einen längeren Zeitraum verteilte Wiederholungen weit wirkungsvoller als pausenloses, gehäuftes Üben. Außerdem sind solche Übungen zeit- und kraftsparender. In der experimentellen Psychologie hat JOST herausgefunden, dass Maximalleistungen bei täglichen 10-Minuten-Übungen zu erreichen sind. Bei verteilten Übungen kann außerdem die latente Nachübung der „schöpferischen Pause" wirksam werden, die durch MEUMANNS paradoxen Satz: „24 Stunden nach einer Übung weiß man mehr als nach 8 Stunden" ihre deutlichste Erklärung findet.

Zur rechten Übungsdosierung gehören mehrere Maßnahmen:

a) Man muss Ermüdungserscheinungen beachten. Alle Leistungssteigerung kann illusorisch werden, wenn nicht zur rechten Zeit Erholungspausen eingeschaltet werden. Die Ferien haben in dieser Hinsicht große Bedeutung. Sie sollten nicht noch mit großen Arbeiten ausgefüllt werden. Auch die Hausaufgaben müssen wohldosiert sein, um den Kindern Erholungspausen zwischen Unterricht, Hausaufgaben und häuslichen Arbeiten zu ermöglichen.

b) Man muss Zeiten physischer Sättigung beachten. Jeder kann an sich selbst beobachten, wie negativ bei geistiger Arbeit „tote Punkte" nach Mahlzeiten wirken. Der Körper braucht das Blut bei der Verdauung, und er entzieht es dem Gehirn. Die geistige Leistung wird reduziert. Diese Tatsache fällt beim Unterricht am Vormittag weniger ins Gewicht, sie wird wichtig beim Ganztagsunterricht. Hinzukommt die allgemein zunehmende Erschlaffung und Ermüdung bei fortschreitender Tageszeit.

c) Schlechtes seelisches wie körperliches Befinden beeinträchtigt die Übungsleistung. Ein Kind, das vorher ausgeschimpft worden ist, das an Magenbeschwerden leidet, wird in der Übung gegenüber unbelasteten Kindern zurückbleiben. Es ist für den Lehrer allerdings schwer, bei großer Kinderzahl Rücksicht auf die Lage einzelner zu nehmen.

d) Wie zuviel Übung den Erfolg gefährden kann, so kann ein vorzeitiges Abbrechen der Übung jedes positive Ergebnis in Frage stellen. Beständigkeit ist eine der größten Übungstugenden, da die wiederholte Beschäftigung mit einem Übungsstoff Unlust und nachlassendes Interesse hervorruft. Bei ungünstiger Anlage der Übung kann es zu sogenannten „Paradox-Übungen" kommen. Ihr Erfolg ist zwangsläufig gering.

(5) Das Gesetz der Bereitschaft

Um die Übung nicht zur widerwillig ausgeführten Paradox-Übung werden zu lassen, muss eine Übungsbereitschaft vorhanden sein. Diese Übungsbereitschaft kann durch zweierlei fundiert sein: zum einen durch eine genügende Motivierung, zum anderen durch die Sinnhaftigkeit der Übung.

Die Notwendigkeit der Übung muss für den Schüler einsichtig sein, es muss ein Motiv da sein. Beim Einüben eines Gedichtes z. B. könnte das Motiv sein, es für Mutters Geburtstag zu lernen. Es genügt aber auch ganz einfach das Motiv: „Das will ich jetzt lernen, mal sehen, ob ich das nicht bald kann!" Zudem muss eine Übung sinnvoll sein. Die experimentelle Psychologie hat festgestellt, dass z.B. bei wiederholtem Einprägen, bei Gedächtnisübungen also, sinnvolle Verse acht- bis neunmal rascher gelernt werden als sinnlos nebeneinandergestellte Silben. Das hat vor allem EBBINGHAUS gefunden. Unter dem Einfluss einer gestaltenden Tendenz wird das Üben erfolgreicher.

(6) Das Gesetz des Erfolges (law of effect)

LINDAHL und THORNDIKE fordern, dass eine Übung ein befriedigendes Resultat für den Übenden haben muss. Der Mensch braucht Erfolgserlebnisse, um weiterzumachen. Misserfolge „am laufenden Band" zerstören die Lernbereitschaft. Der Erfolg ist für das Weiterüben ganz wichtig. Es gilt also für den Lehrer, die Übungen so zu gestalten, dass ein Übungserfolg möglich ist. Es lässt sich hier eine Verbindung zum 4. Übungsgesetz (siehe oben) ziehen. Kurze und kleine Übungen sind naturgemäß leichter zu bewältigen, man kann mit ihnen also viele kleine Übungserfolge erzielen.

(7) Das Gesetz der Begabung

Selbstverständlich hängt der Erfolg der Übung auch von der Begabung des Übenden ab. Bei einer gewissen Begabung für das Übungsgebiet (z.B. Rechnen) wird die Kurve der Übungsleistung schneller ansteigen und überhaupt größere Höhen erreichen als beim Fehlen einer solchen Begabung. GUYER spricht von der Affinität zum Übungsgebiet. Aber auch die Begabung braucht Zeit zur Aneignung des Übungsstoffes. Ja, es kann bei zu schneller Aneignung eine Gefahr auftauchen: schon viele Lehrer haben beobachtet, dass rasch erworbener Lern- und Übungsbesitz genauso rasch wieder verfliegen kann. Dies ist der Fall, wenn Gemächlichkeit und Gründlichkeit außer acht gelassen worden sind, weil die Fähigkeiten des Kindes ein zu schnelles, aber eben nur momentanes Können gezeitigt hatten. Die Schlussfolgerung lautet: Die Quantität des Übungserfolges steigt mit der Größe der Begabung, die Qualität nicht unbedingt in demselben Maße. Sie hängt von der Gründlichkeit und Beständigkeit im Üben ab.

(8) Das ontogenetische Übungsgesetz

Das 8. Übungsgesetz beschäftigt sich mit dem Maß der Veränderung der Übungsfähigkeit und -festigkeit im Laufe des menschlichen Lebens. Stimmt es, dass Übungsfähigkeit und -festigkeit von der Jugend zum Alter hin abnehmen? Die nach wie vor kompetenten Aussagen dazu macht MEUMANN. Er unterscheidet zwischen der Qualität des Gedächtnisses (wichtig für die *Übungsfestigkeit*) und der Qualität der *Übungsfähigkeit*. Und er kommt zu dem Ergebnis, dass das Gedächtnis des Kindes besser sei als das der Erwachsenen, dass aber die Lern- und Übungsfähigkeit des Kindes weit geringer sei als die der Erwachsenen. Kinder brauchen mehr Wiederholungen für den Erwerb eines Wissens- oder Könnensbesitzes als Erwachsene, weil sie zunächst schwerer annehmen. Was sie aber dann gelernt haben, behalten sie viel besser als Erwachsene. Man kann zusammenfassend sagen, dass die Übungsfähigkeit im Rahmen der Lernfähigkeit im Laufe des menschlichen Lebens zunimmt, dass die Übungsfestigkeit aber in demselben Maße von der Jugend zum Alter hin abnimmt.

In einer Anmerkung sei erwähnt, dass jeder Übungsbesitz bei Nichtgebrauch sich abschwächt und schließlich auch verloren geht. Es muss nicht nur bis zu einem Übungsbesitz, sondern auch für dessen Erhalt geübt werden.

Die hier besprochenen acht „Gesetze“ des Einprägens und Übens führen Bedingtheiten speziell des Behaltens auf. Sie erwähnen nicht die beachtenswerten, auf den Unterricht allgemein und damit natürlich auch auf die Übung einwirkenden Kräfte, die unter dem sie sammelnden Begriff des „pädagogischen

Klimas“ zusammengefasst werden können. Dazu gehören: die Verteilung und die Länge der Schulpausen, die Folge der Unterrichtsfächer am Vormittag, die Klassenstärke, die Frage der Koedukation, die Länge der Unterrichtsstunden, das Alter der Kinder, der Charakter des Schultyps, die Frage des Unterrichtsbeginns am Morgen (ggf. auch am Nachmittag), die Wirkung des Lehrers auf die Klasse, das Verhältnis der Kinder untereinander, die Größe des Klassenraumes, seine Einrichtung, die Sitzordnung. Alle diese Fragen können hier nur erwähnt, aber nicht im einzelnen besprochen werden.

2.3 Zum Problem der Mitübung

Nach wie vor bedeutend sind Bestrebungen um das exemplarische Lehren und Lernen in der Schule. Das menschliche Können und Wissen kann nur noch in einer begrenzten Auswahl vermittelt werden.

MEUMANN hatte eine in diesem Zusammenhang verheißungsvolle Theorie für das exemplarische Üben aufgestellt. So sollte z. B. die Übung im Behalten von sinnlosen Silben auch andere Teilgedächtnisse stärken; die Gedächtnisse für Prosastücke (42 %) und für Zahlen (60 %) sollten ohne eigene Übung, nur durch das Mitgeübtsein, um die angegebenen Zahlen steigen. Diese Theorie ist von anderen Psychologen nicht bestätigt, sondern heftig angegriffen und eingeschränkt worden. THORNDIKE schränkte als erster ein: Geübte Tätigkeiten können von ihrer Entstehungssituation auf andere nur in dem Grade übertragen werden, in welchem sie gemeinsame Faktoren haben. Die Möglichkeit des „transfer“ beruhe also auf dem Vorhandensein identischer Elemente.

Ein Beispiel: Die verdreifachte Leistung bei Fingerübungen im Klavierspiel erhöht nicht gleichzeitig die Leistung bei Fingerübungen im Maschinenschreiben in derselben Weise, aber ein Fortschritt im Addieren fördert die Leistung in der Multiplikation, weil hier Teile des Tuns identisch sind.

Auch die These von THORNDIKE ist weiter eingeschränkt worden. Nach Versuchen von C.H. JUDD und JOHNSON und Ausführungen von ALLPORT kommt GUYER zu folgender Auffassung: Es ist gar nicht die Übung, die eine Übertragung von Fähigkeiten bestimmter Art auf solche anderer Art gewährleistet, sondern von fundamentaler Wichtigkeit dafür ist das Durchlaufen des gesamten Lernvorganges. Der Schüler muss bei der Bewältigung von etwas Neuem alle Lernschritte durchmachen, er muss selbst die Widerstände im Lerngegenstand erfahren, er muss diese mit seinem vorhandenen Können und Wissen selbst bewältigen, er muss Einsicht in das Neue gewinnen und dann erst zur Übung kommen. In diesem selbständigen Erarbeiten wachsen Kräfte, die schließlich bei anderen Lerngegenständen gebraucht werden können. Bei voller Ausschöpfung des Lernvorganges, z. B. bei der Berechnung verschiedener Maßstäbe von Landkarten, werden Kräfte gefördert, die bei ähnlichen Aufgaben später zum Tragen kommen können. Es ist dies nicht der Fall, wenn – im gewählten Beispiel – bloß die Umrechnung von Zentimetern in Kilometer bei immer demselben Maßstab geübt wird.

Das exemplarische Üben, das automatisch ein Mitüben anderer Fähigkeiten und Fertigkeiten mit sich bringt, gibt es also eigentlich nicht. Es gibt aber das exemplarische Lernen, das ein Mitlernen für andere Situationen ist, und innerhalb dieses exemplarischen Lernens bleibt natürlich die Übung als Element des Lernens, als Lernschritt, eingeschlossen.

2.4 Einprägungs- und Übungshilfen

Benennen die acht „Übungsgesetze" notwendige Bedingungen für das gute Üben, so sind die folgenden Übungshilfen zusätzliche Möglichkeiten für die Übungsgestaltung.

(1) Die richtige Ansetzung der ersten Übungswiederholung

Vor allem EBBINGHAUS hat betont, dass die erste Repetition die wichtigste beim ganzen Üben ist. Sie ist der eigentliche Träger des Übens, alle anderen Wiederholungen dienen nur der letzten Befestigung, sagt er. Die erste Übungswiederholung darf, weil das Vergessen in der ersten Zeit am stärksten ist, nicht zu lange ausbleiben. Sie hat am besten schon am nächsten Tage zu erfolgen. Ein paar Tage später kann es sich fast schon wieder um ein Neulernen handeln.

(2) Die Vermeidung retroaktiver Hemmungen

Das Vergessen wird in der Lernpsychologie heute mehr als früher auf rückwirkende Hemmungen inzwischen neu aufgenommener Inhalte zurückgeführt, weniger auf zu große Passivität des Übenden. Wer nach einer guten Predigt anstrengende Lektüre liest, wird erstaunt sein, wie viel er mittags von der Predigt vergessen hat. Es ist dies nicht nur ein Verblassen gehabter Erlebnisse, sondern eine Verstärkung des Vergessens, eine retroaktive Hemmung. Daher ist sehr wichtig, was auf eine intensive Lern- und Übungsperiode folgt. ROTH sagt, dass am besten eine Pause, Schlaf oder Spiel folgen sollte, jedenfalls nichts, was dieser Lern- und Übungsperiode sehr ähnelt. So ist es ungünstig, auf eine Englisch- eine Französischstunde folgen zu lassen. Ebenfalls ist wichtig, was einer intensiven Übungsperiode vorausgeht, da es analog der retroaktiven Hemmung auch „proaktive" Hemmungen gibt. Hier ergeben sich Forderungen an die Stundenplangestalter!

(3) Die Bevorzugung aktiver Übungsformen

Wenn die Reinhaltung der Übung gesichert ist (vgl. 2.2), empfiehlt es sich, mehr und mehr aktive Übungsformen zu bevorzugen. Das heißt: die Schüler sollen aktiv, aus sich selbst heraus Eingeübtes mündlich, schriftlich oder manuell wiederholen. Das für die Schüler oft zu passive Wiederholen mit dem Lehrer im Rahmen der Klasse ist zwar bequemer (alle helfen beim Wiederholen, viele kommen gar nicht dran), aber es ist lange nicht so produktiv. Daher hier die Forderung nach möglichst viel Selbsttätigkeit beim Üben.

(4) Die Bevorzugung „ganzheitlichen" Übens

Die Frage nach Synthese und Analyse stellt sich auch beim Üben. Sie kann folgendermaßen beantwortet werden: Möglichst der gesamte Übungsstoff sollte bei einer Übung erfasst werden. Ist das nicht möglich, muss das Ganze zunächst überschaut und erlebt werden und kann dann in Teilganze aufgegliedert werden. Schwierige Stellen können isoliert werden. Wenn z.B. das Schnitzen von Holz gelernt werden soll, ist es gut, sich als Ziel die Herstellung einer Holzschale vorzunehmen. Der Lehrer führt die Technik vor, und dann üben die Kinder an kleinen Holzstücken, mit dem Schnitzmesser richtig umzugehen. Ziel bleibt für jeden, eine Holzschale zu schnitzen.

(5) Die Bevorzugung sozialer Übungsformen

Das Üben, das öfter mit den Schülern zusammen geplant werden kann, wird zusätzlich abwechslungsreicher, wenn man alle Möglichkeiten des Übens im sozialen Verband ausnutzt. Als Beispiele seien erwähnt: Die Schüler fragen sich zu zweit oder in kleinen Gruppen gegenseitig ab; man stellt einander Fragen; ein Text soll von kleinen Gruppen in Fragen umgestaltet werden; man schlägt einander Themen vor und erzählt dann darüber; Unklarheiten beseitigt man durch gegenseitiges Erklären; man prüft sich gegenseitig; es wird im kleinen Kreis einander vorgelesen; usw.

(6) Die Strukturierung des zu Übenden

Im 5. Übungsgesetz habe ich bereits erwähnt, dass das Üben sinnloser Tätigkeiten oder das Einprägen sinnlosen Wissens wenig Wert hat und vor allem einen zu großen Kraftaufwand erfordert. Das Üben sinnvoller Fähigkeiten und Fertigkeiten kann man aus dieser Erkenntnis heraus dadurch noch mehr erleichtern, dass man es in größere verstehbare und vor allem aktuelle Zusammenhänge einbettet.

Außerdem muss ich dem Übungsbesitz eine Struktur geben, ich muss ihn gliedern, ich muss neu Hinzukommendes richtig in das schon Bereitstehende einordnen, so dass alles in einen rechten Zusammenhang kommt. Künstliche Merkverse und der Drill bei Übungen können in der Weise verschwinden, in der ich allem Geübten eine Ordnung, eine Struktur gebe.

(7) Die „negative Praxis"

So paradox es klingen mag: mitunter kann es schwer sein, etwas zu vergessen. Man fragt sich oft, wie man Fehler, die sich festgesetzt haben, wieder ausmerzen kann. Das beste ist, beim Üben Fehler zu vermeiden. Haben sich aber doch einmal Fehler eingeschlichen und festgesetzt, so kann man sich eines Versuchsergebnisses aus der amerikanischen Psychologie erinnern, das die „negative

Praxis“ vorschlägt. Wer z. B. ständig mit der Schreibmaschine „dre“ statt „der“ schreibt, soll mehrmals bewusst „dre“ mit der Einstellung wiederholen, dass das falsch ist, und er wird den Fehler loswerden.

(8) Die emotionale Verankerung

Es gilt als allgemein anerkannte Tatsache, dass das stark emotional Erlebte sich stärker einprägt als das nur intellektuell Aufgenommene. Es kann passieren, dass wir Dinge falsch auffassen, weil sie in der falschen Auffassung mehr Bedeutung für uns haben. Das „law of effect“ wird hier zum „law of affect“. Weiterhin erinnert sich der Mensch lieber an das, was er freudig gelernt hat. Angst hemmt und blockiert. Das sollten wir bei der Auswahl und Durchführung der Übungen bedenken. Freilich wird nur ein begrenzter Teil der schulischen Übungen vom Emotionalen her zu gestalten sein, aber die Übung in freudiger, gelockerter Atmosphäre durchzuführen – das sollte immer möglich sein!

(9) Die anregende Überprüfung des Geübten

Die aktive Selbstkontrolle des Geübten ist eine eminent wichtige Übungshilfe. H. ROTH meinte, dass eine erste positive Anregung zur aktiven Selbstkontrolle die Aufgaben und Fragen am Ende einer Arbeitseinheit in den neueren deutschen Schulbüchern seien. Dass die Schüler sie auch lösen wollen, müsste zum selbstverständlichen Übungsstil der Schule werden. ROTH sagte weiter, dass Prüfungsmethoden mehr Anregung, mehr Anlass zum Lernen geben sollten als Angst und Anlass zum Resignieren.

(10) Die schöpferische Pause und das Lernplateau

Im 4. Übungsgesetz habe ich bereits die Bedeutung der schöpferischen Pause umrissen. Hier soll sie besonders als Übungshilfe gekennzeichnet werden. Das Einrichten von Übungsreihen (kurze Übungen mit verhältnismäßig großen Zwischenräumen) hat zweierlei Bedeutung. Einmal werden, wie schon geschildert, die Übungen wirtschaftlicher, zum anderen aber wird in diesen Zwischenräumen die latente Nachübung, die „stille“ Verarbeitung des Geübten, das Nachreifen wirksam. Ganz einfach ihre Existenz zu ermöglichen, bedeutet also Übungshilfe.

Das Lernplateau ist der längere Stillstand in jedem Lern- und Übungsprozess. Es ist dann trotz des Übens kein Fortschritt festzustellen. Auch das Lernplateau spielt die Rolle einer schöpferischen Pause, allerdings in einer größeren Dimension. Es bildet das Sprungbrett, die Ausgangsbasis für den Schub in eine höhere Leistungsebene.

(11) Das Leben selbst

Was auf die Dauer Besitz sein soll, muss laufend „überübt“ werden. Der beste Gehilfe dabei ist das Leben selbst. Was im Leben wirklich gebraucht wird, wird durch den Gebrauch dauernd geübt. Sprechen und Essen verlernen wir nicht, weil wir es täglich tun. Dagegen verlernen Schüler das Bruchrechnen schneller wieder, weil das Leben sie darin wenig in Übung hält.

2.5 Neuere Erkenntnisse

2.5.1 Die verhaltenspsychologische Lerntheorie

Für Fragen des Lernens sind die bedeutendsten Ergebnisse aus der amerikanischen Verhaltenspsychologie (vgl. CORRELL 1965) wichtig.

2.5.1.1 Lernarten

Lernen lässt sich generell als eine Änderung des Verhaltens aufgrund einer gemachten Erfahrung auffassen. Verhalten schließt alles ein, was am Organismus beobachtbar ist: seine konkreten Verhaltensäußerungen, einschließlich kognitiver Prozesse und emotionaler Äußerungen, seine Reizung durch Stimuli und psychische Vorgänge, die eine „Verarbeitung" der Stimuli oder eine Verbindung der Reize mit einer bestimmten Reaktionsweise ermöglichen.

Man kann zwei Arten von Verhalten unterscheiden: reaktives und operatives Verhalten. Die Begriffe kennzeichnen deutlich den Unterschied: reaktives Verhalten wird von außen hervorgerufen, operatives Verhalten wirkt vom Individuum auf die Umwelt ein.

Auf folgenden Wegen kommt der Mensch zu einem Verhalten:

1. Die angeborenen Reflexe (Kniescheiben-, Lid-, Saugreflex) antworten auf die entsprechenden Stimuli (Reize) in bestimmter, unveränderlicher Weise. Sie nehmen im menschlichen Verhalten einen wichtigen, aber keinen breiten Raum ein.
2. Das reaktive (oder klassische) Konditionieren bringt das Lebewesen dazu, auf einen bedingten Reflex (Nebenstimulus im Gefolge eines unbedingten Stimulus) mit einer bedingten Reaktion zu antworten (siehe PAWLOWS klassischen Versuch).
3. Das operative Konditionieren: Der Mensch ist grundsätzlich aktiv. Er verhält sich immer, ohne jeweils durch einen Stimulus zur Aktivität angeregt worden zu sein. Die Äußerung und das Verstehen bedeutsamer Wörter und Sätze kommen auf diese Weise nach und nach zustande, ohne dass man irgendwelche bedingten Stimuli annehmen müsste. SKINNERS Gesetz des Konditionierens sagt: „Wenn die Darstellung eines operativen Verhaltens (i. S. einer Verhaltensform also) von einem verstärkenden Stimulus gefolgt wird, wird seine Stärke vergrößert." Das heißt: wenn es Erfolg hat, bestätigt oder belohnt oder einfach für richtig gehalten wird, verstärkt sich dieses gezeigte Verhalten. Das planmäßige Verstärken eines Verhaltens nun nennt man „operatives Konditionieren".

2.5.1.2 Die Verstärkung

Die Verstärkung ist im Lernprozess, wie er in der Verhaltenspsychologie gesehen wird, der zentrale Vorgang. Es müssen daher die Verstärker interessieren. Man unterscheidet zwischen positiven (Belohnung, Bestätigung usw.) und negativen Verstärkern (das Ausbleiben der finanziellen Unterstützung beschleunigt ein Studium – mit dem Ziel, es möglichst bald zu Ende zu bringen). Außerdem sind primäre (Nahrung usw.) und sekundäre (zu lernende) Verstärker (Lob und Anerkennung usw.) voneinander zu trennen. CORRELL stellt folgende Verstärkungsmethoden fest:

1. *Verstärkung nach einer bestimmten Anzahl von Reaktionen (Reaktionsquotenverstärkung):* Nicht auf jede Handlung folgt eine Verstärkung bzw. Bestätigung, sondern sie erfolgt immer erst nach einer Anzahl von Verhaltensäußerungen. Will man z. B. zu ausdauerndem, interessiertem, arbeitsfreudigem Verhalten in einem bestimmten Bereich erziehen, so kommt es zunächst darauf an, jede Verhaltensäußerung in dem betreffenden Gebiet zu verstärken und dann nur noch nach jeder zweiten, dritten, zehnten zu verstärken, d. h. zu belohnen, zu bestätigen.
2. *Verstärkung nach einem bestimmten Zeitintervall (Zeitintervallverstärkung):* Hier werden Verstärkungen nicht nach bestimmten Anzahlen von Verhaltensäußerungen gegeben, sondern nach bestimmten festgesetzten Zeitspannen. Das hier erzeugte Verhalten unterscheidet sich vom erstgenannten: die Reaktionen unmittelbar nach der Verstärkung verlangsamen sich bedeutend, sie werden schneller und verstärken sich erst wieder gegen Ende des Zeitintervalls. (Die Arbeitshaltung eines im Akkord Arbeitenden z. B. wird anders sein als die eines Festbesoldeten.)
3. *Variierende Verstärkungsverfahren:* In der täglichen Unterrichtspraxis sind variierende Verstärkungsverfahren häufiger. Der Schüler erhält hin und wieder eine kleine Anerkennung. Die Arbeitsleistung (Lernleistung) ist hier weitgehend gleichmäßig und sehr schnell. Allgemein hat sich ergeben, dass alle unterbrochenen Verstärkungsverfahren insgesamt ein sehr viel stabileres Verhalten erzeugen als die kontinuierliche Verstärkung.

2.5.1.3 Die Motivation des Lernens

In der Schulpädagogik spielt der Begriff der Motivation eine große Rolle. Das Lernen muss motiviert werden, wenn es fruchtbar sein soll. Wie sieht die Verhaltenspsychologie die Bedeutung der Motivation?

Motivation oder Interessiertheit ist das Ergebnis einer Verstärkung oder der Vorenthaltung eines Verstärkers. Es ist zwischen primären (biologisch fundierten) und sekundären (erlernten) Bedürfnissen zu unterscheiden. Die erlernten Bedürfnisse spielen im täglichen Leben und auch in der Schule eine große Rolle. Selten wird dem Menschen in der heutigen Zivilisation die Befriedigung seiner primären Bedürfnisse vorenthalten. Das Lernen in der Schule ist von diesen her also nicht zu motivieren. Es müssen daher Bedürfnisse erlernt bzw. konditioniert werden. Die Motivation oder Interessiertheit für ein Lernen ist das Ergebnis einer Verstärkung oder der Vorenthaltung eines Verstärkers.

Soll ein Schüler für das Leistungsverhalten motiviert werden, so gilt es, frühzeitig mit der Verstärkung auch kleinster Leistungen oder Leistungsansätze zu beginnen. Am Anfang müssen primäre Verstärkungen (Nahrungsverabreichung, körperliche Liebkosung beim Kleinkind usw.) verwendet werden, später können sekundäre Verstärkungen, die vorher zusammen mit den primären verwendet worden sind, an ihre Stelle treten (im wesentlichen verbale Anerkennungen, Lob, positive Vergleiche). Negative Verstärkungen (Überforderung, Enttäuschung) müssen vermieden werden. Das programmierte Lernen verwendet dieses Prinzip, notwendige Verhaltensformen graduell im Konditionierungsverfahren aufzubauen, am stärksten.

Möglichkeiten des Aufbaus von konditionierten Verstärkern bzw. Motivationen sind:

a) *Die direkte Erfahrung beim Aufbau eines Verstärkers/einer Motivation:* In der Klasse ist es üblich, dass Klassenarbeiten in der Weise zurückgegeben werden, dass die schlechtesten zuerst und die besten zuletzt ausgegeben werden. Die Erfahrung, sehr spät die Arbeit zurückzuerhalten, wirkt als Verstärker, als Motivation, mit großem Eifer an die nächste Arbeit zu gehen. Wenn einmal sehr früh die eigene Arbeit besprochen wird, wird die Motivation zu größerer Lernleistung sich verstärken. (Schwer und untragbar wird diese Art der Arbeitenrückgabe für die ewig „ersten".)

b) *Die sprachliche Erfahrung beim Aufbau eines Verstärkers/einer Motivation.* Eine Lernmotivation lässt sich auch mit Hilfe sprachlicher Verstärker aufbauen. Wird ein Schüler für eine gute Arbeit belohnt, indem man sagt: „Das hast du aber prima gemacht", so wird die verbale Anerkennung als Verstärker wirken. Noch wichtiger ist hier, dass durch wiederholte verbale Verstärkungen eines Lernverhaltens (das Schreiben einer guten Arbeit) zu erreichen ist, dass die Lernhaltung an sich zu einem Selbstzweck wird. Der Schüler erfährt das erfolgreiche Lernen selbst als Verstärkung, als Bestätigung. Die Motivation zum Lernen wird auf diese Weise mehr und mehr primär, das Lernen wird zu einem Bedürfnis, dessen Befriedigung in sich selbst verstärkend wirkt.

c) *Die Fremderfahrung beim Aufbau eines Verstärkers/einer Motivation:* Die Fremderfahrung, die beobachtet oder verbal geschildert wird, kann dieselbe Funktion des Verstärkers übernehmen. Das Kind kann von einem Beispiel, das ihm demonstriert wird, lernen. In der praktischen Schularbeit ist dieses Lernen „durch Beobachtung" von zentraler Bedeutung. Ein Kind wird für eine Handlungsweise gelobt bzw. gestraft. Für die gesamte Klasse wird das Loben bzw. Strafen zu einem Stimulus. Der Zuschauer kann sich gleichsam mit der Situation identifizieren und dadurch an sich einen ähnlichen Effekt erleben, wie ihn der tatsächliche Akteur in der Situation erlebt.

BANDURA und seine Mitarbeiter konnten feststellen, dass Modelldemonstrationen vor allem dann wirksam werden, wenn die „Demonstrationsperson“ vorher in einem positiven Verhältnis zum Beobachter gestanden hatte. Ein Vorbild ist nichts anderes als eine Modellperson. Der Lehrer kann in diesem Sinne die zentrale Rolle des „Verstärkers“ im Leben des Kindes spielen. Die Eltern sollten es selbstverständlich tun.

d) *Die Massenkommunikation beim Aufbau eines Verstärkers/einer Motivation:* Ebenfalls BANDURA und seine Mitarbeiter haben experimentell erforscht, dass das Ansehen von aggressiven Szenen im Film aggressive Tendenzen bei den Zuschauern zur Folge haben kann. Selbstverständlich kann man auch andere Motivationsrichtungen durch Film und Fernsehen aufbauen. So könnte man systematisch die Verhaltensweisen in den Vordergrund rücken, die von der Erziehung tatsächlich angestrebt werden. CORRELL sagt wohl mit Recht, dass diese Zusammenhänge bisher für die Erziehung kaum ausgenutzt worden sind.

Es wäre interessant, die Ausführungen CORRELLS über die Bedeutung der sozialen Wechselbeziehungen für das Lernen wie auch über das programmierte Lernen zu verfolgen. Es scheint sich zu zeigen, dass mit den Ergebnissen der experimentellen Forschungen der Verhaltenspsychologen die Bedingungen eines fruchtbaren Lernens in größerem Maße zu manipulieren sind, als wir das bisher für möglich hielten.

2.5.2 Kybernetische Grundlagen des Lernens und Lehrens

2.5.2.1 Einführung

Die Kybernetik ist die Wissenschaft von der Erforschung, Darstellung und Konstruktion von Modellen. Nach VON CUBE (1965) wird die so definierte Kybernetik in vierfacher Weise für die Pädagogik bedeutungsvoll:

1. als soziale Tatsache und bestimmender Faktor unseres technischen Zeitalters überhaupt,
2. als Konstruktionsbasis für technische Hilfsmittel im Unterricht,
3. als wissenschaftliche Methode in Lerntheorie und Didaktik,
4. als wissenschaftliche Methode in der Sozialpädagogik.

In unserem Zusammenhang kann nur der dritte Aspekt interessieren. Bei der Erforschung struktureller und quantitativer Gesetze des Lernens und Lehrens ist der Begriff der Information, der ursprünglich aus der Nachrichtentechnik und der automatischen Nachrichtenverarbeitung stammt, von zentraler Bedeutung. Die Anwendung der Informationstheorie auf Vorgänge des menschlichen Lernens und Lehrens, des individuellen und sozialen Verhaltens liegt darin begründet, dass jede Kommunikation an die Übermittlung von Zeichen gebunden ist (Sprache, Töne, Gebärden usw.), die mit bestimmten Wahrscheinlichkeiten bzw. Häufigkeiten auftreten. Es hat sich herausgestellt, dass sämtliche Lernvorgänge als Prozesse abnehmender Information bzw. zunehmender Ordnung charakterisiert werden können.

Unterschieden werden muss zwischen objektiver und subjektiver Information: Ein Sender (Lehrer, Film, Rundfunk, Fernsehen usw.) gibt ein nach informationstheoretischen Methoden feststellbares Maß an objektiver Information; der Empfänger (der Lernende) übernimmt aber nicht ohne weiteres dieses Maß an Information. Die Information, die er zunächst tatsächlich aufnimmt und verarbeitet, ist die subjektive Information, die z. B. kleiner sein kann als die objektive Information.

Weiterhin ist das Prinzip der Redundanzerzeugung wichtig; VON CUBE vermutet, dass sämtliche Lernprozesse sich als Prozesse zunehmender Redundanz darstellen lassen und dass die verschiedenen Arten des Lernens als verschiedene Arten der Redundanzerzeugung aufgefasst werden können.

2.5.2.2 Die Redundanztheorie des Lernens

Von einem Prozess der Redundanz wird gesprochen, wenn die Information oder Nachricht von einem Empfänger durch informationelle Approximation (Annäherung) und Akkommodation (Anpassung), durch Speicherung (im Gedächtnis) und durch Superzeichenbildung (eine Kombination von Elementen wird als neue Einheit gesehen = Einsicht) reduziert (verarbeitet) wird. Der Mensch ist bestrebt, die objektive Information der Außenwelt auf verschiedene Weise subjektiv zu verringern, die Außenwelt informationsarm zu machen, damit eine Orientierung und ein geordnetes Verhalten darin möglich werden. Die subjektive Redundanzerzeugung (zunächst vielleicht einmal als Verkürzung und Verkleinerung des Spannungsverhältnisses zur Außenwelt zu bezeichnen) kann dabei über die objektiv gegebenen Ordnungszustände hinausgehen und zusätzliche subjektive Ordnung schaffen (Naturgesetze, Sittengesetze, soziale Verhaltensformen usw.).

Man kann nun untersuchen, auf welche Weise und in welcher Stärke der Prozess der Redundanz fortschreiten kann, und das mathematisch zum Ausdruck bringen. Als mathematische Theorie führt die Redundanztheorie eine Trennung von Struktur und Inhalt der Lerngegenstände durch. Sie kann daher auch andere Bereiche erfassen wie z. B. lernende Automaten, Modelle der Wahrnehmung, Ästhetik, Denkvorgänge usw.

2.5.2.3 Bisherige praktisch verwertbare Erkenntnisse

Die Informationsdidaktik als die Wissenschaft von den Konstruktionsmöglichkeiten auf der Basis der kybernetisch (und speziell redundanztheoretisch) erforschbaren Lernprozesse bemüht sich nach VON CUBE um das Ersinnen neuer Verfahrensweisen für das Lernen.

(a) Didaktische Regeln zur Speicherung von Information

Hier lassen sich zwei Verfahren zur Informationsaufnahme ins Dauergedächtnis unterscheiden:

Erstens Verfahren, die ohne Veränderung der gegebenen Information eine optimale Ausnützung der Bewusstseinskapazität (und damit auch der Gedächtniskapazität) bewirken.

Dabei ergibt sich, dass bei der Speicherung eines Textes durch Wiederholung die angegebene Zuflusskapazität des Dauergedächtnisses nur dann voll ausgenutzt wird, wenn mit zunehmender Geschwindigkeit oder unter Auslassung der jeweils gespeicherten Information wiederholt wird. Bei gleichmäßiger Wiederholung wird durch den sukzessiven Informationsschwund (die subjektive Information wird immer kleiner) die Kapazität des Gedächtnisses immer weniger ausgenützt, was zu der beim Üben bekannten Langeweile führt. Die kleinen, gleichmäßigen Lernschritte beim programmierten Unterricht erscheinen unter diesem Aspekt nicht mehr so selbstverständlich. Gezeigt hat sich auch, dass unnötig lange Antworten (Antwort „im ganzen Satz") den Lernerfolg eher hemmen als fördern. Der fading-Effekt (zunehmende Lückenbildung bei wiederholt vorgezeigten Texten; die Schüler haben die Lücken aus dem Gedächtnis zu füllen) spielt eine wichtige Rolle, vor allem beim programmierten Unterricht.

Zweitens Verfahren, die vor der eigentlichen Speicherung die objektive Information subjektiv verkleinern, jedoch so, dass die gegebene Information unverändert reproduziert werden kann.

Subjektive Speicherhilfen dabei sind: Durch geeignete Gliederung eines auswendig zu lernenden Textes lässt sich die subjektive Information beträchtlich herabsetzen. Subjektive Gegebenheiten (Vorinformation, bedingte Information, Superzeichen usw.) sind dabei zu berücksichtigen.

Menschen zeigen verschiedene Gedächtnisleistungen. Untersuchungen haben aber ergeben, dass die Zuflusskapazität des Dauergedächtnisses nur geringfügige individuelle Unterschiede aufweist. Daraus folgt, dass die Unterschiede der Gedächtnisleistung in erster Linie auf die verschiedenen Arten der vor der eigentlichen Speicherung liegenden Informationsverringerung zurückzuführen sind. Sinnzusammenhänge z.B. können vor der eigentlichen Speicherung die Information verringern, das Lernen erleichtern (der bekannte Vorteil des sinnvollen gegenüber dem sinnlosen Lernen). Das Problem der Vorinformation scheint ein sehr wichtiges, von der Schulpädagogik zuwenig beachtetes Problem zu sein. Eine vor der Speicherung herbeigeführte Einsicht wirkt ebenfalls als Speicherhilfe (Lernhilfe). Die bekannten „Eselsbrücken" sind vom redundanztheoretischen Standpunkt aus nichts anderes als verschiedene Arten einer „künstlichen" Redundanzerzeugung (Assoziationen, Reime, Rhythmen usw.). VON CUBE ist der Meinung, dass sich hier systematische Konstruktionen ersinnen lassen.

(b) Didaktische Regeln zur Bildung und Verwendung von Superzeichen

Eine rasche Konstruktion von Superzeichen, und das sind nichts anderes als Methoden, Strukturen, Gesetzmäßigkeiten, gemeinsame Inhalte usw., erlaubt neben der unmittelbaren Herabsetzung der gegebenen Information auch eine rasche Übertragung (transfer) auf (inhaltlich) andere Informationen. Rasche Superzeichenbildung erfolgt über Einsichten, Aha-Erlebnisse, Bedeutungserlebnisse.

Die genaue Kenntnis von für die Schüler primären Superzeichen würde von vornherein eine Herabsetzung der sogenannten subjektiven Information bedeuten, mit anderen Worten: ein besseres Lernen. Eine Optimierung der Ganzheitsmethode würde zu erreichen sein. Bei Unterrichtseinheiten könnte man durch den Überblick über den Lehrabschnitt als Ganzes, z.B. auch über Programme und über zu verwendende Methoden, den Detailinformationen primäre Superzeichen vorausschicken und damit die subjektive Information herabsetzen, das Lernen beschleunigen (advanced organizer). Das exemplarische Lernen oder – nach der besonderen Nomenklatur der Kybernetiker – die exemplarische Information beruht auf der Bildung von Superzeichen (nach der Ausführung ODENBACHS: Lösungsmethoden, Arbeitstechniken, Gesetze, Wirkungszusammenhänge, Kausalitätsreihen, Lebensformen, Deutungsweisen) durch das Kennenlernen von Beispielen, die diese Superzeichen enthalten. Je mehr Gemeinsamkeiten die Beispiele enthalten, um so stärker wirkt sich das auf die Herabsetzung der Information aus. Im Anschluss an die nunmehr bekannten Superzeichen sollten möglichst viele weitere Beispiele des betreffenden Sachgebietes gelernt werden, denn gerade in diesem Schritt (der Herabsetzung der Information unbekannter Beispiele durch bekannte Teilinformationen) besteht das ökonomische Prinzip der exemplarischen Information.

Soviel in Kurzdarstellung zu den kybernetischen Grundlagen des Lernens und Lehrens. Es handelt sich zunächst um eine mit einem eigenen Begriffssystem arbeitende Sehweise, die in der Sache noch nicht viel Neues sagt*, vielleicht aber eines Tages für das Lernen, insbesondere für das Festigen und Sichern, neue Möglichkeiten durch exakte, mathematisch formulierte Untersuchungsergebnisse eröffnen wird.

* „Die revolutionären Veränderungen in der Welt der Naturwissenschaft – insbesondere der Physik, aber auch der Chemie und Biologie sowie der Wissenschaften vom Menschen – sind nicht so sehr neuen Tatsachen zu verdanken als vor allem neuen Weisen des Auffassens von Tatsachen" (WHORF 1963).

2.5.3 Das programmierte Lernen

2.5.3.1 Kennzeichen des programmierten Lernens/des Lernens mit dem Computer

Das Lernen nach Programmen ist heute viel diskutiert. Ein Programm ist einerseits Träger von Lehr- und Bildungsgut, von Lernstoff, und zeichnet andererseits dem Lernenden den Lernweg exakt vor, es bietet eine genau fixierte Lernspur. Der Unterricht durch Programme, programmierter Unterricht also, ist

- objektivierter Unterricht: er ist der subjektiven Verfügungsgewalt des einzelnen Lehrers entzogen,
- optimal vorbereiteter Unterricht: der Verfasser oder das Verfasserteam eines Programms muss dieses vor seinem Einsatz validieren, d. h. durch qualitative Erprobung und quantitative Erfolgsmessung seinen Wert für das Lernen bestimmen,
- individualisierender Unterricht: jeder Schüler kann in der ihm gemäßen Weise lernen,
- sofort kontrollierender Unterricht: das Programm ermöglicht laufend eine Selbstkontrolle (Erfolgsbestätigung und Fehlerbeseitigung).

Programme vermitteln Kenntnisse und Erkenntnisse in einem abgeschlossenen individuellen Prozess, einschließlich aller notwendigen Schritte zur Wiederholung und Festigung, bei voll entfalteter Aktivität des Schülers, dabei unter weitgehender Ausschließung möglicher Frustrationen und Leistungshemmungen. In den Mikrostrukturen des Programms verschmelzen bestimmte didaktische Funktionen, wie zum Beispiel Darbietung, Verarbeitung, Wiederholung, Festigung, Übung, Anwendung und Systematisierung, die bisher im Unterricht, bedingt durch die anders geartete Struktur von Lehren und Lernen, im zeitlichen Nacheinander als selbständige Bestandteile einer Unterrichtsstunde auftraten, zu einer Einheit. Ihre Integration und wechselseitige Durchdringung ermöglicht erst die Selbsttätigkeit und die kontinuierliche Steuerung des Denkens als bewusste personale Akte, wobei sie sich durch Folgerichtigkeit und Genauigkeit im Aufeinander-abgestimmt-Sein auszeichnen.

Während man bisher in der ›Lostrennung der Übungsarbeit von der Bildungsarbeit‹ eine ›unerlässliche Voraussetzung für die Leistungssteigerung‹ im Unterricht der Schule erblickte, wird ihre innere Verwobenheit gerade im Programm ein hervorragendes Mittel zur angestrebten Leistungssteigerung, weil hier, in einem methodisch bis ins ›Mikroskopische‹ strukturierten Verfahren, Kenntnisaufnahme und Erkenntnisgewinn stets auch begleitet sind von nachhaltiger Einprägung der dargebotenen Wissensinhalte“ (ZIELINSKI/SCHÖLER 1965, S. 30).

Damit ist die allgemeine Bedeutung des programmierten Lernens für das Üben, Wiederholen und Festigen zum Ausdruck gebracht. Da aber ZIELINKI/ SCHÖLER betonen, dass beim Lernen nach Programmen Wissen nicht mechanisch in die Schüler hineinprojiziert wird, sondern durch gedankliches Erfassen selbsttätig, von innen heraus, erworben werden soll – Denkoperationen wie Feststellung, Vergleich, Urteil, Begründung, Folgerung und Schluss kommen zur Anwendung –, wollen wir doch fragen, wie dann die speziellen Maßnahmen der Wiederholung und Festigung aussehen.

2.5.3.2 Wiederholung und Festigung beim programmierten Lernen

ZIELINSKI/SCHÖLER weisen nachdrücklich auf eine große Gefahr der Programme hin: mechanistischer und geisttötender Drill, geistloses „Pauken", kurz das „mechanische Memorieren" muss unter allen Umständen vermieden werden. Statt dessen geht es um „einsichtiges Memorieren", das durch Umstrukturierung des Materials, durch Erweiterung des Bedeutungsaspektes einer Information und durch die sofortige Anwendung des Gelernten dem Schüler unmerklich das erworbene Wissen abverlangt. Soweit bisher erkennbar, treten beim programmierten Lernen folgende Formen der vom Schüler selbständig und bewusst zu übernehmenden Informationsverarbeitung auf.

1. *Die Informationsvariante:* Die einfachste Form ist die, Wiederholungs- und Festigungsvorgänge durch Schattierung interessanter und einsichtiger zu machen. Die Informationsvariante enthält einen zusätzlichen Gesichtspunkt, dem die wichtigsten Details aus der voraufgegangenen Information erneut zuzuordnen sind. Damit kommt es selbst beim Abfragen zu einem weiterführenden gedanklichen Erfassen, weil eine nochmalige Betrachtung des Gelernten notwendig wird, wenn die Gruppierung der Fakten um den in der Informationsvariante enthaltenen Bezugspunkt gelingen soll.
2. *Reproduzierendes Transponieren und Transformieren der Information:* Hier wird mehr bezweckt als die bloße Inhaltswiedergabe stofflicher Fakten. Durch Übertragung auf ähnliche Situationen oder durch gedankliches Umstrukturieren verschiedener Teile, die dem Schüler in der Information vorgegeben sind, erhellt sich während des denkenden Erfassens der Sinn des Gemeinten, d. h., das Dargebotene ist unvollständig und wird durch die Aufgabe vom Schüler selbst weiter ausgeführt und im Kern oft erst erschlossen.
3. *Das Erwägen der Information:* Das Erwägen beginnt meist mit einem Denkanstoß, der genaue Beobachtungen oder auch die Beurteilung bestimmter Sachverhalte nach sich zieht und den Schüler veranlasst, Tatsachen und Erscheinungen bei der Kenntnisaneignung sorgsam von verschiedenen Seiten zu betrachten. Durch gezielte Fragen, ausgewogene Überlegungsaufgaben und provokatorischen Widerspruch wird der Schüler angehalten, sein Verständnis zu überprüfen oder das Augenmerk auf wesentliche Einzelheiten zu lenken und in eine Erwägung einzutreten.
4. *Die Konkretisierung des Informationsgehaltes:* Die Lernsituation wird nun zu einer Arbeitssituation ausgestaltet. Der Schüler dringt mit bereitgestellten Arbeitsmitteln in Stoffkomplexe selbständig ein. Nachdem er gewisse

Voraussetzungen erworben hat, beginnt das Verknüpfen und Sichtbarmachen der Beziehungen und Zusammenhänge innerhalb der stofflichen Details, das Durchleuchten und Erfassen im Konkreten, damit das Wesentliche klarer erfasst wird und sich ausweiten kann.

5. *Die produktive Denkleistung zur Sinnerfassung:* Das Selbstfinden von bestimmten Informationsgehalten ist typisch für das produktive Denken. Im Programm setzt produktives Denken eine Kette reproduktiver Denkakte voraus, bevor sich eine Möglichkeit auftut, vorhandene Kenntnisse und Erkenntnisse dazu zu benutzen, neue Sachverhalte produktiv zu erschließen. Die Gelegenheit muss sorgsam ausgewählt und angebahnt werden, lässt sich aber nach ZIELINSKI/SCHÖLER auch beim programmierten Lernen finden.
6. *Die Disponierung des Wissens vor dem Erkenntnisgewinn:* Lernen ist die Bereitstellung gesicherten Wissens und Könnens, um zielgerichtet zu weiterführenden Einsichten vorzustoßen. Die Zusammenschau und Gliederung des Gelernten in gedrängter Form ist vor dem Erkenntnisgewinn wichtig. Detailliert gegebene Informationen werden jetzt zusammengefasst und übersichtlich aneinandergereiht, damit der Schüler z.B. ein Gesetz auf der Grundlage geordneter Überlegungen und ohne mühevolles und unsystematisches Probieren oder Kombinieren exakt ableiten kann.
7. *Die Erörterung bedeutsamer Sachverhalte zur Klärung von Zusammenhängen:* Disponibles Wissen erlangt der Schüler erst dann, wenn er das Gesamtbild des gestellten Themas erfasst, indem er die Gesetzmäßigkeiten und Kausalbeziehungen der Erscheinungen durch selbständiges Durchdenken der Details und ihrer logischen Verknüpfung aufdeckt. Wurden zunächst Kenntnisse aufgenommen, so tritt jetzt die Verfügbarmachung in den Vordergrund. Das Programm diskutiert mit dem Schüler bekannte Tatsachen in neuem Zusammenhang. Jetzt soll er sich mit einem speziellen Problem beschäftigen. Ein Für und Wider ist abzuwägen, Auffassungen sind miteinander zu vergleichen, Erörterungen übernehmen im Programm gleichsam die Funktion des Unterrichtsgesprächs. Damit ist wohl auch der Unterschied zum Erwägen gegeben: werden dort Denkanstöße gegeben, die den Schüler zu einem im übrigen selbständigen Erwägen führen, so erörtert hier das Programm mit dem Schüler bedeutsame Sachverhalte.
8. *Die operative Anwendung des Gelernten in neuen Situationen und Problemzusammenhängen:* Neben dem notwendigen Verständnis muss der Schüler zu einer operativen Handhabung der Kenntnisse und Erkenntnisse kommen. Anwendungsoperationen machen im Programm die operatorische Übung aus. Der Gebrauch und die Erprobung der latenten Lerninhalte treten an die Stelle bloßen Abfragens von Fakten und Problemen.
9. *Besondere Maßnahmen zur Wiederholung und Festigung als Voraussetzung für weiterführende Denkakte:* Schon im Prozess der Kenntnisaneignung

werden beim programmierten Lernen besondere Maßnahmen zur Wiederholung und Festigung ergriffen. Es geht dabei um das Behalten von Stoff (Wissen), von Lerntechniken (Können als Fertigkeiten) und von Denkvorgängen (Können als Fähigkeiten).

Nach ZIELINSKI/SCHÖLER sind die methodischen Schritte hierfür:

(a) Die immanente Wiederholung: Sie besitzt im Programm eine gewisse Dominanz. In vielen der weiter oben angeführten Maßnahmen wird das Gelernte beansprucht, es kehrt ständig wieder, und so tritt die immanente Wiederholung in Funktion. Speziell tritt sie im Programm mit gebundenem Abfragen, aufgabegemäßem Bearbeiten und Durchdenken wesentlicher Stoffbestandteile und freier Stoffwiedergabe auf. Eine genügend große Anzahl von Wiederholungsschritten ist in jedes Programm einzuplanen.

(b) Die Verknüpfung des Wissens durch Gewichtung und Ordnung der Lehrinhalte in den Lernelementen und Sequenzen: Zur Ordnung und Übersicht wird dem Schüler ein System, eine verknüpfende Ordnungsstruktur gegeben, nachdem bisher die Einzelheiten ungefügt nebeneinander standen. Besondere Kerne, Merkpunkte, Hauptgedanken strukturieren den Stoff, machen ihn übersichtlich und leichter lernbar.

(c) Der Zwischentest als besondere Form der Leistungskontrolle: Durch die dem Programm innewohnende ständige Antwortkontrolle kommt es zwar zu einer hohen Zahl von Erfolgserlebnissen, aber es fehlen der Vergleichsmaßstab für die Qualität der vollbrachten Leistung, Lob und Tadel des Lehrers, die soziale Anerkennung (durch andere Schüler, durch die Klasse). Nach den Untersuchungen von ZIELINSKI/SCHÖLER verlangen Schüler nach solchen Bestätigungen ihrer Persönlichkeit. Deshalb bauen ZIELINSKI/SCHÖLER in die Programme Zwischentests ein, die ausnahmslos vom Lehrer auf ihre Richtigkeit hin zu überprüfen sind. Das Wissen wird von ihm beurteilt und bewertet.

Wenn wir dieses Instrumentarium des Wiederholens und Festigens beim programmierten Unterricht überblicken (ZIELINSKI/SCHÖLER belegen es mit Beispielen aus den von ihnen entwickelten Programmen), so können wir feststellen, dass das programmierte Lernen unter dem besonderen Aspekt des Wiederholens und Festigens recht erfolgreich sein wird und dass mindestens ZIELINSKI/SCHÖLER mit ihrer Auffassung vom programmierten Unterricht dem gesamten Unterricht im Hinblick auf das Wiederholen, Üben und Festigen Impulse und Anregungen geben können.* Der hier gegebene Auszug könnte fast der Anfang einer Methodik des wiederholenden und festigenden Unterrichtes sein.

* Unabhängig davon bleibt die Frage bestehen, welche Unterrichtsgegenstände und -fächer sich für ein programmiertes Lernen eignen.

2.6 Einprägen und Üben als die beiden entscheidenden Vorgänge der Lernerfolgssicherung

Entsprechend der unter schulpädagogischem Aspekt vorgenommenen Unterscheidung zwischen dem Einprägen und dem Üben lässt sich mit ROHRACHER ([7]1960) zwischen dem Wissensgedächtnis und dem Verhaltensgedächtnis unterscheiden.

2.6.1 Einprägen und Wissensgedächtnis

Hier handelt es sich, um es zu wiederholen, um die Einprägung und Reproduktion verbaler Inhalte (Wiederholungslernen). Dass ein Lernstoff um so besser eingeprägt und um so länger behalten wird, je öfter er wiederholt wurde, ist bekannt. Es ist hier aber zu differenzieren: besonders bei sinnvollen Texten tritt das sogenannte unmittelbare Behaltensphänomen auf, d. h. eine echte Gedächtnisleistung im Unterschied zu den langfristigen Speicherungsvorgängen (FOPPA [4]1968). Mit dieser Feststellung korrespondiert die weitere, dass die erste und zweite Wiederholung nach der Erstdarbietung die größte Bedeutung für das Behalten haben, während der Einprägungswert der weiteren Wiederholungen geringer wird. Stellt man den Lernvorgang in einer Kurve dar, so kommt die Verschiedenheit des Einprägungswertes der einzelnen Wiederholungen dadurch zum Ausdruck, dass die Kurve zuerst ziemlich steil ansteigt und dann immer flacher wird.

Dieser allgemeinen Feststellung müssen weitere angeschlossen werden. Bedeutsam ist sicher die Frage, auf welche Weise ein Lernstoff verteilt werden soll, damit er am besten eingeprägt wird. Für die Verteilung nach der Zeit ergibt sich, dass die unmittelbare Aufeinanderfolge von vielen Wiederholungen ungünstig ist, da ihre Einprägungswirkung rasch abnimmt. Das sogenannte JOSTSCHE Verteilungsgesetz sagt, dass dieselbe Anzahl von Wiederholungen um so bessere Resultate liefert, auf je längere Zeit sie verteilt werden (JOST 1897). Daraus lassen sich für den Unterricht in der Schule wie für das Studium an einer Hochschule leicht Folgerungen ziehen. Der Effekt des sogenannten Warmwerdens (warming-up) kann wirksam werden, wenn z. B. Wiederholungen nicht gleich gehäuft auftreten, sondern nach und nach und dabei langsam die Anforderungen steigen.

Die optimale Verteilung eines Lernstoffes nach der Menge ist noch immer etwas umstritten. EBBINGHAUS hat festgestellt, dass die Zahl der Wiederholungen keineswegs proportional zum Umfang des Stoffes ansteigt, sondern unverhältnismäßig stärker. Während 6–7 sinnlose Silben nach einmaliger Darbietung fehlerfrei reproduziert werden können, benötigte er für die Reproduktion von 12 Silben schon 16 Wiederholungen und für 24 Silben sogar 44 Wiederholungen. ROHRACHER meint den Ratschlag geben zu können, dass man sich zuerst immer einen Überblick über den gesamten Lernstoff verschaffen und ihn dann so aufgliedern sollte, dass sich jeweils sinnvoll zusammenhängende Teile ergeben; diese Teile sollten aber nicht zu klein sein.

In diesen Zusammenhang gehört auch die Feststellung, dass dynamische Faktoren (ROHRACHER) eine entscheidende, Rolle beim Einprägen spielen: das persönliche Interesse, die Absicht, etwas genau zu behalten, das Bestreben, das Wesentliche herauszufinden usw. Dadurch kommt es zu einer bestimmten Ordnung der wahrgenommenen Gesamtsituation, die als Einprägungshilfe wirkt. Die Person des Lehrers, die Einrichtung des Raumes (Helligkeit, Freundlichkeit) und die aktuelle Funktionstüchtigkeit des Gedächtnisses sind weitere bedingende Faktoren.

„Als häufigste Ursache des Wiederbewusstwerdens früherer Erlebnisinhalte gilt die Assoziation. Reproduktion durch Assoziation bedeutet, dass ein Erlebnisinhalt deshalb wieder bewusst wird, weil ein anderer Inhalt aufgetreten ist, mit dem er früher einmal gleichzeitig oder nacheinander bewusst war. Dabei wird zwischen Gleichzeitigkeitsassoziationen und mittelbaren Assoziationen unterschieden. Durch Gleichzeitigkeitsassoziationen können ganz verschiedene Inhalte miteinander verbunden werden. Je besser Assoziationen eingeprägt sind, um so schneller lassen sie sich aktualisieren. Mittelbare oder Sinnassoziationen sind Reproduktionen früherer Erlebnisinhalte über ein Mittelglied, das selbst nicht bewusst wird." (ROHRACHER ^{2}1968, S. 115ff.)

Der verbindende Faktor besteht hier nicht in der zeitlichen Berührung (Kontiguität) wie bei den Gleichzeitigkeitsassoziationen, sondern im „Sinn" der verbundenen Inhalte. Ein einfaches Beispiel von ROHRACHER besagt, der Begriff „Riviera" sei mit „Nelken" assoziiert, weil man bei einem Aufenthalt in dieser Landschaft große blühende Nelkenfelder gesehen hat. Sieht man später in einem Gebirgsdorf einen Balkon voll hängender Nelken, so kann der Begriff „Riviera" auftauchen. Das wäre eine einfache unmittelbare Assoziation (Gleichzeitigkeitsassoziation). Es kann aber auch sein, dass beim Anblick der Nelken die Vorstellung eines Freundes bewusst wird, der damals ebenfalls an der Riviera war, ohne dass dabei der Gedanke „Riviera" bewusst wird. Dies wäre eine mittelbare, durch ein unbewusst gebliebenes Zwischenglied (Riviera) erzeugte Assoziation. Die Frage, wieweit es sich hier tatsächlich um mittelbare Assoziationen handelt oder bereits um Denkvorgänge, problematisiert die Existenz dieser Art von Assoziationen.

2.6.2 Störung des Einprägens und der Reproduktion durch Gedächtnishemmungen (Interferenzerscheinungen) und der Vorgang des Vergessens

Einige Hinweise auf Störfaktoren werden nützlich sein. In der Lernpsychologie unterscheidet man verschiedene Arten von Hemmungen. Mit dem Begriff der *assoziativen Hemmung* wird der Sachverhalt beschrieben, dass eingealterte Assoziationen (Freund und seine Telefonnummer) neue erschweren. *Pro-* und *retroaktive Hemmungen* erschweren jeweils vorausgehendes oder nachfolgendes Lernen. Lernende, die unmittelbar nach der Einprägung eines Lernmaterials eine zweite Lernaufgabe gestellt bekommen, können später den ersten Stoff schlechter wiedergeben als Schüler, die kein „Störmaterial" zu lernen hatten. Die proaktive Hemmung äußert sich in Störungen der Wiedergabe des zweiten Lernstoffes durch den vorher gelernten Stoff. Die von ROHRACHER so genannte *ekphorische Hemmung* tritt auf, wenn postmentale (nachdauernde) Erregungen eines Einprägungsvorganges die Reproduktion eines früher gelernten Stoffes beeinträchtigen (nach der Englischstunde wird zu Beginn der nächsten Stunde gleich Erdkundewissen abgefragt; die Einprägungsvorgänge der Englischstunde schwingen noch nach und stören die Reproduktion des Erdkundewissens). Die *affektive Hemmung* wirkt störend auf die Einprägung eines gelernten Stoffes, wenn ein Affekt folgt (z. B. Vorlesen eines gefangennehmenden Märchens). Die *Ähnlichkeitshemmung* (Ranschburg-Phänomen) ist als Störfaktor zu beobachten, wenn ähnliche Stoffe unmittelbar hintereinander gelernt werden sollen.

Vergessen ist die Abnahme der Wirksamkeit einer sich selbst überlassenen Einprägung im Lauf der Zeit. Als Ursachen werden physiologische Einflüsse (Strukturveränderungen in den Ganglienzellen durch Stoffwechsel, Abnützung, Alter) wie auch die zuvor beschriebenen Hemmungsvorgänge angenommen. EBBINGHAUS hat festgestellt, dass ein einmal gelernter Stoff anfänglich sehr schnell, später jedoch immer langsamer vergessen wird. In einer Kurve dargestellt heißt das, dass die Anzahl der reproduzierbaren Glieder im Laufe der Zeit einer Asymptote zuzustreben scheint, deren Wert größer als Null ist. Es werden also auch nach langen Intervallen noch einige Elemente erinnert. FISCHER hat dazu beobachtet, dass die Wiedererkennungsdisposition viel langsamer schwindet als die Reproduktionsfunktion (FISCHER 1909), d. h., die Vergessenskurve verläuft flacher, wenn das Behalten nach der Methode des Wiedererkennens geprüft wird, als wenn die Lernenden das Material frei zu reproduzieren haben. In jedem Fall ist das Alter der Einprägung für die Reproduktion von großer Bedeutung.

2.6.3 Üben und Verhaltensgedächtnis

2.6.3.1 Zur Definition des Begriffs „Übung"

Für die schulpädagogische Literatur war eine Unterentwicklung in bezug auf den erfolgssichernden Unterricht schon konstatiert worden. Leider ist auch für die lernpsychologische Literatur keine Einheitlichkeit der Begriffe festzustellen. FOPPA z. B. subsumiert unter der Überschrift „Die Übung" Ausführungen zum Lernen von Fertigkeiten wie von verbalen Inhalten. Wir wollen klar unterscheiden.

Übung ist die Fähigkeit des Menschen, durch Wiederholung, durch wiederholtes Tun eine Fertigkeit zum einen heranzubilden und zum anderen dann zu verfeinern, in ihrem Volumen zu vergrößern und in ihrem Ablauf zu beschleunigen.

Beim deutschen Wort Übung muss man zunächst den Doppelsinn klären: einerseits bezeichnet Übung einen Vorgang, also die Einübung oder das Üben, andererseits das Resultat dieses Vorganges, das Geübtsein oder die durch Übung erlangte Fertigkeit. Von besonderer Wichtigkeit ist weiter der Unterschied zwischen allgemeiner und spezieller Übung. Beide stehen in einem wichtigen Regelungsverhältnis zueinander. Wir können uns in allen möglichen Dingen üben und zu sehr vielseitigen, aber in der Leistung durchschnittlichen Fertigkeiten kommen, und wir können uns auf das äußerste spezialisieren und dort zu Höchstleistungen kommen. Die alles Durchschnittsmaß überragenden, bestaunenswerten Leistungen auf bestimmten Gebieten, z. B. des Sportes oder der Kunst, sind ja ganz eng begrenzte, durch eine besondere Anlage und deren spezielle Übung erreichte Spitzen über dem Fundus der durchschnittlichen Fertigkeiten.

Die Übung bedingt in vielen Fällen das Lernen. Lernen erfolgt aber auch ohne Übung, wenn wir nur daran denken, dass ein Kind beispielsweise vielleicht nur einmal für einen Diebstahl bestraft zu werden braucht, um nie wieder zu stehlen. Lernen ist also mehr als Übung und Übung nur ein Element in der Kette der Schritte im gesamten Lernfortgang, der heute in sehr umfassendem Sinn als die Verbesserung oder der Neuerwerb von Verhaltens- und Leistungsformen und ihren Inhalten verstanden wird. Nach der oben gegebenen Definition ist die Abgrenzung gegenüber anderen Begriffen leichter. Gegenüber dem Lernen ist abgegrenzt worden. Übung ist auch nicht gleich Anpassung, da unter dieser eine Prägung unserer Interessen und unseres Verhaltens von außen her verstanden wird. Übung ist nicht gleich Erfahrung, da unter dieser eine unmittelbare Rückwirkung einer Handlung oder eines Ereignisses auf uns verstanden wird. Übung ist nicht gleich Gewöhnung, da diese sich um die Bewahrung eines Tuns bemüht, die Übung aber um die Verbesserung eines Tuns. Hier wird die Verwandtschaft zu anderen, in der Nähe liegenden Begriffen am größten, damit auch dieselbe Existenzgrundlage, die Mneme, worunter das Gedächtnis im weitesten Sinn verstanden werden muss.

Wenn wir nun weiter der oben gegebenen Definition nachgehen, könnten wir zu dem Schluss kommen, dass die Steigerung unserer Fertigkeiten theoretisch unbegrenzt ist, dass wir durch Übung alles erreichen können, soweit unsere geistigen und körperlichen Funktionen überhaupt dem Übungseffekt unterliegen. Diese Feststellung trifft auch MEUMANN, um dadurch zu der Fixierung der Grenzen der Übung zu kommen, die für die Bestimmung des Wesens der Übung absolut notwendig sind (MEUMANN ²1920).

2.6.3.2 Wo liegen die Grenzen der Übung?

- Die erste Grenze liegt im menschlichen Alter. In allzu hohem Alter und in allzu früher Jugend kann nur ein beschränktes Maß von Fertigkeit durch

Übung erreicht werden. Sowohl das Kleinkind wie auch der Alternde, namentlich nach dem 55. Lebensjahr, haben deutliche Grenzen in der Übungsfähigkeit. Andererseits aber ist es gerade die Übung, die die Rückbildung der Organe bei Alternden lange Zeit aufzuhalten vermag.

- Eine zweite Grenze liegt für die Übung in der Gesundheit und der Körperkraft des Menschen. Überall, wo wir von einem großen Maß von Übungsfähigkeit sprechen, muss ein ebenso großes Maß von Widerstandsfähigkeit des Körpers gegen Ermüdung und Erschöpfung vorausgesetzt werden.
- Eine dritte Grenze zeigt sich in der bei jedem Menschen unterschiedlichen Schnelligkeit, mit der er einen Übungseffekt erlangt. Wir können immer wieder sehen, dass bei mehreren Menschen einer bei gleicher Tätigkeit einen bestimmten Übungseffekt schneller erlangt als der andere. Die Schnelligkeit im Eintritt eines bestimmten Übungseffektes macht die individuelle Übungsfähigkeit aus (zuerst von KRAEPELIN [1934] so genannt). Es scheint dies eine Grundeigenschaft des Menschen zu sein, da sich zum Beispiel große Konzentration nicht unbedingt mit ebenso großer Übungsfähigkeit deckt.
- Die vierte Grenze aller Übungsfähigkeit liegt in der angeborenen Anlage oder Disposition zu einer bestimmten Tätigkeit. Je stärker die angeborenen Dispositionen zu einer Tätigkeit sind, desto schneller erreicht die Übung einen gewissen Erfolg, und desto größer ist der Übungserfolg in bestimmter Zeit und umgekehrt. Es sollte immer klar sein, dass es einen Grad der Anlageschwäche gibt, bei dem alle Übung nur noch geringe oder sogar keine Wirkung haben kann.

MEUMANN sagt, dass die vier bisher genannten Grenzen der Übung relative Einschränkungen der Vervollkommnungsfähigkeit sind. Das heißt, wer sich in den rechten Jahren, mit gesunder Körperkraft und mit dem nötigen Zeitaufwand übt, der kann durch Übung nahezu jede Steigerung seine Fähigkeiten erreichen, die innerhalb dieser vier Grenzen liegt.

- Darüber hinaus aber gibt es eine fünfte Grenze. Es gibt physikalische und physiologische Gesetze, die allen Übungseffekten ein bestimmtes Maß vorschreiben. Für den Schreibmaschinenschreiber beispielsweise gibt es eine Grenze, über die hinaus er die Geschwindigkeit seiner Fingerbewegungen nicht zu steigern vermag, weil es die zeitlichen Verhältnisse beim Ablauf der physiologischen Prozesse in den Nerven und Muskeln nicht erlauben. Diese Grenze ist bei rein geistigen Fertigkeiten schwerer zu bestimmen. MEUMANN hat im Experiment festgestellt, dass bei immer fortgesetzter Übung sich der Übungserfolg immer weiter vergrößert, allerdings natürlich in immer geringer werdendem Maße. Er hat daher die theoretische Grenze bei geistigen Fertigkeiten in der Unendlichkeit angesiedelt.

Eine große Bedeutung spielt im Leben des Menschen die Tatsache, dass man durch Übung Mängel in der angeborenen Anlage ausgleichen kann. Haben wir bis jetzt die Vervollkommnung einer Fertigkeit im Zusammenspiel von Anlage und Übung gesehen, so ist es im Grunde gerade für die Arbeit der Schule wichtiger, die Möglichkeit der Überspielung schwacher Anlagen durch eifriges Üben zu beachten. Allerdings hat auch das seine Grenzen. Sie liegen zum einen in dem absolut notwendigen Vorhandensein wenigstens eines Minimums von Anlagen und zum anderen in der Existenz der Übungsfähigkeit selbst, die MEUMANN ja als Grundeigenschaft des Menschen ansah. Je mehr ein Mensch Übungsfähigkeit besitzt, desto mehr wird er durch Übung erreichen können, gerade auch bei schwachen Anlagen.

Diese Übungsfähigkeit beruht auf bestimmten elementaren Beschaffenheiten der nervösen Organe und der Geistesfähigkeit des Menschen, also auf der Möglichkeit zu geistigem Tun. Weiterhin ist die Mitwirkung gewisser allgemeiner Bedingungen wie der konzentrierten, gleichmäßigen und ausdauernden Aufmerksamkeit, körperlicher Gesundheit, Frische und Ausdauer, der Intensität und Zähigkeit des Willens und der Intelligenz wichtig. Je mehr die allgemeine Übungsfähigkeit und ihre sekundären Mitbedingungen bei einem Menschen vorhanden sind, desto leichter kann er auch schwache Dispositionen durch fortgesetzte Übung steigern und vervollkommnen, mitunter allerdings in sehr, sehr langer Übungszeit. Das oft zitierte Beispiel des DEMOSTHENES, der zu einem der größten Redner wurde, während ihm doch scheinbar alle Eigenschaften und Anlagen zum öffentlichen Redner fehlten, belegt diesen Sachverhalt.

An einem Punkt aber scheint die Steigerung unserer Fähigkeit durch Übung zu versagen. Das ist auf dem Gebiete der schöpferischen Geistesarbeit der Fall. Große Talente ohne das schöpferische Element führen zu einer im wesentlichen reproduktiven Tätigkeit, die natürlich qualitativ sehr hoch stehen kann.

2.6.3.3 Wirkungen der Übung und Übungsimpulse

Betrachten wir nun noch die Wirkungen der Übung, um das Bild von ihrem Wesen abzurunden. Man kann je drei Stadien quantitativer und qualitativer Art unterscheiden.

Anfangs nimmt eine Fertigkeit durch Übung nur langsam zu, dann eine Zeitlang schneller und dann wieder langsamer, bis zuletzt bei weiter fortgesetzter Übung aller Fortschritt nur noch sehr wenig weiterrückt. Qualitativ sind die drei Stadien so zu sehen: Im Anfangsstadium wird eine neue Tätigkeit mit einem großen Anteil von überflüssigen Nebentätigkeiten ausgeführt. Im zweiten Stadium fallen diese weg, und die Tätigkeit selbst wird mit Genauigkeit, Vollständigkeit und einer gewissen Ausführlichkeit ausgeführt. Im dritten Stadium schließlich werden die Partialtätigkeiten, denen die Hauptaufmerksamkeit im zweiten Stadium galt, vereinfacht, verkürzt, der ganze Vorgang wird automatisiert oder mechanisiert. Die Einzeltätigkeiten verschmelzen zu einer einheitlichen Gesamttätigkeit. Diese Stadien sind z. B. beim Üben des Schreibens leicht zu verfolgen.

Die Mneme, das Gedächtnis im weitesten Sinne, war schon als Grundlage aller Übungsfähigkeit bezeichnet worden. Die Mneme ist der Träger alles Erhaltenden und Bleibenden im Wechsel organischen Geschehens. Die Effekte der Vervollkommnung und des Fortschritts können trotz hundertfacher Wiederholung der gleichen Tätigkeit ausbleiben, wenn bei dem übenden Menschen nicht der *Wille zum Üben* geweckt ist und wenn aller Fortschritt in der Übung nicht eine beständige *Kontrolle durch Überlegung* erfährt. Es kann zwei negative Ergebnisse geben: entweder es zeigt sich gar kein Fortschritt, oder die Übung schlägt eine falsche Richtung ein, es wird Falsches oder Fehlerhaftes geübt. Da nun aber besonders in den ersten Schuljahren, strenggenommen die ganze Schulzeit hindurch, der Wille zur Übung für viele Lernstoffe noch nicht ausgeprägt ist bzw. auf schwachen Füßen steht und von Gegenkräften übermannt wird (das zielstrebige Lernen, Üben, Sichweiterbilden erwacht oft erst nach der Schulzeit), hat die Schule immer wieder Mühe, ein wirksames Üben zu erreichen und den Willen zur Übung zu unterstützen und zu stärken. Dabei muss sie durch das Feld, das von einer ursprünglich vorhandenen Übungsbereitschaft einerseits und verschiedenen Übungsmotivationen andererseits begrenzt und getragen wird, hindurchsteuern.

Eine ursprüngliche Funktionslust und die Freude am Werk (ODENBACH [6]1974) sind die Grundlagen für die sogenannten natürlichen Übungsformen des Kindes, die sich schon vom Säuglingsalter an zeigen und sich auch während der Schulzeit auf verschiedenen Gebieten lange Zeit erhalten (vor allem bei Spiel und Sport, beim Malen, bei plastischem Gestalten, beim Singen und Musizieren). Bei den anderen Lern- und Übungsaufgaben, die die Schule stellt, fehlt der affektive Kontakt des Lernenden zur Aufgabe. Es kann sich ohne diesen Kontakt keine Übungsbereitschaft einstellen und ohne diese Übungsbereitschaft kein Übungserfolg. Gewisse individuelle Übungsneigungen helfen hier noch einen Schritt weiter, dann aber müssen *Übungsimpulse* die Übungsbereitschaft wecken, die Übungen motivieren. ODENBACH führt diese möglichen Übungsmotivationen in seiner genannten Schrift an, und da sie für die Übung in der Schule von wesensmäßiger Bedeutung sind, sollen sie kurz vorgestellt werden.

Eine zwar ursprüngliche, aber sachfremde Übungsbereitschaft wird oft durch die *Person des Lehrers* geweckt. Nicht der Lehr- oder Übungsstoff hat Anziehungskraft, aber der affektive Kontakt zum Lehrer überträgt sich auf die Übungsaufgabe. Der Lehrer muss bemüht sein, den Übungsantrieb von sich auf die Sache zu verlagern. Ein sehr gern gebrauchter Übungsimpuls ist das Spiel, wobei hier das *Lernspiel* gemeint ist. Es macht wie die Persönlichkeit des Lehrers seinen affektiven Effekt einem fremden Ziel, nämlich einer bestimmten Erziehungs- oder Unterrichtsabsicht, dienstbar. Ein Zusammenhang zum natürlichen Üben ist bei einem weiteren Übungsimpuls, dem *Wettkampf,* gegeben. Wie in zahlreichen außerschulischen Wettkampfspielen, so kann auch in der Schule durch das Entfachen des Wetteifers das Üben motiviert und zu einer gern getanen Pflicht werden. Ein vorsichtig einzusetzender Übungsimpuls ist der individuelle *Leistungsvergleich* in dem Sinne, dass der einzelne mit sich selber in Wettkampf tritt, um durch die Möglichkeit der Selbstkontrolle seine Fortschritte festzuhalten. Vor allem bei schwächeren Schülern aber ist hier Vorsicht geboten, da sie schnell entmutigt sein können, wenn sie bestimmte Aufgaben nicht schaffen! Der Lehrer muss dann durch wohl abgestufte Zwischenaufgaben Erfolgserlebnisse möglich machen, um ein fortschreitendes Üben aufrechtzuerhalten.

Schließlich muss es unser Ziel werden, die *Einsicht der Kinder* als Übungsimpuls zu gewinnen. Sie ist zu stärken durch klärende Besprechungen über die Notwendigkeit bestimmter Übungen, durch gemeinsame Planung von Übungen, durch gemeinsame Bereitstellung von Übungsmaterial, durch Übertragung der zeitweiligen Übungsleitung an Schüler. Die Einsicht in die Notwendigkeit der Sachvervollkommnung überhaupt und der Übung als wichtiger Hilfe dazu muss wichtigster Übungsimpuls werden, weil sie ohne Kunstgriffe starken erzieherischen Wert hat und vor allem weit über die Schulzeit hinaus wirken soll.

Unterricht muss heute mehr denn je die Aufgabe erfüllen, geeignete Formen und auch neue Formen des übenden Unterrichtes zu finden (gerade bei dem Überangebot an optischen und akustischen Reizen ist das Behalten und Erinnern gefährdet, das Üben oft viel zu anstrengend und langweilig). Solche Formen wären: Lernspiele, Anwendungs-, Gestaltungs- und Umsetzungsaufgaben, gestaltete Wiederholungs-Unterrichtseinheiten, soziale Übungsformen (Gruppen- und Partnerarbeit), das Unterrichtsprotokoll, anregende Formen der Wissensüberprüfung (Fragenarbeit, Rätsel, Lückentext, Vergleich), das Üben mit Arbeitsmitteln.

2.7 Das Lehren und Lernen von Fertigkeiten

2.7.1 Begriffliches

Da die Begriffe „Fähigkeit" und „Fertigkeit" zwar häufig, aber ebenso häufig unscharf verwendet werden, dienen die folgenden Ausführungen einer inhaltlichen Bestimmung. Während HEHLMANN „Fähigkeiten" als anlagemäßig begründete, durch Übung ausbildbare und steigerungsfähige leiblich-seelische Leistungsbereitschaft definiert und Fertigkeiten davon abhebt als konkretes und inhaltlich bestimmbares Können, wie z. B. die Fertigkeit des Strickens, Hobelns oder Schreibens, werden in einer vieldiskutierten Didaktik „Fähigkeiten" als Vorstufen von „Fertigkeiten" angesehen; so etwa lernt man zuerst das Abc schreiben, besitzt damit eine Fähigkeit und entwickelt diese weiter zur Fertigkeit z. B. des Briefschreibens (HEIMANN et al. 1962).

Wir befinden uns mit diesen Begriffen in der pragmatischen Dimension möglicher Lehrintentionen. Es geht weniger um gedankliche oder gefühlsmäßige Aktivitäten. Ich möchte aber in diesem Sinne eingrenzen: wenn die zur Rede stehenden Begriffe verwendet werden, geht es in aller Regel um äußere Aktivitäten gegenüber der Welt der Sachen und der Mitmenschen. Es geht also um „Einheiten" des Verhaltens, um Verhaltenssequenzen, die verschiedene Grade der

Komplexität aufweisen können. Im Gegensatz zu Haltungen, Rollen oder Verhaltensstilen aber sind sie doch viel begrenzter. Die unterschiedliche Komplexität zeigt sich an Beispielen: es kann sich um die Fertigkeit, schwimmen zu können, handeln (was zunächst nur heißt: sich an der Wasseroberfläche zu halten), um das Kartenlesen (damit ist das Lesen von Landkarten in handelsüblichen Atlanten gemeint), um das Schnürsenkelbinden, um das Zureichen bei Tisch, um das Bettenmachen und vieles andere mehr.

Unter „Fertigkeit" ist im folgenden also immer gemeint eine Verhaltenssequenz (eine Folge von Aktivitäten), die zu einem Zweck ausgeführt wird, meist ihren Schwerpunkt in der pragmatischen Dimension hat, selbstverständlich aber kognitiv gesteuert sein kann und auch emotional, also gefühlsmäßig erfahren wird.

2.7.2 Das Lernen von Fertigkeiten

Das Erlernen von Fertigkeiten nimmt in der Schule einen breiten Raum ein. Die folgenden Darstellungen sind ein Versuch, den Vorgang des Lernens von Fertigkeiten zu systematisieren.

Fertigkeiten werden am ehesten im Vollzug gelernt. In der Ausführung, den dabei zu machenden Erfahrungen, der aufgrund dieser Erfahrungen korrigierten wiederholten Ausführung und einer sich anschließenden Phase differentiellen Übens liegen die Charakteristika des Lernprozesses. Die alleinige Besprechung praktischen Tuns als denkbare Lernmöglichkeit, das reine Theoretisieren also, wird damit zurückgestellt.

Die entscheidenden didaktischen Probleme liegen demzufolge in

- der Vorstellung der Verhaltenssequenz der zu lernenden Fähigkeit
- der Art und Weise der Ermöglichung erster Versuche
- der Gestaltung der Phase differentiellen Übens und
- der Funktion sprachlicher Vermittlung im aktionalen, also durch konkretes Tun gekennzeichneten Lernprozess.

Man kann folgende Grundmuster des Lernens von Fertigkeiten unterscheiden, in denen sich diese didaktischen Probleme jeweils anders darstellen:

2.7.2.1 Begleitendes Lernen (concomitant learning)

Bisher ist es z. B. in der Krankenpflegeausbildung häufig üblich, die Schüler und Schülerinnen den Stationen zum praktischen Einsatz zuzuordnen. Die Lernenden erfahren ihre Einweisung durch die Stationsschwester, sie lernen den Aufgabenbereich kennen, werden zunächst über Zubringertätigkeiten und später über die selbständige Ausführung einzelner pflegerischer Handlungen bzw. komplexer Tätigkeiten selbst aktiv.

Dieses Lernen ist dadurch gekennzeichnet, dass es

1. schnell an die Praxis heranführt,
2. äußerst vielfältige Eindrücke vermittelt,
3. durch eine gewisse Zufälligkeit der anfallenden Arbeiten gekennzeichnet ist (das Kennenlernen des Arbeitsbereichs mit seinen pflegerischen und therapeutischen Aufgaben hängt ab vom Vorhandensein bzw. Nichtvorhandensein bestimmter Krankheitsbilder der Patienten).
4. Die Konkretheit der Aufgabenstellung kann die Arbeit interessant und abwechslungsreich verlaufen lassen. Leider ergeben sich für die Lernenden in der Krankenpflegeausbildung im Rahmen der Tätigkeit auf den Stationen zu viele Routinetätigkeiten, die didaktisch gesehen unökonomisches und unkontrolliertes Lernen bedeuten. (Befragungen ergaben, dass Lernende in der Krankenpflege während des praktischen Einsatzes zwei bis drei Stunden täglich Tätigkeiten verrichten, die als Lernprozesse im Sinne der Ausbildung einzustufen sind; die restliche Zeit wird mit Routinearbeiten verbracht.)

Eine wichtige und didaktisch gezielt einzusetzende Variante dieses sogenannten begleitenden Lernens ist das Beobachtungslernen, das sich natürlich beim begleitenden Lernen auch ergibt, im folgenden aber als abzuhebende Variante dargestellt wird.

2.7.2.2 Beobachtungslernen (observational learning)

„Durch die Untersuchungen von Bandura und seinen Mitarbeitern ist die eigenständige Wirkung des Lernens durch Imitation wieder neu bestätigt und differenziert belegt worden“ (ROTH). Dieses Lernen besteht darin, dass der Lernende beobachtet, wie eine andere Person die von ihm zu lernende Fertigkeit ausführt. Während der Beobachtung entstehen Folgen von Eindrücken, welche miteinander assoziiert und integriert werden. Diese Reizabfolgen werden gespeichert. Der Beobachtende hält sich in seinem späteren imitativen Verhalten an die von ihm erinnerten Sinneseindrücke. Wichtig ist weiterhin, dass sich der Lehrende und die Lernenden Verbalisierungen zunutze machen können. Stehen dem Lernenden verbale Bezeichnungen zur Verfügung, so kann er sich das von ihm zu realisierende Verhalten, das er zunächst durch das Vorbild gezeigt bekommt, selbst beschreiben und bezieht daraus Hinweise für die Steuerung des eigenen Verhaltens (HILGARD/BOWER 1971). Hier hat also die Versprachlichung von Aktivitäten die wichtige Funktion der nachgehenden Beschreibung und Erklärung.

Für den Erfolg solchen Lernens spielt eine Rolle, welche motivierende Kraft die Modellperson, also das Vorbild, hat. Wird sie gern nachgeahmt oder nicht? Der Lehrende als Person, die überzeugt, und als Könner im Lernbereich spielt eine besondere Rolle. Weitere wichtige Variablen scheinen zu sein der geringe oder hohe Kompliziertheitsgrad der vorgeführten Fähigkeit, die Normen der Belohnung, die für die gute Ausführung der Tätigkeit gelten, und vor allem auch motivational bedeutsame Voreinstellungen der Lernenden: vor der Beobachtung gibt man ihnen Instruktionen für die Beachtung von Besonderheiten; damit ist die zweite Funktion sprachlicher Instruktion benannt.

Diese Ergebnisse verdeutlichen die Wichtigkeit einer vom Lernenden akzeptierten Lehrperson. Nur in den Fällen, in denen der Lehrer persönlich akzeptiert wird, vollzieht sich ein in diesem Sinne fruchtbarer Lehrprozess. Die ständige Belastung durch die Unterrichtspraxis sowie unzureichende pädagogische Kenntnisse erschweren auf Seiten der Lehrenden die praktische Anleitung der Schüler erheblich. Hinzu kommt in einer Reihe von Fällen die relative Ungeübtheit im verbalen Bereich. Eine Versprachlichung der Aktivitäten würde erleichtert durch vorgegebene Handlungsanweisungen, die die zu lernende Fertigkeit in einzelne Schritte aufgliedern. Didaktisch wichtig ist der Hinweis, dass das gezielte Beobachtungslernen den Einsatz von audiovisuellen Medien zulässt (WEINERT). So könnten etwa Filme bestimmte Fähigkeiten in ihrer idealen Ausführung und mit entsprechendem Kommentar zeigen. Die wiederholte Vorführung, das Zeigen von Ausschnitten, das Anhalten sind technische Möglichkeiten, die helfen können, das Beobachtungslernen sehr intensiv zu gestalten. Dem Anschauen würde dann wieder der eigene Versuch folgen.

2.7.2.3 Simulationsgebundenes Lernen (simulating learning)

Didaktisch noch stärker aufbereitet werden kann das Lernen, wenn es in sogenannten Simulationsmodellen realisiert wird. In der beruflichen Ausbildung gibt es verschiedene Beispiele: der Lehrkindergarten, das Lehrrestaurant, die Lehrwerkstatt, das Übungskontor, die Scheinfirma, der Übungsraum für die Krankenpflegeausbildung, der Flugsimulator u. a. m. (LÖBNER 1964). Auch die allgemeinbildende Schule schafft sich gelegentlich „Modellwirklichkeiten", um das Lernen realitätsnäher zu gestalten; man denke z. B. an den Schulverkehrsgarten, an botanische Schulgärten, an das Planspiel in der Arbeitslehre.

In der Simulation werden situative Gegebenheiten und Verhältnisse der Wirklichkeit vorgetäuscht, um realitätsnahes Lernen zu ermöglichen. Der Prototyp einer Simulation ist immer wieder der Flugsimulator, der eine Flugzeugkanzel darstellt. „Die Folge der sich im Simulator verändernden Bedingungen lässt beim Lernenden den bis zur Illusion gesteigerten Eindruck eines Zeitablaufs entstehen. Er reagiert und handelt ›wie in Wirklichkeit‹, lernt jedoch in dem Bewusstsein, dass Fehlhandlungen nicht die Folgen der Wirklichkeit nach sich ziehen" (GRIMM 1968).

Für den Arrangeur der Simulation, also den Lehrenden, ergeben sich weitere Vorteile: Die „Modellwirklichkeit" ist manipulierbar. Ein bestimmter Aspekt der Wirklichkeit kann besonders betont, andere Aspekte können vernachlässigt werden. Trotz der Wirklichkeitsnähe ist der Lernvorgang steuerbar, systematisierbar und kann schrittweise gegliedert gestaltet werden. Simulationslernprozesse sind dort am sinnvollsten, wo schwierige Tätigkeiten ein größeres Maß an Kenntnissen und manuellen Fertigkeiten erfordern. In der Simulation können

Lernanforderungen kompliziert gestellt werden; sie sind beliebig wiederholbar, was für Übungszwecke von Bedeutung ist.

2.7.2.4 Phase des differentiellen Übens (learning through training)

Sind bis jetzt die Möglichkeiten effektiver Konfrontation und Instruktion mit zu lernenden Fertigkeiten erörtert worden, so ist nun einiges über die Phase des Übens auszuführen. Besonders von Vertretern der Arbeitspädagogik ist die Methode der sukzessiven Näherungsschritte, der allmählichen Ausformung einer praktischen Fähigkeit entwickelt worden.

Ihre Anwendung ist auf zweierlei Weise denkbar. Einmal wird der zu leistende Handlungsablauf als Ganzer vorgestellt. Der Lernende soll dann möglichst schnell sich selbst in der Ausführung versuchen, um die Schwierigkeiten kennenzulernen. Der zunächst unvollständige und fehlerhafte Vollzug wird sodann im oftmaligen Üben verbessert, bis eine Beherrschung der Fähigkeit festzustellen ist. Hierbei müssen die bestehenden Regeln für optimales Üben angewendet werden.

Der zweite Weg führt über die Zerlegung komplexer Bewegungsabläufe in ihre einzelnen Teile. In der Demonstration folgt dabei auf den flüssigen Vollzug der Endform eine Ausführung, bei der nur Teile vorgeführt werden. In vielen Fällen beruflicher Arbeit ist es so, dass der Lernende eine Reihe von Arbeitsbewegungen, die er braucht, im Grunde bereits beherrscht. Andere Teile der auszuführenden Tätigkeit aber sind ihm noch unbekannt (die Handhabung eines bestimmten Gerätes z. B;). In solchen Fällen ist es angebracht, mit Hilfe von Vor- oder Teilübungen eben diese Hantierungen gesondert zu trainieren, Freilich kommt es dann darauf an, für sich geübte Teilabläufe wieder in den gesamten Handlungsablauf zu integrieren.

Für beide Varianten der Ausformungsmethode ist es wichtig, auf dem Wege des Übens allmählich die „gute Endgestalt“ eines Handlungsablaufes zu erreichen. Durch Korrektur von Seiten des Lehrenden und wiederholte Ausführungen durch den Lernenden können der Gesamtablauf bzw. wichtige Teilhandlungen intensiv geprobt, besprochen und verbessert werden.

2.7.2.5 Die Bedeutung verbaler Instruktion

Auch wenn bei den bisherigen Ausführungen davon ausgegangen wurde, dass Lernziele in der pragmatischen Dimension am ehesten im Vollzug der zu lernenden Handlungsmuster erreicht werden, muss noch einmal etwas über die Bedeutung der sprachlichen Vermittlung gesagt werden.

Die verbale Instruktion des Lehrenden hat drei wichtige Funktionen zu erfüllen, von denen zwei schon genannt wurden. Die Bedeutung des von RIEDEL so genannten „geleiteten Lernens“ (= geleitet durch sprachliche Äußerungen) liegt in einer frühen Phase des Lernprozesses darin, dass durch Zielangaben und Hinweise auf wesentliche Probleme der Lernaufgabe Motivation und Schwerpunktsetzung erfolgen. Lernen wird auf diese Weise besser initiiert und ökonomischer gestaltet. In den weiteren Phasen der Auseinandersetzung mit den Schwierigkeiten und der Lösung der Aufgabe ist die verbale Instruktion durch den Lehrenden entscheidend für die Steuerung und Verbesserung der auszuführenden Handlungen. Wenn es dem Lernenden gelingt, die auftretenden Schwierigkeiten und die für eine Aufgabenlösung entscheidenden Ideen zu verbalisieren, am besten im Austausch mit Mitlernenden oder dem Lehrenden, kann die Versprachlichung als Lösungshilfe fungieren, wie Untersuchungen zeigen. Gleichzeitig finden häufig intraindividuelle psychohygienische Prozesse statt, die für den geistig-seelischen Haushalt des Lernenden von Bedeutung sind.

Drittens wird die in Sprache erfolgende Reflexion über die Zweckmäßigkeit der zu lernenden Handlungssequenzen dem Lernenden die Distanz zur Praxis verschaffen, die er braucht, um auf die Dauer konstruktiv-kritisch konkretes Tun auszuführen. Die vollständige Beherrschung wird neben dem Könnensvollzug in diesem über die „Besprechung" zu erreichenden Distanzverhältnis erfolgen und von dumpf zu leistender Praxis freimachen.

Um es ganz deutlich zu sagen: das Lernen von Fertigkeiten sollte nicht durch sprachliche Erklärung, durch Vortrag erfolgen – das wäre unfruchtbares „Trockenschwimmen" –, aber es muss in einer sehr intensiven Weise durch Sprache begründet, geklärt, gesteuert, reflektiert und überhöht werden, wenn mechanisches Lernen vermieden werden soll.

2.7.2.6 Zusammenfassung

Stellt man die beschriebenen Lernmöglichkeiten in der Art eines optimalen Planungsmodells für das Lernen von Fertigkeiten zusammen, so ergibt sich:

1. Das Lernen „vor Ort" oder in Simulationsbereichen vermittelt den stärksten Praxisbezug. Beim „concomitant learning" müssen die eigentlichen Lernaufgaben hinreichend abgehoben oder herausgehoben werden aus dem gesamten Tätigkeitsablauf; beim „simulating learning" ist darauf zu achten, dass genügend Elemente der Ernstsituation berücksichtigt werden.
2. Das Beobachtungslernen spielt beim Erlernen von Verhaltenssequenzen eine große Rolle. Der Weg des Vormachens-Nachahmens steht im Vordergrund, Der Einsatz von Medien (Videorecorder z. B.) hat einen objektivierenden Effekt; Vorbilder werden beliebig oft verfügbar, anhand der optischen und akustischen Aufzeichnungen kann sich der Lernende selbst beobachten und Fertigkeiten korrigierend bis zur völligen Beherrschung einüben.
3. Beim Vorgang des „learning by doing" (DEWFY 1951) stehen zwei Instruktionsmethoden im Vordergrund

a) das Training von Teilvorgängen (Einschleifen von Mikrostrukturen), bei dem systematisch einzelne Details einer Fertigkeit bis zur Beherrschung geübt werden;

b) die sprachlich-begleitende Erklärung der Tätigkeit sowie die gleichzeitige Verbalisierung der subjektiven Befindlichkeit. Die Beachtung dieser Methoden führt über den Vorgang des rein mechanischen Lernens hinaus.

4. Zum Lernvorgang gehört die Befähigung, das jeweils zu Lernende in einen sinnvollen Zusammenhang stellen zu können mit anderen Worten: der Lernende sollte

a) einen Lernablauf unter zweckrationalen Gesichtspunkten technisch optimal beherrschen und

b) die auszuübende Fertigkeit aus ihrem sozialen Sinnzusammenhang heraus positiv begründen können.

Eine in diesem Sinne gelehrte und geübte Fertigkeit gewinnt an Effektivität. Gelernt sollte nicht mehr werden, was „schon immer so gemacht wurde", gelernt sollte nur noch werden, was sinnvoll begründet werden kann.

2.8 Der besondere Fall des Lernens von Verhaltensweisen

Soziale Verhaltensweisen sind Abläufe von Bewegungssequenzen, die für einen Partner eine Bedeutung besitzen oder besitzen sollen. Es ist sinnvoller, vom Erlernen sozialer Verhaltenstendenzen zu sprechen. Eine solche Tendenz ist die Bereitschaft zu einem sozial bedeutungsvollen Akt (EYFERTH 1964).

Wie aber ist das Zustandekommen sozialer Verhaltensweisen zu erklären?

2.8.1 Das einfache S-R-Prinzip (stimulus-response)

EYFERTH sagt, dass mit diesem Prinzip komplexe Verhaltensweisen nicht zu erklären seien. Das ist sicherlich zutreffend. Auf der anderen Seite jedoch lässt sich mit dem bedingten Konditionieren (Lernen durch bedingte Reaktion) einiges erklären.

Wenn z. B. ein Lehrer den Unterricht immer genau mit dem Läuten abschließt, wird das Klingelzeichen allmählich zum Zeichen des Stundenschlusses. Unterrichtet ein anderer Lehrer in der Klasse, wird er erstaunt sein, wie resolut die Klasse beim Läuten die Stunde beendet!

Ein anderer Lehrer lässt die Klasse zu Beginn jeder Stunde kurz aufstehen. Nach einiger Zeit steht die Klasse von selbst auf, sobald der Lehrer den Klassenraum betritt.

Das kleine Kind bewegt sich mit der Mutter im Großstadtverkehr. Die Mutter bleibt an der Verkehrsampel bei Rot stehen und geht erst bei Grün über die Straße. Nach einiger Zeit bleibt das Kind, auch wenn es allein einen Gang zu erledigen hat, bei Rot an der Straßenkante stehen.

Auch das „negative Bedingen" gibt es: Die Klasse ist z. B. gewohnt, sich am Ende der Pause ordentlich in Zweierreihen aufzustellen und auf ein Zeichen hin ruhig in den Klassenraum zu gehen. Einer der Lehrer, die in der Klasse unterrichten, nimmt es mit dieser Gewohnheit nicht so genau. Nach kurzer Zeit wird sein Erscheinen auf dem Hof, um die Klasse abzuholen, genügen, ein nachlässiges Aufstellen und ein undiszipliniertes Hineingehen zu zeitigen.

Weitere Beispiele ließen sich anschließen.

Die mindestens in unserem Sprachgebrauch geläufigen Begriffe der Gewöhnung und der Anpassung lassen sich vielleicht auch mit einem etwas differenzierteren S-R-Prinzip erklären.

Gewöhnung wird von HEHLMANN ([2]1962) als eine Form der Automatisierung psycho-physischer Prozesse definiert, Anpassung als die körperliche und seelische Abstimmung eines Einzelorganismus mit den Bedingungen der Umgebung. Auf einen Reiz hin (Erscheinung, Situation usw.) ist ein Verhalten zu zeigen. Durch häufige Wiederholung wird ein Verhalten angewöhnt, das Individuum an etwas angepasst. Notwendig ist die Information über das richtige Verhalten, die um so wirksamer sein wird, je mehr durch das Vormachen eine „gute Gestalt" der entsprechenden Verhaltensweise vorgegeben wird.

Der individuelle Vollzug ist aber das entscheidende Kriterium, Dazu muss der Erzieher anhalten, bis die S-R-Verbindung stark genug geworden ist.

2.8.2 Das operative Konditionieren

CORRELL berichtete ausführlich über die Auffassungen der heutigen Verhaltenspsychologie. Ausgangspunkt ist die Feststellung, dass der Mensch grundsätzlich aktiv sei. Er verhält sich immer, ohne jeweils durch einen Stimulus zur Aktivität angeregt worden zu sein. Dasselbe sagt LERSCH ([10]1960), wenn er bei der Aufführung der Merkmale des Lebens die Eigentätigkeit als ein Spezifikum nennt. Das Verhalten, das Erfolg hat, bestätigt oder belohnt oder einfach für richtig gehalten wird, das also von einem sogenannten Verstärker gefolgt wird, wird beibehalten. Das planmäßige Verstärken eines Verhaltens nennt man „operatives Konditionieren" (vgl. oben 2.5.1.1).

Mit diesem operativen Konditionieren wird eine weitere Gruppe von Verhaltensweisen erfasst. Das Verhalten der Schüler einer Klasse mag zum Schuljahrsbeginn sehr unterschiedlich sein. Die ständige Verstärkung bestimmter, vom Lehrer aus gesehen positiver Verhaltensweisen durch Verstärker wie Belohnung, Lob, positive Vergleiche wirkt selektiv, und so wird es mit der Zeit möglich, gewünschte Verhaltensweisen einzulernen. Die Hilfsbereitschaft gegenüber dem Nachbarn ist z. B. auf diese Weise aufzubauen. Die faire Haltung beim Wettkampf, das Hören auf den Gesprächspartner beim Unterrichtsgespräch, das ordentliche Sich-Melden, das geduldige Anstellen bei der Milchausgabe u. a. m. sind auf diese Weise zu konditionieren – deutlicher gesagt: zu trainieren.

2.8.3 Nachahmung und Identifikation

Nachahmung ist die teils unwillkürliche und absichtslose, teils willentliche Formung von Ausdruck, Verhalten, Tun, Gestalten durch Geformtes, dem der Mensch in seiner Umwelt begegnet (SANDER: Prinzip der formenden Macht des Geformten).

Identifikation ist das unreflektierte und absichtslose „Sich-hinein-versetzen“ in einen anderen Menschen, meist aufgrund unmittelbaren Angemutet-werdens, Ausdruckverstehens und Nachverstehens des Verhaltens. Als Formen kann man betrachten: den physiognomischen Anmutungsprozess, das ideomotorische Nachahmen (Ideo-Real-Gesetz [HELLPACH ^{3}1951]), die verschieden gestufte Gefühlsbindung (Sympathie, Übertragung, bis hin zur Sexualbindung, Liebe, Autorität oder Idealbindungen mannigfacher Art). Doch ist mit Identifikation meist die unterbewusste Primitivbindung gemeint, besonders eindrucksvoll belegt beim Kleinkind und beim Primitiven.

Hier haben wir es mit Prozessen zu tun, die ohne Zweifel von großer Wirksamkeit sind, die aber weit weniger steuerbar sind. Dass Kinder ein Verhalten nachmachen, dass sie sich mit einem beobachteten Verhalten identifizieren, hängt von verschiedenen Faktoren ab, die im einzelnen nicht in der „Verfügungsgewalt“ des Lehrers liegen. Die formende Macht des Geformten wirkt offensichtlich nicht automatisch, es müssen Bezüge vorhanden sein: Gleichgestimmtheit, Anmutungsqualitäten, vorrationale Resonanz. Diese wiederum ergeben sich nicht immer zu gewünschten Personen und Verhaltensweisen. Sympathie, Liebe, Beispiele von Bindungen an Ideale können wir Schülern entgegenbringen, vorleben. Ob sich gewünschte Nachahmungen, Identifikationen zeigen, müssen wir abwarten. Die Situation ist sehr viel offener. Affektive Bindungen werden da, wo sie bestehen, fast wie von selbst Verhaltensweisen formen. Das beste Beispiel ist immer wieder die Lehrerin des 1. und 2. Schuljahres, die recht leicht diese sogenannten Primitivbindungen aufbauen kann (und damit die Stelle der Mutter einnimmt). Ebenso aber können unkontrollierbare Antiaffekte „negative Verhaltensweisen“ erzeugen.

Wahrscheinlich spielen für diesen Bereich frühe „Lebenserfahrungen“ eine große Rolle. In Anlehnung an Untersuchungsbefunde von SCHENK-DANZINGER (1965) und Sheldon und Eleanor GLUECK (1959) stellt METZGER (1965) fest, dass das neugeborene Kind sich in einem Stand vormoralischer Unschuld befinde, von dem her es ebenso zur bösen Seite (Kriegszustand mit aller Welt, Anarchismus, kalte Gehässigkeit) wie zur guten Seite (Lust am Guten, Freude am Freudemachen, Anerkennung der Ordnung) gelangen könne. Das Kind muss beim Eintritt in die Welt angenommen werden, seine Welt muss freundlich, warm und hell, zärtlich und bergend sein, damit das Urvertrauen erwachsen kann, aus dem alles weitere Gute erwächst (METZGER 1965). Die Lebensordnung, in die das kleine Kind hineinwächst, prägt in entscheidender Weise Verhaltenstendenzen, die später von der Schule nur noch in begrenztem Maße korrigiert werden können. Der sekundäre, der verbale Erfahrungsraum, der beim Erlernen der Sprache strukturiert und durch verbale Kommunikation ausgefüllt wird, ermöglicht erst zahlreiche für das soziale Verhalten typische Reaktionen.

Auch HOFSTÄTTER (1957) stellte fest, dass den Heranwachsenden wohl am tiefsten die Einführung in die Welt in einer bestimmten Sprache beeinflusse. Sie vermittle ihm ein Schema für die Ordnung der Sach- und Personenwelt. Zweierlei ist zu unterscheiden:

a) Im Stadium der diffusen Anmutung – oder sogar unbewusst – bleiben all die Vorgänge, für die uns keine sprachliche Objektivationsmöglichkeit zu Gebote steht; es mag sich dabei um solche handeln, von denen „man" nicht spricht (sozial Unbewusstes, dem vor allem sexuelle und aggressive Regungen angehören), oder auch um Abläufe, die von den außenstehenden Vermittlern unseres Sprachschatzes (in der Regel den Eltern) nicht an anderen bemerkt und daher auch nicht benannt werden. Da die „Wortung" der Welt uns entscheidende Erkenntnisse verschafft, hängt von ihrem Ausmaß und Niveau unser Verhalten in großem Maß ab.

b) Die Frage aber ist, ob über das Medium der Sprache, über die sprachliche Darstellung, Verhaltensweisen aufgebaut werden können. HERBARTS Glaube an die Wirksamkeit der Lehre wird heute eher negativ beurteilt. Das Verhältnis von Wirklichkeit und Sprache, zwischen den verba und den res, scheint sich mit zunehmendem Alter nicht immer im schulpädagogischen Sinn des Grundsatzes „Erst Anschauung, dann Besprechung" zu gestalten. Die Sprache ist der wirklichen Erfahrung oft voraus. Der in der Sprache ausgebreitete Weltraum ist größer als der Lebensraum des einzelnen Menschen (BOLLNOW 1964). Und so kann die Sprache, die verbale Information, indem sie Beispiel, Demonstration gibt, wahrscheinlich auch Verhaltensweisen beeinflussen.

2.8.4 Das einsichtige Verhalten

Mit zunehmendem Alter wird es dem Menschen möglich, sich einsichtig zu verhalten. „Sein einsichtiges Sich-zurecht-finden in der Welt geschieht mit Hilfe von Begriffen, mit denen er unterscheidet und die Mannigfaltigkeit der Erscheinungen zuordnet; es geschieht, indem er die Sachverhalte richtig beurteilt, Zusammenhänge erfasst und folgerichtige Schlüsse zieht" (LERSCH [10]1960).

Daher muss dreierlei unterschieden werden:

a) Sozialverhalten kann durch eine vorbegriffliche, vorsprachlich-praktische Intelligenz, wie wir sie bei Menschenaffen schon finden, gesteuert werden.

b) STERNS Definition der Intelligenz ist von der unter a) angegebenen Variante zu unterscheiden (STERN 1935). „Aufgabe der Intelligenz ist es (im Gegensatz zum Gedächtnis), mit neuen Forderungen, die das Leben stellt, fertig zu werden, und zwar dadurch, dass von den vorhandenen Denkmitteln ein zweckmäßiger Gebrauch gemacht wird" (STERN 1935) Wie Situationen menschlichen Miteinanders durch produktives Denken und das sich daraus ergebende Verhalten positiv gelöst werden können, zeigt WERTHEIMERS

Federball-Beispiel (^{2}1964). „Der Hauptgrund unvernünftigen blinden Verhaltens scheint zu sein, dass man an einer alten Fassung kleben bleibt, aus reiner Reservation und Gewohnheit, die einen verleitet, die sinnvolleren Forderungen, die in der Situation klar angedeutet sind, zu vernachlässigen oder ausdrücklich abzuweisen“, sagt WERTHEIMER (1964^{2}, S. 148).

c) Das Mitwirken noetischer Akte ist strenggenommen erst beim erwachsenen Menschen zu finden (LERSCH).

2.8.5 Die vermittelte Generalisierung

In seinem Text über Verhaltensweisen führt EYFERTH (1964) aus, dass die im Zusammenleben der Menschen wirksamen Normen, Vorstellungen, Werte und Ziele nur zu einem geringen Bruchteil in primären Lernprozessen, d. h. in wiederholter direkter Reaktion auf die fraglichen Objekte erworben werden.

Damit sind wir an dem Punkt angelangt, an dem sich die sezierten Möglichkeiten des planvollen Aufbaus von Verhaltensweisen bzw. Verhaltenstendenzen wieder ineinander verschränken. Im diffus-ganzheitlichen Feld des Lebens, Erlebens und Mitlebens wirken sie miteinander, je nach der Situation unterschiedlich intensiv, beeinflusst von einer Reihe anderer Faktoren.

Die Vitalität und Begabung des Kindes, sein Wille, die Persönlichkeitsstruktur des Lehrers, der Charakter der interpersonellen Prozesse, Art und Intensität von Verstärkern, die Prägekraft von Lebensformen (von Festen und Feiern z. B.), die Häufigkeit und der Aufbau von Übungsprozessen, die Kraft der verbalen Information, spezifische Situationen und darin möglich werdendes produktives Denken und Verhalten all das sind Faktoren, die eine Rolle spielen, in ihrer jeweiligen Wirksamkeit oder Wirkungslosigkeit aber schwer zu bestimmen sind. So werden noch auf längere Zeit überzeugende und belegbare Hinweise und Regeln für das Lernen sozialer Verhaltensweisen rar bleiben, besonders für von einem Komplex von Faktoren bestimmte und gesteuerte Verhaltensweisen.

3 Unterrichtsmethodische Aspekte des Übens und Wiederholens

Die verbreitete Klage darüber, dass der Unterricht in der „Institution Schule" nicht effizient genug sei im Sinne von befriedigendem Unterrichtserfolg, muss die didaktische Diskussion zurückführen zu der Frage, ob eine entscheidende Ursache nicht vielleicht auch darin liegt, dass unterrichtliche Strukturen die Notwendigkeiten des Übens und Wiederholens zuwenig berücksichtigen. In der Diskussion über eine alternative Unterrichtsgestaltung scheint mitunter die für jeden Lerner wichtige Strukturierung von Lernsituationen und -verläufen vernachlässigt worden zu sein. Man kann beobachten, dass die Notwendigkeiten der Strukturierung, Transparenz und damit Verlässlichkeit von Unterricht in letzter Zeit wieder stärker gesehen werden.

Im folgenden werden Ausführungen zu Grob- und Feinstrukturen des Unterrichts generell und des übenden und wiederholenden Unterrichts speziell gemacht, die helfen sollen, Unterricht zu einer für den Schüler einsehbaren, nachvollziehbaren und damit mittragbaren Veranstaltung zu machen. Es kommt darauf an, über Metakommunikation eine neue Qualität von Unterricht zu erreichen.

3.1 Artikulationsformen

3.1.1 Begriffsbestimmung und unterschiedliche Gliederungen

Die Artikulation des Unterrichts (von lat. articulus = Glied) ist die Gliederung unterrichtlicher Prozesse in Phasen, Stufen, Schritte. Da sowohl der Unterricht als auch das individuelle Lernen Prozesse sind, die in der Zeit ablaufen, ist ein Nacheinander von Aktivitäten der grundlegende Sachverhalt, der Überlegungen zu Artikulationsformen sinnvoll macht (in der Regel im Zusammenhang mit dem umfassenderen Thema „Unterrichtsmethodik").

Artikulationsformen haben für die Planung, Durchführung und Analyse von Unterricht wohl deshalb immer wieder eine so große Bedeutung, weil sie als einer der letzten Schritte in der Unterrichtsvorbereitung die intendierte Verlaufsbeschreibung repräsentieren, nach der der Unterricht ablaufen kann. In einer ganz allgemeinen Funktionsbeschreibung sind sie Ausdruck einer soweit wie möglich wissenschaftlich begründeten Konzeptionierung des methodischen Verlaufs einer Unterrichtsstunde/Unterrichtseinheit, bei der die Lehrabsichten des Lehrers mit den Lernvoraussetzungen der Schüler möglichst eng verknüpft werden (FRIEDRICHS/MEYER/PILZ 1982).

Das allgemeinste Artikulationsschema umfasst drei Stufen:

Anfangssituation – Mittelsituation – Schlusssituation.

Bei diesem Schema liegt die Annahme zugrunde, dass bestimmte Aneignungsstufen der Organisation des menschlichen Geistes entsprächen: das Aufnehmen/

Erfassen/Erarbeiten wende sich mehr an den äußeren Sinnesapparat, das Durchdringen/Begreifen/Verarbeiten sei Sache des Verstandes und des Denkens und das Anwenden/Darstellen/Verwerten schließlich sichere die Verfügung und den Gebrauch (EGGERSDORFER [7]1961). Dieser Dreischritt wurde deshalb in vielen älteren Unterrichtslehren mit nie ermüdender Regelmäßigkeit verwendet (vgl. STÖCKER [15]1970; HUBER [11]1972).*

*Die Begriffe variieren, der Dreischritt ist konstant. Man vergleiche DÖRPFELD:
Anschauen – Denken – Anwenden; WILLMANN. Auffassen – Verstehen – Betätigen; V. SALLWÜRK: Hinleitung – Darstellung – Verarbeitung; WEBER: Eindruck – Aneignung – Ausdruck; ITSCHNER: Stoffvermittlung – Stoffmeisterung – Stoffverwertung; SEYFERT: Erarbeitung – Einarbeitung – Verarbeitung; SCHEIBNER: Arbeitsplanung – Arbeitsausführung – Arbeitsprüfung; MUCKLE: Problemstufe – Lösungsstufe – Verwertungsstufe.

Allerdings ist auch schon in diesen älteren Unterrichtslehren Kritik an dem Versuch geäußert worden, so etwas wie eine ideale Urgestalt des Unterrichts zu finden (JANNASCH/JOPPICH [7]1969). Lern- und Arbeitsprozesse sind je nach Intention und Inhalt differenziert zu betrachten. Hinzu kommt, dass viele Einflussgrößen in die konkrete Ausformung eingegangen sind, die in einer Verlaufsnotierung (BÖNSCH 1965) häufig gar nicht mehr so genau erkennbar sind.

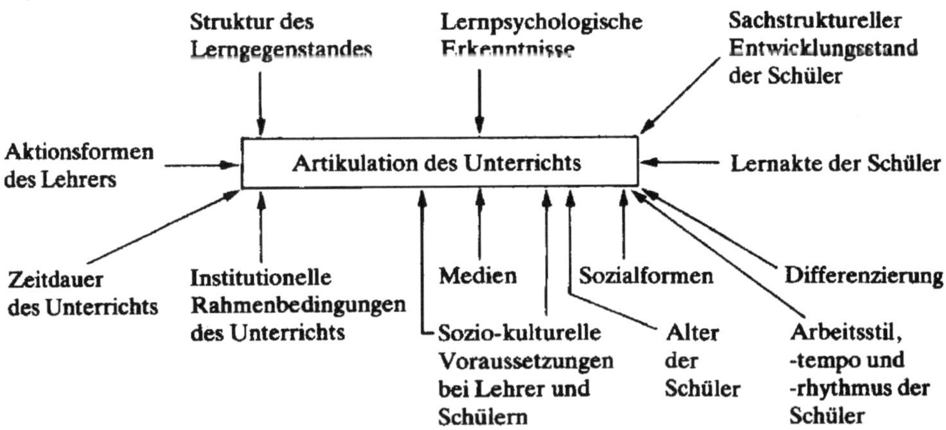

Diese Übersicht, von WIEDERHOLD (1981) erstellt, wäre zu ergänzen durch Punkte wie Unterrichtskonzept (d.i. die Vorstellung über die Grundanlage des Unterrichts: Vermittlung von Wissen durch Lehrer oder gemeinsame Lehr-/Lernarbeit oder schülerorientierter Unterricht mit hohen Graden der Selbständigkeit/Mitbestimmung), Lernanliegen (wie etwa kognitives Lernen oder soziales Lernen) u. a. m.

Für eine genauere Beschreibung von Artikulationsformen ist der Gliederungsansatz angesichts der Vielfalt sehr schwierig. Man kann historisch vorgehen „ in synoptischer Absicht einen Überblick entwickeln oder nach einem selbstentwickelten Gliederungsschema verfahren. So hat z. B. WIEDERHOLD (1981) versucht, nach fünf typischen Ansätzen zu bündeln: erkenntnistheoretisch orientierte, handlungsorientierte, lernprozessorientierte, fachorientierte und unterrichtspraktisch orientierte Artikulationsmodelle. Abgesehen davon, dass ihm dabei neuere Schemata nicht aufgefallen sind, ist die Systematik selbst problematisch, denn unterrichtspraktisch sind schließlich alle Ansätze orientiert, wenngleich sie zunächst ihren spezifischen Ausgangspunkt haben.

KECK (1973) hat vier generelle Modellentwürfe unterschieden:

- allgemeine schematisierende Artikulationsmodelle, die als unspezifische Raster für die Unterrichtsgestaltung gedacht seien (Beispiel: BACH [9]1971; in Anlehnung an sowjetrussische Autoren KLINGBERG 1975 und DREFENSTEDT 1985)
- verfahrensorientierte Stufenmodelle (Beispiel: SCHEIBNER 1928)
- fachorientierte Stufenmodelle (Beispiel: BEILER 1959) und
- lernprozessorientierte Artikulationsmodelle (Beispiele: OKON 1957 und ROTH [12]1970).

Auch hier erscheint die Gruppierung mitunter etwas gewaltsam.

Im folgenden wird eine Mischung von historischer und systematischer Darstellung versucht, um den Überblick praktikabel und vielfältig zu halten und Grundansätze dem Lern- und Arbeitsanliegen entsprechend herauszuarbeiten.

3.1.2 Historisch und systematisch orientierte Detailbeschreibungen

1. Formalstufentheorie HERBARTS *und der Herbartianer*

Wenn man nicht schon bei ARISTOTELES (Sinnlichkeit/Wahrnehmen – Verstand/Denken – Streben/Wollen) beginnen will, so ist es auf jeden Fall geboten, mit HERBART den Anfang zu setzen:

HERBART:	Klarheit → Assoziation → System → Methode
ZILLER:	Analyse → Synthese → Assoziation → Methode
REIN:	Vorbereitung → Darbietung → Verknüfung → Zusammenfassung → Anwendung

HERBART entwickelte die Formalstufen, die stofforientiert die Schüler kognitiv und auch moralisch beeinflussen sollten. Zunächst geht es um die *Klarheit* derjenigen Vorstellungsmomente, die jeder Lernende als Wissensbesitz mitbringt. Dann geht es um die *Assoziation* neuer Vorstellungselemente zu den alten. Die bloße Assoziation genügt aber nicht, vielmehr muss eine *systemati-*

sche Einordnung der neuen Vorstellungsgehalte vorgenommen werden. Mit dem Begriff *„Methode“* bezeichnete HERBART die vierte Stufe der Einübung und Anwendung des systematisierten Wissens, das ohne Praxisanwendung wenig wert wäre (HERBART 1835). Obwohl HERBART selbst diese Stufenfolge nicht auf alle Lernprozesse anlegen wollte, hat REINS Formalstufenmodell vor allem im Unterricht der Volksschule lange Zeit außerordentlich prägende Wirkung gehabt.

2. Die Arbeitsstufentheorie KERSCHENSTEINERS, GAUDIGS *und* SCHEIBNERS

Die reformpädagogische Bewegung hat sich in scharfer Form gegen den Lektionismus der Herbartianer gewandt. Während KERSCHENSTEINER von dem mit handwerklichem Material durchzuführenden Arbeitsprozess ausging, entwickelten GAUDIG (1908) und SCHEIBNER (1928) den Prozess der freien geistigen Schularbeit, der der Persönlichkeitsbildung und der Selbsttätigkeit der Schüler entgegenkommt:

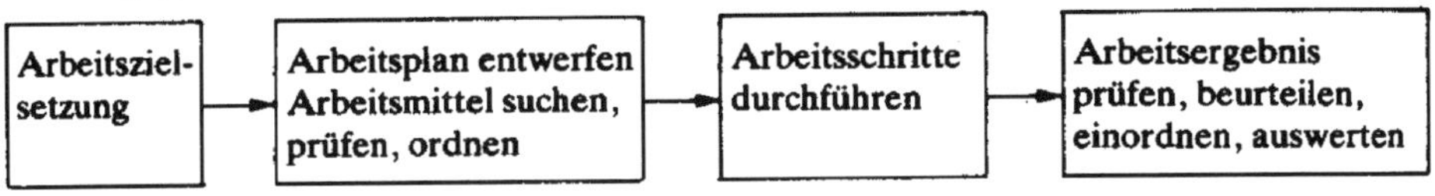

Auch bei GAUDIG und SCHEIBNER entstand die Frage, inwieweit solch ein Schema jedweden Lernprozess erfassen könnte bzw. wo seine Grenzen lägen. Die Gefahr der Verabsolutierung bzw. Überstrapazierung lag nahe.

3. Die Lernstufentheorien GUYERS *und* ROTHS

In den letzten 30 Jahren hat das von GUYER ([5]1967) und ROTH ([12]1970) entwickelte Artikulationsschema außerordentliche Verbreitung erfahren:

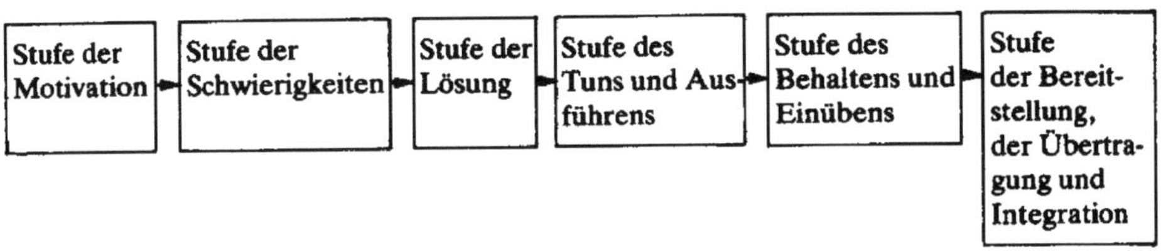

Dieses Stufenschema gibt ein Abbild des vom Lehrer initiierten Lernens, weist also stark auf den Verlauf des Lernens im Unterricht hin. Obwohl beide Autoren auf den idealtypischen Charakter hinwiesen, verselbständigte sich das Schema oft und wurde als prototypische Beschreibung problemorientierten Lernens genommen. Dies lag nahe bei einer Gleichsetzung von Unterrichts- und Lernprozess, etwa derart:

Eingangsphase	Erarbeitungsphase		Sicherungsphase
Motivation	Auseinandersetzung mit Schwierigkeiten	Lösung	Einprägen, Üben, Anwenden
überdauernde Motivation oder situative Anregungen oder Probleme	Nichtwissen Nichtverstehen Nichtakzeptieren Nichtkönnen	Vermutungen Probieren Erklären Erarbeiten Konzept-bilden	Behalten Üben Anwenden Übertragen Ausüben

Wenn man dieses Schema nur weiter ausfalte – so die Annahme – habe man ein differenziertes Instrumentarium für den Unterricht.

4. Die tätigkeitsbezogene Interiosationstheorie GALPERINS im Anschluss an WYGOTSKI und LEONTJEW

Wesentlich für die Herausbildung einer marxistisch fundierten Psychologie waren die Arbeiten WYGOTSKIS, LEONTJEWS und GALPERINS. Einer ihrer Grundgedanken ist, dass psychische Erscheinungen Abbildungen der Realität sind. Der Mensch ist als Produkt seiner Arbeit zu begreifen. Alle menschlichen Tätigkeiten haben ihre Grundlage in der materiellen, gegenständlichen, gesellschaftlichen Tätigkeit der Menschen. Das Bewusstsein ist das sich dem Subjekt darbietende Bild von der Welt, es ist die höchste Form des Psychischen. Es entsteht durch die Arbeit in der Gesellschaft und mit Hilfe der Sprache. Äußere, materielle Tätigkeit verwandelt sich im Lauf der Zeit in innere Tätigkeit. Der Übergang von äußeren Prozessen in geistige ist einer Transformation unterworfen. Daraus hat GALPERIN folgende Interiosationstheorie entwickelt (KESELING 1974):

Orientierungsgrundlage	→	1. Etappe	→	2. Etappe	→	3. Etappe	→	4. Etappe
Schaffung einer Orientierungsgrundlage für die Lösung einer neuen Aufgabe	→	Materialisierte Handlung: sinnlich-praktische Aneignung der zu lösenden Aufgabe	→	Übertragung der Handlung in gesprochene Sprache, damit Verallgemeinerung	→	Die Handlung wird zur geistigen Operation durch äußere Sprache	→	Innere Sprache: Die Handlung wird sprachlich fixiert, ist im Bewußtsein der Schüler

Während einerseits diese Theorie – man beachte Ähnlichkeiten mit der PIAGETschen Theorie – für den menschlichen Lernprozess in frühen Phasen wichtige Anregungen gibt (handlungsorientierter Unterricht), erhebt sich die Frage, ob sie noch Geltung haben kann, wenn es um die Weiterentwicklung oder Korrektur bereits vorhandener Einstellungen bei Schülern geht.

5. Der erfahrungsbezogene Unterricht SCHELLERS

Auf die zuletzt gestellte Frage antwortet das Konzept von SCHELLER (1981).

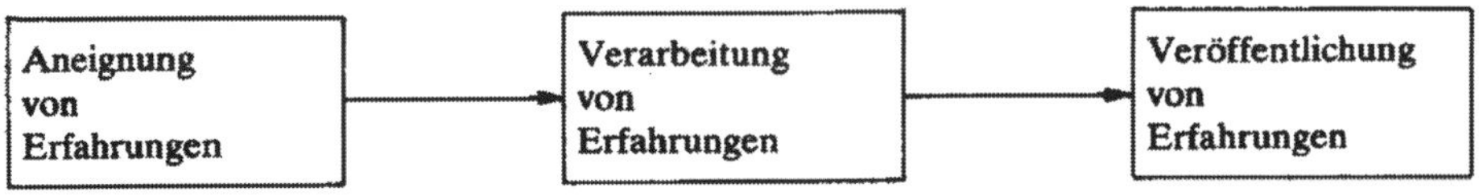

Unterricht soll so organisiert werden, dass an vorgegebenen Themen die Schüler ihre Erlebnisse zu Erfahrungen verarbeiten. Das heißt, dass die Schüler in der aktiven, bewussten Auseinandersetzung mit Erlebnissen diese im Horizont vorgängig erlernter Bedeutung reflektieren und Erweiterungen und Umstrukturierungen zugänglich machen. Die Grundidee dabei ist, dass man sich in der tätigen Auseinandersetzung mit seiner Umwelt als identisches Subjekt produziert. Unterricht zielt damit auf eine bestimmte Qualität des Lernens: das Lernsubjekt soll sich seiner selbst gewiss werden, und dies nicht nur in der Bewusstmachung des eigenen Verhältnisses zu Lerngegenständen, sondern auch in der Konfrontation mit dem Wissen und den Erfahrungen anderer (Verarbeitung von Erfahrungen), um einen folgenreichen gesellschaftlich reflektierten Standpunkt zu erarbeiten. Die Folgenlosigkeit des Lernens wird auf eine erste Weise dann vermieden, wenn über die Veröffentlichung (– im dritten Schritt –) die Erfahrungen der Klassen-, Schul- oder allgemeinen Öffentlichkeit zugänglich gemacht und damit zur Diskussion gestellt werden.

6. Differentielle Unterrichtsstrategien

Die Entwicklung der Allgemeinen Didaktik wird in eine Richtung gehen, in der über mehr oder minder verallgemeinernde Artikulationsformen – die vorstehenden Ausführungen zeigen, dass sie je nach Ausgangspunkt eine variierende, aber in der Tendenz generalisierende Wirkung haben – hinaus für differentielle Unterrichtsstrategien sogenannte „Folien" entwickelt werden, die Planungsorientierung geben können.

(a) Fachorientierte Artikulationsformen

Je nach angezielter Vermittlungsintention, -art, -direktheit, -strenge kann man Modellvorstellungen identifizieren:

Beispiel 1: **Problemzentrierter Vortragsaufbau (GAGE/BERLINER [2]1979)**

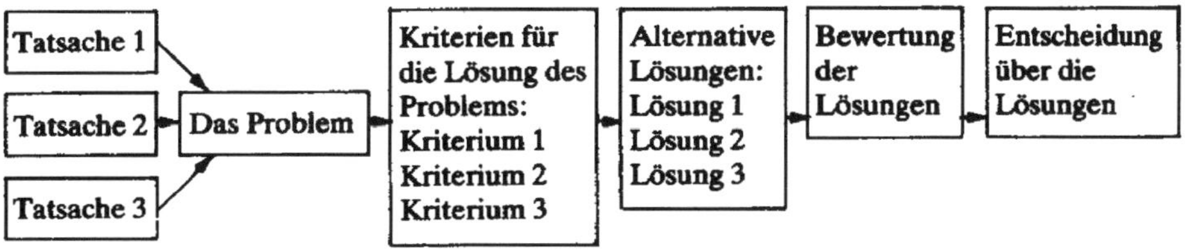

Beispiel 2: **Programmiertes Lernen (BÖNSCH 1981)**

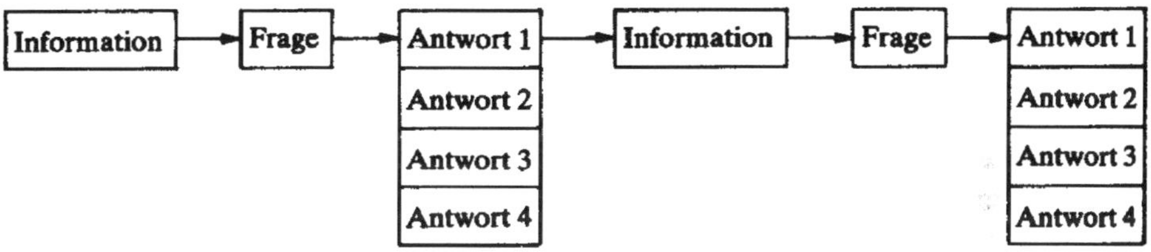

Beispiel 3: **Pattern drill (LADO 1967)**

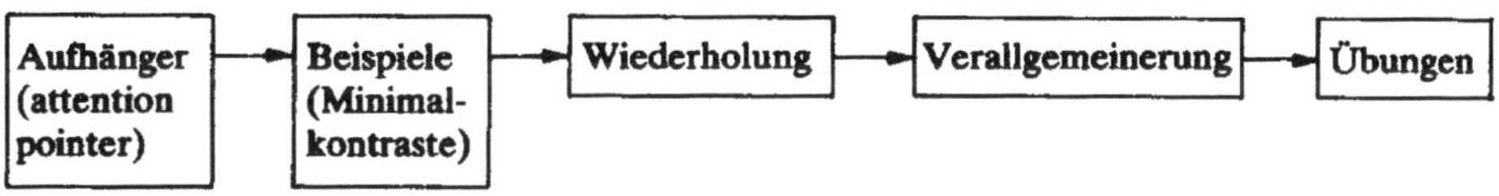

(b) Schülerorientierte Artikulationsformen

Je nach dem Grad der Offenheit gegenüber den Intentionen, Zielorientierungen, Plänen, Angebotsannahmen, Lernwegen der Schüler kann man Modellvorstellungen identifizieren:

Beispiel 1: **Lernen als offener Vorgang zum Erfassen von Beziehungen und ihrer Symbolik (DIENES [3]1969)**

Beispiel 2: **Wahldifferenzierter Unterricht (BÖNSCH/SCHITTKO 1979)**

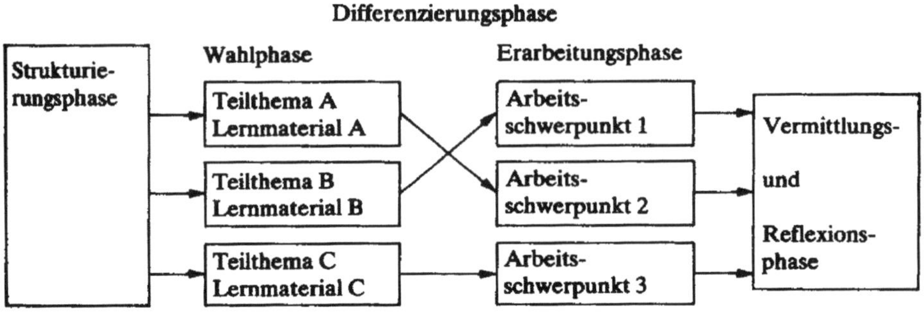

Beispiel 3: **Projektunterricht (DEWEY 1951)**

Beispiel 4: **Individualisiertes Lernen (KELLER/SCHERMAN 1974)**

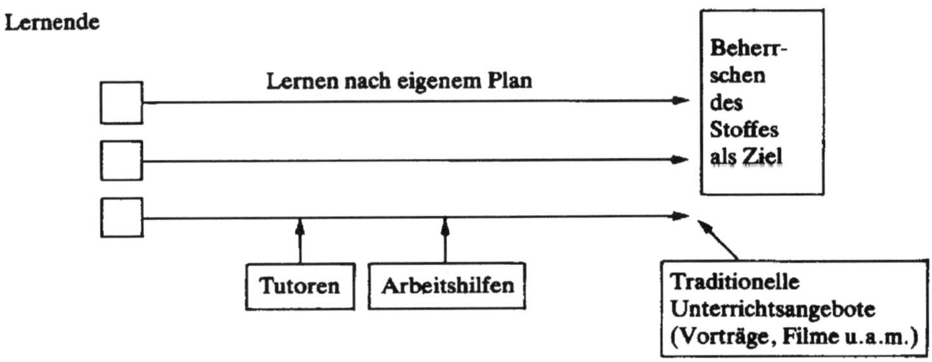

3.2 Lernpsychologisch bestimmte Medienstrukturen

Programmierter Unterricht auf der Basis von verhaltenspsychologischen Grundaussagen kann als Prototyp für lernpsychologisch bestimmte Medienstrukturen angesehen werden. Programmierter Unterricht wird der Unterricht genannt, in dem Lernprogramme zum Zwecke der Initiierung, Steuerung und Kontrolle von Lernprozessen eingesetzt werden. Lernprogramme sind Lernmaterialien, die den Lernstoff in kleine Einheiten (frames) aufgliedern, die in dem Viererschritt „Information – Frage – Antwort – Kontrolle der Antwort“ aufgebaut sind. Dies geschieht aufgrund folgender Thesen:

- Ein Individuum lernt oder ändert sein Verhalten durch Konsequenzen, die sein Verhalten hervorruft.

- Folgen, die die Wiederholung eines Verhaltens wahrscheinlich machen, werden als Verstärkung bezeichnet (Lob, Bestätigung der richtigen Antwort).
- Je rascher die Verstärkung erfolgt, desto wahrscheinlicher wird es, dass der Lernende das Verhalten wiederholt.
- Verstärkung macht nicht nur die Wiederholung einer Handlung wahrscheinlich, sondern sie erhöht auch die Aktivität, vergrößert das Lerntempo und verstärkt das Lerninteresse (SCHIEFELE ^{2}1966).

Demzufolge bestehen die Lernschritte immer aus den obengenannten vier Bauelementen. Die Programmierungstechnik ist im Lauf der Zeit weiterentwickelt worden. So gibt es heute unterschiedliche Programmtypen (verzweigte Programme mit Varianten wie z. B. das Rückführungsprogramm, das weiterführende Programm, das komplexe Rückführungsprogramm), die in differenzierter Weise Fehler gewichten und entsprechende Hilfen geben (Rückführungen, vereinfachte Beispiele, auf die Ausmerzung bestimmter Fehler speziell gerichtete Lernwege u. a. m.). Man kann in verzweigten Programmen also sehr feine diagnostische und helfende Lernsteuerungen finden, so dass das Lernmaterial „Programm" ähnlich den Filmen, die als „Selbstläufer" bezeichnet werden, selbstständig und lehrerunabhängig Lernprozesse steuern kann (BÖNSCH 1973).

3.3 Unterrichtsstruktur „zielerreichendes Lernen"

Mit der Erörterung von Programmen sind wir bei einer Unterrichtsstruktur, die zielerreichendes Lernen für alle erreichen möchte. Es gilt im folgenden, diese Struktur etwas allgemeiner zu zeichnen. Die psychologische bzw. allgemeine anthropologische Grundannahme ist, dass etwa 90 % aller Schüler die gesteckten Lernziele erreichen würden, wenn Unterricht nur entsprechend anregend, variabel und einfallsreich gestaltet sein würde (BLOOM 1970; CARROLL 1972).

Wenn daraus Konsequenzen für eine entsprechende Unterrichtsgestaltung gezogen werden, kann man für die Pflichtbereiche, die von allen Schülern „durchlaufen" werden müssen, folgende Übersicht skizzieren:

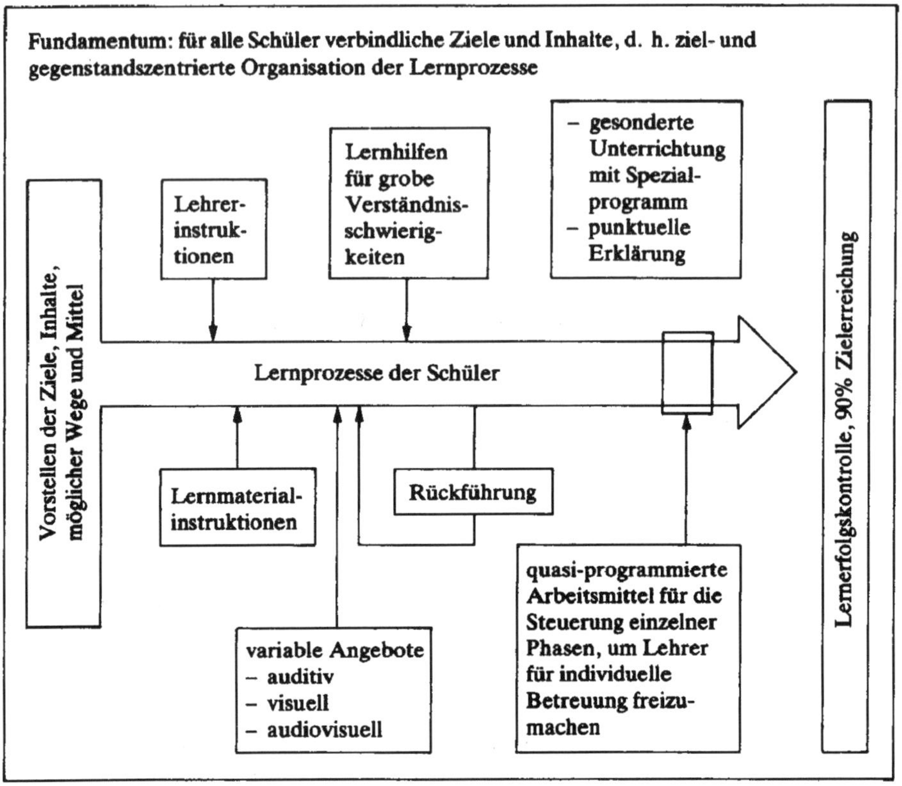

Es ist zu erkennen, wie in einem Kontext – fixiert als von allen erfolgreich zu erlernendes Fundamentum – neben den Lehreraktivitäten instruierender und helfender Art Lernmaterialien unterschiedliche Funktionen wahrnehmen: sie instruieren ebenfalls, und zwar auf vom Lehrer abweichende Art (ungeachtet dessen kann der Lehrer für seine Instruktion natürlich ebenfalls noch Demonstrationsmittel benutzen), sie geben Lernhilfen im Sinne der Erklärung und vereinfachenden Erläuterung, sie führen zu einer früheren Lernphase zurück, um Verständnisschwierigkeiten durch Wiederholung zu beseitigen, sie übernehmen die Unterrichtung für spezielle Fälle ganz, sie übernehmen die Steuerung des Unterrichts, um den Lehrer für individuelle Beratung freizumachen, sie übernehmen die Lernerfolgskontrolle.

PREIBUSCH hat beispielhaft entwickelt, wie bei solch einer Unterrichtsstruktur auch auf Schüler reagiert werden könnte, die an einer speziellen Leistungsinsuffizienz leiden (PREIBUSCH 1969). Wenn sich bei der Durcharbeitung einer Unterrichtseinheit zeigt, dass eine Gruppe von Schülern an einem Punkt nicht weiterkommt, die Schwierigkeit aber überwinden müsste, wenn anders sie zu einer Quelle sich kumulierender Misserfolge würde, dann müsste der Lehrer auf ein standardisiertes Verfahren zurückgreifen können, um dieser Schülergruppe die Überwindung der Problemstelle möglich zu machen.

PREIBUSCHS Beispiel: Innerhalb einer Unterrichtseinheit, in der die aktive Verwendung von „to get“ und „to become“ gelernt werden soll, haben Schüler Schwierigkeiten, da bei ihnen eine große Affinität von „to become“ zu dem deutschen Wort „bekommen“ zutage tritt. Mit einem Sondierungstest, der diese Schüler ausfindig macht, und mit einem materialisierten Lehrgang, der eine mehrdimensionale Anpassung an Lernbedingungen und -möglichkeiten der Schüler erlaubt, wird die Lernschwierigkeit auszuräumen versucht.

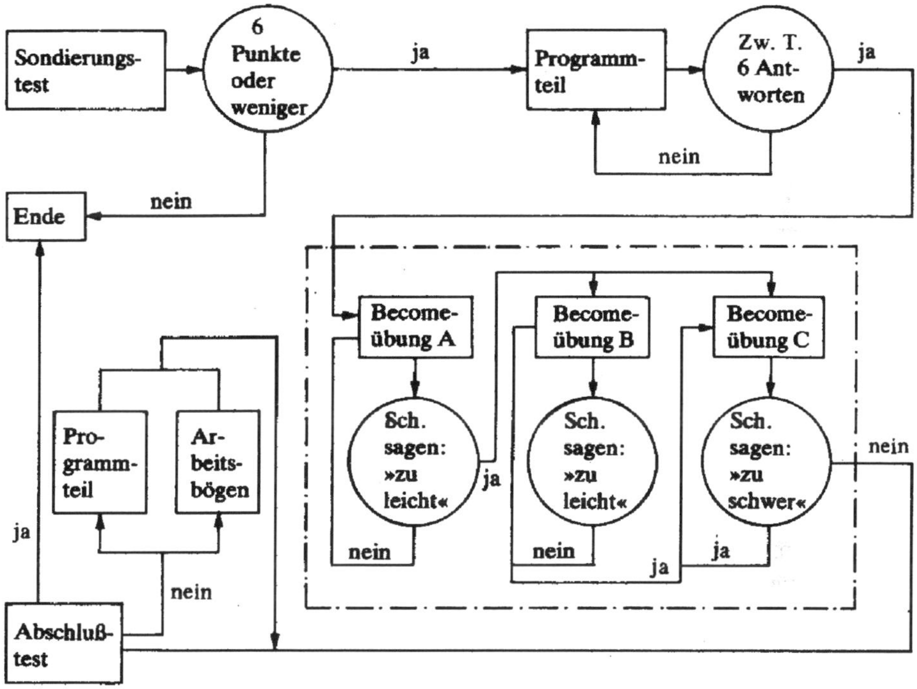

Die Übersicht, nach dem Entwurf PREIBUSCHS erstellt, aber doch leicht verändert, soll zeigen, in welcher Weise Lernmaterialien konstruiert sein können, um spezifische Schwierigkeiten beheben *zu* helfen. Der Sondierungstest hilft, den Kreis von Schülern genauer *zu* bestimmen, den der Lehrer hinsichtlich eines Lernprogramms aufgrund von Vermutungen und Beobachtungen nur unscharf im Blick hat. Ein Programmteil erlaubt die erneute Instruktion über den Sachverhalt bei gleichzeitiger Abkoppelung der Gruppe vom Unterricht der Groß- und Mittelgruppe. Eine Lernerfolgskontrolle wird zeigen, ob man weitergehen kann oder nochmals wiederholen muss. „Become“-Übungen unterschiedlicher Schwierigkeit werden dann angeboten. Übung A machen alle, dann wird man sehen, ob man sie wiederholt, zu B übergeht oder gleich C versucht. Hat man sich verschätzt, korrigiert man die Wahl der Übungsangebote. Der Abschlusstest soll die Behebung der Leistungsinsuffizienz nachweisen. Tut er es noch nicht, lassen sich abermals Programmteile/Arbeitsbögen einsetzen, die – methodisch variiert bzw. elementarisiert im Vergleich zu den vorausgegangenen Übungen – auf eine andere Weise das Lernziel ansteuern helfen.

3.4 Unterrichtsstruktur „Selbstorganisation des Lernens mit Hilfe eines Medienverbundes"

Die Bereitstellung von Lernmaterialien zur Organisation längerfristiger und problemorientierter Lernprozesse im vorgegebenen inhaltlichen Rahmen durch Schüler hat in Deutschland noch keine lange Tradition. Das *Funkkolleg Erziehungswissenschaft* kann als Beispiel solch einer Unterrichtsstruktur genommen werden (REBEL 1970). Folgende Phasen und Lernmaterialien sind die Konstruktionselemente:

1. *Phase:* Vor-orientierende Arbeit mit Hilfe eines *Studien-Begleitbriefes:* Vorbereitung auf das Abhören der Hörfunksendung: Überblick über Ziele und Inhalte, Einlesen in *zu* erwartende Probleme und Fachausdrücke. Individuelles Lernen.
2. *Phase:* Abhören der *Hörfunksendung – Vermittlung* grundlegender Informationen, deren Gedankengang mit Hilfe der Gliederung der Sendung, die im Studien-Begleitbrief abgedruckt ist, überschaut werden kann, Individuelles Lernen.
3. *Phase: Arbeit* mit dem *Studien-Begleitbrief.* Die im Studien-Begleitbrief gegebenen Informationen werden zusammen mit den Informationen der Hörfunksendung gründlich verarbeitet. Individuelles Lernen.
4. *Phase:* Arbeit im *Studien-Begleitzirkel.* In regional zusammengestellten Kleingruppen werden die erarbeiteten Informationen diskutiert, kritisch besprochen. Rückfragen, Klärungen, Stellungnahmen sind im Kontakt mit anderen Lernern und einem Leiter unmittelbar vorzunehmen. Das Kommunikations- und Kontaktbedürfnis der Lernenden kann befriedigt werden. Sozialphase des Lernens.
5. *und 6. Phase:* Hausarbeiten und *Zertifikatsprüfungen.* Hinweise für das Lesen bestimmter Bücher, weiterführender Texte und Aufgaben zum Selbsttesten in den *Studien-Begleitbriefen* ermöglichen Hausarbeiten. Individuelles Lernen.

Objektivierte schriftliche Massenprüfungen (Klausuren) bilden den letzten Schritt zur Erlangung der die erfolgreiche Teilnahme bescheinigenden Zertifikate.

Das Lernmaterial „Studien-Begleitbrief" nimmt eine zentrale Stellung ein. Es ist daher interessant, nach seinen Konstruktionsmerkmalen zu fragen:

- Gliederung der Hörfunksendung
- Information, dargestellt in übersichtlich angeordneten Texten, Bildern und Grafiken
- Hilfen zum Selbststudium durch Lösungshinweise für Aufgaben, Erläuterungen zum Verständnis der Tabellen
- Marginalien an dem besonders breiten Rand, die dem Leser den Stellenwert einer Textstelle innerhalb des Gesamtzusammenhanges deutlich machen (z.B. „Ausgangslage", „Zusammenfassung")
- Aufgaben zur Selbstkontrolle mit kommentierten Lösungen im Anhang
- ein Glossar im Anhang zum Nachschlagen wichtiger Begriffe
- bibliographische Hinweise über grundlegende und weiterführende Literatur
- Anregungen für die Arbeit in den Studien-Begleitzirkeln.

Diese Konstruktionselemente sollen in dem Studien-Begleitbrief folgende Funktionen möglich machen:

- als gedrucktes Massenmedium mit Texten und Bildern bietet der Studien-Begleitbrief visuell ein inhaltlich und typografisch hochorganisiertes Lehrmaterial mit Hilfen und Kontrollen zum Selbststudium dar;
- er ist Hauptträger des individuellen Lernens;
- er soll auf ein besseres Verstehen der Hörfunksendungen vorbereiten, die Nacharbeit erleichtern, Wiederholungsmöglichkeiten schaffen;
- er bietet eine Studienmöglichkeit in beliebiger zeitlicher Verfügbarkeit und entlastet vom Mitschreiben während der Hörfunksendung;
- er soll zur Diskussion in den Studien-Begleitzirkeln anregen und zum selbständigen Weiterstudium verhelfen (HOFFBAUER 1972).

Das Lernmaterial „Studien-Begleitbrief" stellt sich als ein Beispiel für multifunktionale Lernmaterialien dar. Die Funktionshäufung kann die Verwendung durch das lernende Individuum erschweren, wenn nicht eine klar durchschaubare didaktische Struktur und eine typografisch einfallsreiche Gestaltung den Einsatz für bestimmte Lernzwecke erleichtern. Was den Medienverbund als Angebot für selbstorganisiertes Lernen anbetrifft, so kann man folgendes sagen:

- Die Voraussetzungen für einen erfolgreichen Umgang mit dem Medienverbund sind erheblich: Motivation, Ausdauer und Techniken für individuelles Lernen müssen gegeben sein, wenn nicht schnelle Resignation auftreten soll.
- Phasen sozialen Lernens, der Kommunikation und Kooperation mit anderen also, sind selten, was die genannten Voraussetzungen noch dringlicher macht.
- Auf der anderen Seite ist trotz eines vorgegebenen und vom Lernenden nicht veränderbaren Programms der Spielraum für den einzelnen bezüglich seiner Schwerpunktsetzungen, seiner weiterführenden Lektüre, seines Umgangs mit den Kontrollmöglichkeiten und der Arbeit mit der Hörfunksendung (wenn sie auf Tonband übernommen wird) erheblich. Ermöglicht wird eine individuelle

Gestaltung des Lernens hinsichtlich des Lerntempos, der Materialienverwendung und auch der endgültigen Zielsetzung. Bei verstärktem Einbau von Kleingruppenarbeit ließe sich der *kritische* Umgang mit den Lernmaterialien sicher forcieren.

3.5 Die Problemlage – eine Zusammenfassung

Die vorstehenden Ausführungen können deutlich machen:

- In dem scheinbar simplen Sachverhalt von Verlaufsstrukturen (Artikulationsformen) spiegeln sich erkenntnistheoretische, lernpsychologische, didaktische und pädagogische Grundprobleme, die sich in den Fragen nach
  der Aneignung von Welt
  der Qualität von Lernchancen
  der kommunikativen Qualität von Unterricht
  der Unterrichtskonzeptionierung
  konkretisieren lassen.
- Bei einigen Autoren von Artikulationsformen wird der Sachverhalt in dieser Dimensionierung nicht gesehen. Zusätzlich kann das Problem entstehen, dass Artikulationsformen idealtypisch für geplantes Lernen (Unterricht) generell stehen sollen und dann eine unzulässige Verallgemeinerung vorgenommen wird.
- Die Mehrheit vorhandener Artikulationsmodelle ist an einer Auffassung von Unterricht orientiert, die einen Wissenden (Lehrer) auf der einen und viele Nichtwissende (Schüler) auf der anderen Seite sieht und deshalb das Monopol der Zielfestlegung, der Inhaltsauswahl und der Verlaufsplanung dem Lehrer gibt. Man findet bis heute wenige Artikulationsformen für selbstständiges bzw. schülerorientiertes Lernen oder für unstete, nichtgeplante, spontane, kreative Lernprozesse.
- Die Vielzahl von am Unterrichtsprozess beteiligten Variablen wird in der Regel in den Artikulationsformen nicht berücksichtigt, so dass eine verkürzte Betrachtung von Verlaufsstrukturen entsteht.
- Der Abschnitt über „differentielle Unterrichtsstrategien" (s. S. 72ff.) kann deutlich machen, welche Vielfalt bei einer weiteren Entwicklung von Artikulationsformen denkbar ist (– so wäre z. B. allein das programmierte Lernen in vielen Varianten zu beschreiben). Allerdings könnte sich dabei ergeben, dass Artikulationsformen des Unterrichts sich stärker von denen des individuellen Lernens zu unterscheiden begännen, dass z.B. die gemeinsame Planung, Durchführung und Bewertung eines Projektes eine Sache sind, während der individuelle »Zugewinn« von Einsichten, Wissen, Fertigkeiten etwas ganz anderes wäre, sich auch in anderen Artikulationsformen niederschlagen würde.

- Dies führt zu dem weiteren Hinweis, dass ein Zusammenhang zwischen den Rahmenbedingungen (Ort, Zeit, Material) und den Artikulationsformen besteht. Die größere Zahl referierter Artikulationsformen ist auf die einzelne Unterrichtsstunde/-einheit abgestellt.
- Die beiden angezeigten Richtungen der künftigen Entwicklung werden zudem die Strukturen von Lerngegenständen und/oder die „Subjektlage" stärker zu beachten haben. Daher erscheint die Entwicklung als unabgeschlossen.

3.6 Grundformen unterrichtlicher Aufgaben, unter besonderer Berücksichtigung des Anwendens, Gestaltens und Umsetzens

3.6.1 Vorbemerkung

Es kann auch ohne die Befunde der Lernpsychologie keinen Zweifel darüber geben, dass die Natur der Aufgabe im Unterricht für das Lernen von großer Bedeutung ist. Das Problem für den Schulpädagogen ist, dass es bis heute kaum eine Darstellung gibt, die die Vielfalt möglicher unterrichtlicher Aufgaben erfasst, ordnet und mit Beispielen darstellt. Neben der fehlenden Einheitlichkeit in der Begriffsbildung und im Verständnis bestehender schulpädagogischer Begriffe sowie einer noch nicht in der Breite entwickelten Unterrichtsforschung fällt vor allem immer wieder negativ auf, dass die Praxis, so wie sie in Jahrhunderten Wirklichkeit geworden ist, nicht einmal im Sinne einer sauberen Bestandsaufnahme festgehalten worden ist. Die bekannten Unterrichtslehren erfassen in mehr oder minder großer Einheitlichkeit ein grobes Begriffsgerüst und vernachlässigen es – teils völlig, teils weniger stark –, die Prozesshaftigkeit des Unterrichts, die Vielfalt unterrichtlichen Geschehens, die Feinstruktur des Unterrichts darzustellen. Über Unterrichtsprinzipien, Unterrichtsformen findet sich überall etwas, über die Wege der Auseinandersetzung mit den Unterrichtsgegenständen schon wesentlich weniger, über Fragen der Motivation, über einfallsreiches Üben und Wiederholen wenig. Im folgenden sollen in Übersicht und Beispiel Grundformen unterrichtlicher Aufgaben aufgeführt werden, die bei entsprechender Realisierung den Unterricht interessanter und produktiver gestalten können, in Planung und Organisation für den Lehrer allerdings ein Mehr an Arbeit bringen.

3.6.2 Übersicht über Grundformen unterrichtlicher Aufgaben

Das Kennenlernen

Ansehen	Erkunden, Erforschen
Anhören	Sammeln
Angreifen	Erarbeiten
usw.	Mitmachen
	(singen, spielen, arbeiten usw.)

Die Auseinandersetzung um Einsichten zu gewinnen (erkennen, erörtern) um Stellungnahmen zu erlangen (verstehen, erwägen) um nachzuvollziehen (erproben, versuchen) Anwenden Vergleichen Parallele suchen Gegenbeispiel suchen Ergänzen Schließen Transponieren Gliedern Strukturieren	selbstständiges Finden (Lücken schließen, Probleme lösen, Fragen beantworten) Nacherfinden Nachentdecken Nachschaffen Nachmachen
Das Einprägen und Üben um zu behalten (Wissen) um zu vollziehen (Fertigkeiten, Techniken)	Anwenden Vergleichen Parallele suchen Gegenbeispiel suchen Ergänzen Schließen Transponieren Gliedern Strukturieren
Das Anwenden, Gestalten und Umsetzen um Wissen zu gebrauchen um Fertigkeiten auszuüben um Prozesse und Werke zu schaffen	mündlich schriftlich zeichnerisch Vorhaben Szenengestaltung Ausstellungen Reportagen Protokolle Bilddarstellung Unterrichten Modellbau Hörspiele Arbeitsmappen

Ziel im Unterricht ist immer, die Lernprozesse der Schüler in Gang zu bringen. Unterricht ist nicht ein Geschehen um seiner selbst willen. Lernen heißt aktiv sein. Es geht also im wesentlichen darum, die Schüler in Aktivität zu bringen. Damit ist unser Unterricht schon in bestimmter Weise charakterisiert.

Oft genug hat man gemeint, es ginge um die Darstellung eines bestimmten Wissenskanons durch den Lehrer, der dann die Übernahme dieses überwiegend verbal vermittelten Wissens durch die Schüler zu folgen hätte. Zielt aber Unterricht auf Wissen über etwas, dann geht es ihm nicht um die Gegenstände selbst (die verschiedenster Struktur und unterschiedlichster Art sein können). Damit sind die Chancen einer produktiven Auseinandersetzung von vornherein eingeschränkt, denn tradiertes Wissen ist auf dem Wege des Einprägens zu übernehmen.

Moderner Unterricht will

1. die Auseinandersetzung mit den Gegenständen selbst ermöglichen (nicht nur ein Wissen über sie vermitteln);
2. die Schüler auf den Wegen des eigenschöpferischen Tuns, des produktiven Denkens und des selbständigen Handelns zu eben dieser Auseinandersetzung bringen.

3.6.3 Beispiele für die Aufgabengruppen des Anwendens, Gestaltens, d.h. des Umsetzens

Da letztlich der geistigen Arbeit das Bemühen gelten muss – wir können sie von manuellem Tun anregen, begleiten oder führen lassen, mehr aber nicht –, müssen wir diejenigen Aufgaben besonders beachten, die die geistige Arbeit anregen können.

Der didaktische Wert der *Umsetzung* liegt darin, dass ein operatives Umgehen mit Sachverhalten verlangt wird. Nachdem durch den Unterricht eine Ebene erreicht worden ist, auf der ein gewisses Können und Wissen zur Verfügung steht, wird nun verlangt, mit diesem umzugehen, zu arbeiten. Der Begriff des operativen Umgehens mit Wissen und Können passt vielleicht am besten hierher. Man sollte also im Unterricht ein *operatives, d.h. handelndes Umgehen* verlangen. Im Wesen des Handelns liegt es, dass nicht nur mechanisches Wiederholen oder Nachmachen gemeint ist, sondern häufig ein schöpferisches Tun.

Nach dem Versuch, das Wesen der Umsetzung zu skizzieren, müssen nun die technischen Aspekte erläutert werden. Welche *Möglichkeiten der Umsetzung* gibt es im Sinne einer nützlichen und sinnvollen Verwendung in der Schule?

3. Die Umsetzung eines Angeschauten, Erfahrenen, Erlebten in die mündliche sprachliche Wiedergabe ist zuerst zu nennen. Gelingt sie, ist oft der Beweis für ein Verstehen, mindestens für ein Erfassen erbracht. Nun können Unterrichtssituationen, in denen der Schüler schon erwartet, dass er referieren muss, fade sein („Wir haben uns das nun angesehen. Erzählt das noch einmal!"). Deshalb sollte man, wenn es möglich ist, technische Medien zu Hilfe

nehmen. Das Tonbandgerät ist von großer Wichtigkeit. Schüler arbeiten gern mit ihm („Man kann seine eigene Stimme dabei hören!"). Reportagen, Vorträge, kleine Hörspiele, ein Feature sind Formen, die die Umsetzung in die Sprache zur Freude werden lassen. Deshalb sollte man sie nutzen.

4. Die Umsetzung in die schriftliche Wiedergabe ist eine Variante der ersten Möglichkeit. Dabei muss gesagt werden, dass die Fixierung des gesprochenen Wortes im Schriftlichen keine eigentliche Umsetzung ist, da die Form schon gefunden ist und es nun nur noch um ein Aufschreiben geht. Natürlich aber gibt es im schriftsprachlichen Bereich echte Umsetzungsmöglichkeiten – etwa wenn ein Sachverhalt erst im Stichwortprotokoll und dann im sauberen Sachbericht aufgeschrieben werden soll.
5. Die Umsetzung in die Zeichnung ist eine weitere Möglichkeit. Ausgangspunkt können wie in den meisten Fällen verschiedene Grundlagen sein: die Anschauung eines tatsächlich-existierenden Gegenstandes oder Vorganges oder die sprachliche Beschreibung in beiden Varianten. Auf alle Fälle aber muss ein nicht unbeträchtliches Maß an Abstraktionsvermögen und natürlich auch technisches Können zum Gelingen dieser Umsetzung vorhanden sein.
6. Die Umsetzung in die Ersatzwirklichkeit, in das Modell aus verschiedenstem Material, öffnet ein weiteres Feld und ist oft leichter zu bewerkstelligen, als man befürchtet.
7. Die Umsetzung in die Fotografie oder in den Film ist möglich. Es taucht hier die Frage auf, ob die geistigen Energien der Schüler wirklich für die Umsetzungsarbeit frei sind oder ob sie in nicht unerheblichem Maße von der Technik des Mediums aufgezehrt werden. Bestehen hier ungesunde Relationen, so handelt es sich nicht mehr um Umsetzungsarbeiten, sondern um Fotografier – oder Filmstudien und -übungen. Das heißt, dass eine zu benutzende Technik geläufig sein muss, um dienstbar gemacht zu werden und nicht selbst Dienste zu verlangen. Sind die technischen Voraussetzungen aber erfüllt, so kann die Umsetzungsarbeit sehr reizvoll sein, und in der Suche nach der echten Einstellung, dem rechten Blick klärt sich die Sache selbst immer noch weiter. Sachgerechtes Fotografieren verlangt Sachbeherrschung, Das macht den Bildungswert dieser Umsetzungsmöglichkeit aus.
8. Die Umsetzung in die Wirklichkeit schließt den Kreis der Möglichkeiten. Wenn im Schulgarten nach Anweisungen der Gärtner Blumen gezüchtet werden, wenn der Ertrag verschiedener Getreidearten durch tatsächlichen Anbau geprüft oder ein kleiner Wirtschaftsgarten angelegt werden soll, dann wird so die mündliche oder schriftliche Wissensvermittlung in die Praxis, in die Wirklichkeit umgesetzt. Der zeitlichen Begrenzung und der anderen Aufgaben wegen ist diese Umsetzungsarbeit in der Schule leider begrenzt, obwohl sie eine der fruchtbarsten ist.

Skizzieren wir noch einmal genau die Situation, in der Umsetzungen sinnvoll für den Lernprozess werden:

Ein bestimmtes Wissen oder Können ist erreicht worden. Die Schüler werden beauftragt, dieses Wissen oder Können selbständig in ein anderes Darstellungsmedium umzusetzen. Dafür müssen Techniken und Materialien (die Techniken des sprachlichen Formulierens, des Zeichnens, des Plastilierens usw., Materialien wie Papier, Sand, Pappmaché oder Filme usw.) bereitstehen. In Gruppen-, Partner- oder Alleinarbeit werden die Umsetzungsarbeiten ausgeführt. Abschreiben und Abzeichnen gelten in dem hier skizzierten Sinn nicht als produktive Formen der Umsetzung, obwohl sie für schwachbegabte Kinder eine adäquate Aufgabe sein können. Die Unterrichtsgegenstände zeigen sich nach den Umsetzungen in einem anderen Medium, in neuer Gruppierung und unter anderem Aspekt. Das bedeutet für den Lernprozess eine Aktualisierung der Lernergebnisse.

3.7 Versuch einer Systematik für den übenden und wiederholenden Unterricht

Die entscheidende Vorarbeit leistet der erarbeitende, Neues einführende und bekannt machende Unterricht.

Das *Einüben* (von seelisch-geistig-körperlichen Fertigkeiten und Verhaltensweisen) und das *Einprägen* (von Kenntnissen und Einsichten) sind sodann die beiden im Mittelpunkt stehenden Tätigkeiten. Sie sind die Grundlage allen übenden und wiederholenden Unterrichts. Ohne sie wären alle weiteren Möglichkeiten Illusion.

Die *Wiederholung* ist das Mittel des Einübens und Einprägens, um zu einem Erfolg zu kommen. Man kann unterscheiden:

- Die unmittelbare Wiederholung: Nach jedem Unterrichtsabschnitt wird sofort wiederholt.
- Periodische Wiederholungen: Sie werden von Zeit zu Zeit planmäßig angesetzt.
- Der Erstwiederholung nach der Behandlung eines Unterrichtsgegenstandes kommt besondere Bedeutung zu.
- Gelegentliche Wiederholungen: Sie ergeben sich, wenn die Gelegenheit günstig ist.
- Immanente Wiederholungen: In allem Unterricht sind ständig Wiederholungen, beispielsweise der grundlegenden Fertigkeiten und Kenntnisse, der Grundbegriffe, Grundgesetze, Hauptfragen und -verfahren, enthalten. Wir nennen sie immanente Wiederholungen. Es gibt Weisen der Unterrichtsgestaltung, die in besonderem Maße durch immanente Wiederholung gekennzeichnet sind. Sie bemühen sich also von vornherein, das Einprägen und Einüben im Unterricht zwischendurch »mitlaufen« zu lassen zum Zwecke eines umfassenden und festverankerten Lernbesitzes. Die Unterrichtsgestaltung Gustav ROSES kann hierfür als Modellbeispiel dienen (ROSE 1953). Der Anfangsunterricht und seine spezifische Gestaltung wären hier ebenfalls aufzuführen.

Die sogenannten kombinierenden Wiederholungen sind eine Sonderform des immanenten Wiederholens: In fächerübergreifenden Wiederholungen wird Mehreres wiederholt, z.B. im Sachunterricht neben den speziellen Unterrichtsgegenständen Rechtschreibung, Sprachlehre und Stilistik. Die auswählende Betrachtung in Längs- und Querschnitten, z.B. im Geschichtsunterricht, ist eine andere Variante. Die Hausaufgaben können in der Mehrzahl der Fälle ebenfalls eine Art immanente Wiederholung sein (um Rechnen, Schreiben, Lesen geht es meistens), obwohl sie andere Funktionen haben können.

Drei Stufen lassen sich unterscheiden, wenn man *die Ziele von Übung und Wiederholung* ins Auge fasst:

- Einüben und Einprägen sollen zuerst einmal zu einem Festhalten des Aufgenommenen, des Kennengelernten, des Verstandenen führen.
- Dann geht es um das Geläufigmachen des Eingeübten und um das Zur-Verfügung-Stellen des Eingeprägten. Die Bereiche der Anwendung und Gestaltung kommen hier am fruchtbarsten zum Tragen. Für den Bereich der Gestaltung können wir zwei Teilgruppen konstatieren:
  (a) die Ausdrucksgestaltung: Mündlich, schriftlich, zeichnerisch, modellierend oder rhythmisch, melodisch, szenisch kann etwas gestaltet werden.
  (b) die Werkgestaltung: Hier wird an die Stelle des persönlichen Ausdrucks das objektiv möglichst „stimmende“ Werk gesetzt. Beispiele: Modelle, Gegenstände, Ausstellungen, Elternabende, Schulspiele, Hörspiele, Mappen, Schulzeitung, Bilder, Landkarte usw.

Die *Anwendung* hat RÖSNER ([2]1955) als die Einübung einer bestimmten Reaktion unter stets veränderten Bedingungen mit dem Ziel der Bewältigung wechselnder gleichartiger Zusammenhänge bezeichnet. Hier finden wir zwei Verwirklichungsformen:

(a) Neue Situationen, Aufgaben, Sachbereiche stellen wir den Kindern bereit, um die Anwendung von Gesetzen, Regeln, Fertigkeiten, Techniken, also kurz: Können und Wissen, zu fordern;

(b) Aufgaben der Umsetzung verlangen ein operatives Umgehen mit Gelerntem. Etwas Angeschautes wird im Medium der Sprache wiedergegeben (mündlich oder schriftlich), etwas Gehörtes ist in eine Zeichnung umzusetzen, etwas Gezeichnetes soll sich im Aufbau eines Modells, eines Gerätes oder einer Apparatur realisieren (z.B. Physikversuch) usw.

Das Grundelement dieser skizzierten Möglichkeiten ist *der Umgang mit etwas.* In diesem Umgang, dessen Bedeutung für den erzieherischen Bereich beispielsweise GABELE (1962) beschrieben hat, verwirklicht sich das Haben einer Technik oder eines Wissens.

Die Doppelpoligkeit von innerer Aneignung und äußerer Verfügbarmachung, in der sich das Gesamt des Lernvorgangs vervollständigen kann, ergibt sich oft erst im *Ausüben.* Hier muss der Unterricht über die lebensfernen Formen der Schulübung hinaus zur Gestaltung von echten schulischen und außerschulischen Bedarfssituationen gelangen. Nach der Einsicht und der Fertigkeit ist nun das Handeln bedeutsam und notwendig. Es entsteht dabei ein anderer, neuer Bezug zu dem betreffenden Lerngegenstand (Beispiel: Der Schülerlotse bekommt ein anderes Verhältnis zum Verkehrsgeschehen als der nur unterrichtete Schüler!).

Es ist ein Charakteristikum des Übens und des Wiederholens, dass wir als Lehrer ihnen gegenüber zwei Aufgaben zu erfüllen haben: Wir haben den übenden und wiederholenden Unterricht zu arrangieren bzw. zu organisieren und durchzuführen in einer den Übungsgesetzen und -hilfen möglichst entsprechenden, fruchtbaren Weise.

Das Üben und Einprägen muss selbst Lehrgegenstand sein, um den Kindern rechte Techniken des Einübens und Einprägens vermitteln zu können.

Besondere in Schulleben und Unterricht eingebürgerte oder den Unterricht begleitende *Hilfen* (z.B. das tägliche Unterrichtsprotokoll, das Jahrbuch, die Kinder- oder Schulzeitung, das Dauertagebuch, das Stundenprotokoll für die Protokollwand usw.) können jedem Unterricht wirksam bei seiner Erfolgssicherung helfen.

Das Grundgesetz allen befestigenden, erfolgssichernden Unterrichts scheint das zu sein: Geht es im Unterricht vornehmlich um die Förderung von Verhaltensweisen, Fähigkeiten und Fertigkeiten (man könnte sagen: um formale Unterrichtsziele), so muss die Unterrichtsgestaltung darauf abzielen, durch die Vielfalt des Inhaltlichen zum Ziel zu kommen. Geht es im Unterricht vornehmlich um die Sicherung und Verfügbarmachung von Wissen (also um materiale Unterrichtsziele), so kommt es vor allem darauf an, durch Abwechslung und Vielfalt der Übungsformen zum Ziele zu kommen.

In Kurzform: *Wissen ist im Handeln, im Tun, im Anwenden, im Gestalten, im Gebrauchen zu sichern. Verhaltensweisen, Fähigkeiten, Fertigkeiten und Techniken sind in fordernden Situationen und an Materialien am besten zu üben und zu befestigen.*

In diesem gegenseitigen Sich-bedingen, Sich-fördern und Sich-ergänzen kann sich am besten Bildung ereignen.

Diese Systematik ist als ein Netz zu verstehen, das den Komplex „erfolgssichernder Unterricht“ überdecken soll. Für die Schulpraxis ist es notwendig, dass diese Systematik von einer großen Sammlung von Übungsmöglichkeiten begleitet wird. Den Anfang einer solchen Sammlung zu geben, habe ich früher versucht. Es ist bei ihr so, wie es HEIMANN (1962) einmal ausgedrückt hat, dass nämlich ein konstruktives Denken mit dem Erfolg unerhörten Formenreichtums möglich ist.

3.8 Verlaufsstrukturen

Angesichts der Bedeutung des übenden und wiederholenden Unterrichts kommt es darauf an, eine Methodik dieses Unterrichts(teils) zu entwickeln.

3.8.1 Eine Verlaufsstruktur, die eine dauerhafte Erfolgssicherung begünstigt

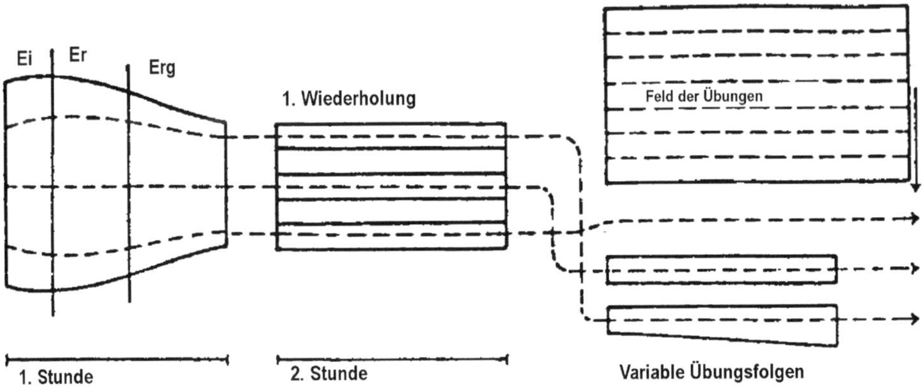

In Anlehnung an frühere Ausführungen wird die Verlaufsstruktur eines Unterrichts, der auf abgeschlossene Lernprozesse zielt, wie in der Skizze verdeutlicht, beschrieben. Der Ersterarbeitung wird danach besondere Bedeutung beigemessen. Diese kann durch variable Einstiege (Ei), gründliche Erarbeitung (Er) und erste Ergebnissicherung (Erg) gestaltet werden. Dem lernpsychologischen Grundsatz folgend, dass die erste Wiederholung recht bald angesetzt und in besonderer Weise gestaltet sein sollte, wird diese entsprechend durchgeführt, ehe dann aus der großen Zahl möglicher Übungen eine bestimmte Gruppe herausgegriffen wird, um mittelfristig (über mehrere Tage hinweg) und längerfristig (über Wochen hinweg) Wiederholungen und Übungen anzusetzen.

3.8.2 Feinstrukturen, die eine dauerhafte Erfolgschance begünstigen

Für die Unterrichtsfächer, in denen Fertigkeiten, gedankliche Operationen durch Wiederholung zum Lernbesitz werden, wird jeder Lehrer eine Fülle von Übungsmöglichkeiten bereithalten. Dies gilt in besonderem Maße auch für den Mathematikunterricht; Arbeitsbücher enthalten neben Einführungen und Regeln vor allem Übungsangebote. Für erfolgssichernden Unterricht ist entscheidend, wie solch ein Übungsreservoir zum Einsatz kommt.

(a) Die zufällige und unregelmäßige Ansetzung von Übungen: Nach der Erarbeitung einer mathematischen Operation folgen unregelmäßig Übungen, bis eines Tages eine Arbeit geschrieben wird und dann das Thema erledigt ist. Die Hausaufgaben, zehnminütige Übungen zu Beginn der Mathematikstunden, eine

gezielte Übungsstunde vor der Arbeit – das sind möglicherweise die konkreten Gelegenheiten für diese Art des Übens.

(b) Die lose, aber geordnete Reihung von Übungen: Bei der Planung einer Unterrichtseinheit wird nicht nur die Erarbeitung bedacht. Von vornherein baut der Lehrer nach bestimmten Ordnungsgesichtspunkten (z. B. „Vom Einfachen zum Schwierigen“, „Vom Anschaulichen zum Abstrakten“) Übungsreihen auf, die weit über die eigentliche Unterrichtseinheit hinausreichen, z. B. werden Übungen und Wiederholungen für den Zeitraum eines Schulhalbjahres vorgesehen. Solch eine Perspektivplanung, die konkrete Termine für vorgesehene Übungen festlegen müsste, könnte sich verbinden mit einer Entzerrung der Lernanforderungen.

Wenn es z. B. um die schriftliche Multiplikation geht, wären in der Erarbeitungsphase das Verfahren und der diesem zugrundeliegende Sinn zu vermitteln. In einer ersten dichteren Phase des Übens kämen Aufgaben bis zu der Schwierigkeitsstufe 6487 x 301 exemplarisch dran, ehe eine Reihe von Übungen, die zeitlich größere Abstände zwischen den einzelnen Übungen lässt, die unterschiedlichen Schwierigkeitsgrade nach und nach zur abermaligen Bearbeitung bringt. Verständnisschwierigkeiten in der Erarbeitungs- oder in der ersten Übungsphase, Fehlen wegen Krankheit u. a. in. könnten bei solch einer Planung immer bereinigt werden. Nach dem zeitweiligen Liegenlassen von Lernaufgaben werden nicht wenige Schüler mit einem neuen Ansatz, mit neuem Mut, auch mit besserem Verständnis an Übungen herangehen. Die Wirkung des sogenannten Lernplateaus könnte sich ergeben.

(c) Die strukturierte Reihung von Übungen: Gerade im Mathematikunterricht finden sich Lernangebote, die eine strukturierte Reihung von Übungen darstellen. Damit ist eine aus der Erweiterung des Unterrichtsgegenstandes resultierende reihende Strukturierung gemeint.

Als Beispiel kann die operative Methode genannt werden: Kinder bauen einen Vierer auf, sie halbieren eine Kette mit sechs Kugelperlen. Zunächst ist dies ein einfaches Tun. Danach muss das Tun auf den Begriff gebracht werden. Die Versprachlichung soll Denkprozesse initiieren. Danach sollen die Kinder weitere Operationen erkennen und finden: Eine Reihe von acht Perlen kann in Zweier-, aber auch in Vierergruppen aufgegliedert werden, Dabei lassen sich bestimmte Regeln erkennen. Schließlich wird die konkrete Operation zugunsten der rein gedanklichen, die mit Hilfe der Symbolsprache dokumentiert werden kann, zurückgenommen.

Das Beispiel zeigt, wie die Lernstruktur, abgestimmt auf die Möglichkeiten der Kinder, die Reihe der Übungen und damit den Lernzuwachs bestimmt.

3.9 Gestaltete Wiederholungs-Unterrichtseinheiten

Zu Überlegungen über die Gestaltung des übenden und wiederholenden Unterrichts gehört die Auseinandersetzung mit der Frage: Genügen unmittelbare, periodische, gelegentliche Wiederholungen, einzeln oder in bestimmten Reihen oder in Gruppen angesetzte Übungen; sind darüber hinaus geschlossene Wiederholungs-Unterrichtseinheiten notwendig, um uns wesentlich erscheinendes Können und Wissen besonders zu festigen und zu sichern?

SCHARRELMANN (1937) hat einmal in folgender Aufstellung die Übungsformen der alten Lernschule denen der Arbeitsschule gegenübergestellt:

– *Übungsformen der Lernschule:*

1. das Abfragen einzelner Sätze, das Nacherzählen
2. das Nachsprechen des vom Lehrer Gesagten
3. die zusammenhängende Wiederholung des in der letzten Stunde Behandelten
4. die Zusammenfassung des Gelernten am Schluss der Stunde
5. die Übung von Fertigkeiten (Schreiben, Lesen, Zeichnen, Turnen, Singen)
6. die Anwendung praktischer Regeln
7. die Wiederholungen zu Anfang oder am Ende eines größeren Stoffganzen
8. die gelegentliche Wiederholung, wenn der Lehrer bei der Darstellung neuen Stoffes auf früher Erörtertes zurückgreift.

– *Übungsformen der Arbeitsschule:*

1. allgemeiner Gesichtspunkt: Gelerntes von einem neuen Gesichtspunkt aus so selbständig wie möglich zu gestalten
2. praktische Möglichkeiten:
   a) Es wird altes Wissen neu gruppiert oder übersichtlich geordnet. Derartige Wiederholungen müssen wie neue Darbietungen wirken.
   b) Ausmalung von im Unterricht übersprungenen Situationen; Löcher, die von der Klasse selbständig zu füllen sind. Beispiel beim Märchen „Rotkäppchen“: Was mag das Rotkäppchen dem Jäger zum Schluss erzählt haben?
   c) Das Fortspinnen einer noch unvollständigen Schilderung oder Erzählung. Dabei ist Raum für die Phantasie zu lassen; es wird aber zweckmäßig sein, einige feste Anhaltspunkte zu geben.
   d) Anleitung zu selbständigen Untersuchungen. Weiterforschen der Kinder aufgrund schon gelernter Sachverhalte.
   e) Wachrufen von persönlichen Erinnerungen in Form von mündlichen Berichten, freien Aufsätzen und Zeichnungen.
   f) Erinnerungshefte zur Unterstützung des einfachen Auswendiglernens von Zahlen, Namen, Lehrsätzen usw.

Beim Punkt 2. a) der Übungsformen der Arbeitsschule finden wir einen Anhaltspunkt für die Beantwortung unserer Frage. Da wird gefordert, altes Wissen neu zu gruppieren oder übersichtlich zu ordnen und derartige Wiederholungen wie neue Darbietungen einzurichten. Wie könnte so etwas praktisch aussehen? Wir wollen dazu nachfolgend ein Beispiel skizzieren, zuvor aber noch einige allgemeine Hinweise geben.

Eine kleine Wiederholungs-Unterrichtseinheit im Fach Physik kann auf keinen Fall mit der Frage beginnen: „Was ist eine Sammellinse?" Wir sollten zu der Einsicht kommen, dass eine solche Unterrichtseinheit wohlüberlegt nach denselben Unterrichtsgrundsätzen gestaltet werden muss wie der erarbeitende Unterricht. Neben den erarbeitenden, vermittelnden und den sofort wiederholenden, festigenden Unterricht muss als drittes Glied das produktive Wiederholen treten, wenn Unterricht wirklich auf Dauer erfolgreich sein soll. Gestalteter Unterricht aber ist zugleich geplanter Unterricht. Das heißt, dass bei der Planung einer Unterrichtseinheit immer auch die Zeitpunkte einer Wiederholung im Laufe des Schuljahres fixiert werden sollten. Erst dann ist die Unterrichtseinheit vollständig geplant. Wie die Wiederholung im einzelnen durchgeführt werden soll, kann man später festlegen (Art, Dauer, Form usw.).

Nun aber zu unserem Beispiel!

I. Ausgangslage

In einem 8. Schuljahr (30 Jungen und Mädchen) war in der Zeit nach den großen Ferien das Gebiet der Optik in einigen Ausschnitten behandelt worden. Die Unterrichtseinheit wird vom Materialen her durch folgende Stichwörter in etwa umrissen:

Sammellinse – Brennpunkt, Brennweite – Lochkamera – Fotoapparat, das Fotografieren – Projektor – Episkop – Epidiaskop – Zerstreuungslinse – Hohl- und Wölbspiegel – das menschliche Auge – Weit- und Kurzsichtigkeit – die Lichtbrechung am ebenen Spiegel – die Lichtbrechung bei verschiedenen Glaskörpern: Prisma, Dreieck, Halbrund – Lichtquellen.

Es waren dann andere Themen der Physik in der Behandlung gefolgt. Jetzt war das letzte Vierteljahr des Schuljahres angebrochen, und es wurde eine Wiederholungs-Unterrichtseinheit für das Gebiet „Optik" angesetzt.

II. Die Wiederholungs-Unterrichtseinheit

1. Der Einstieg wurde genauso anschaulich, ansprechend und anregend gestaltet wie bei einer Neubearbeitung. Der Lehrer führte einen zehnminütigen Unterrichtsfilm mit dem Titel „Grundschule des Fotografierens" vor.

   Dieser Film zeigt im Rahmen einer Spielhandlung zwei Jungen, wie sie vom Ausprobieren des Brennglases in der Sonne über das Basteln und Probieren mit der Lochkamera zum richtigen Fotoapparat kommen und mit diesem ihre ersten Erfahrungen machen. Nur dieser erste Teil des im ganzen vierteiligen Films wird gezeigt. Die Vorführung des Films muss für die Kinder natürlich eine Erstbegegnung sein. Ist der Film schon in der Erarbeitung benutzt worden, kann er hier nicht noch einmal eingesetzt werden.

Vor Beginn der Filmvorführung gibt der Lehrer folgenden Auftrag: „Wir sehen uns einen kurzen Film an. Passt bitte auf, welche optischen Geräte in dem Film gezeigt werden!"

Mit dem anschaulichen, eine kleine Spielhandlung zeigenden Film wird jeder Schüler zunächst einmal angeregt, erinnert, auf den Bereich „Optik" eingestellt. Außerdem wird etwas Neues erlebt.

2. Nach einer kurzen Verarbeitungspause stellt der Lehrer die Frage: „Welche uns bekannten optischen Geräte haben wir gesehen?" Im erarbeitenden Gespräch und mit Hilfe von Tafelzeichnungen und Skizzen werden Brennglas, Sammellinse, das Gegenteil: die Zerstreuungslinse, Hohl- und Wölbspiegel, die Lochkamera und der Fotoapparat wiederholend geklärt.

   Der Leser sieht, dass sich der Inhalt der Wiederholung schnell über den Inhalt des Films hinaus ausweiten lässt. Gegenteiliges, Ähnliches, im Zusammenhang Stehendes wird angeschlossen und angesprochen.

   Mit diesem erarbeitenden Gespräch ist die erste Unterrichtsstunde bei weitem gefüllt; sie wird in der Regel schon nicht ausreichen.

3. In jedem Fall wird der Lehrer die Stunde damit abrunden, dass alle optischen Geräte, die in dem gegebenen Zusammenhang des Films angesprochen werden können, an der Tafel festgehalten werden. Sie stehen auch am Beginn der nächsten Stunde der Wiederholungs-Unterrichtseinheit an der Tafel, so dass diese Zusammenstellung als Bindeglied die schnelle Weiterführung der Wiederholung ermöglicht.

4. Dann folgt der nächste anschauliche Impuls: Zwei Jungen werden aufgefordert, vom Vorbereitungsraum nebenan das Episkop hereinzuholen. Anschließend sollen drei Kinder der Klasse dieses Episkop betriebsfertig machen, den Raum zur Vorführung umgestalten und ein Bild an die Leinwand projizieren.

   Es wird von den Kindern also eine Operation verlangt, die früher schon zur Einschulung des Gebrauchs des Episkops gedient hat. Ich wähle hier dieses Beispiel, um zu zeigen, dass sich auch in der Wiederholungs-Unterrichtseinheit der Unterricht nicht auf das Betrachten, Anschauen und mündliche Wiedergeben zu beschränken braucht. Eine Frage der individuellen Unterrichtsgestaltung ist es, inwieweit dieser Gesichtspunkt beispielsweise schon am Anfang berücksichtigt werden könnte.

   Auch die *Ökonomie des Unterrichts* ist zu beachten. Der äußerlichen Operation folgt, wenn das Bild an die Leinwand projiziert ist, die tiefer lotende Frage: „Wie kommt das Zeitungsbild, das waagerecht im Episkop liegt, an die senkrecht hängende Leinwand?" Zur Beantwortung dieser Frage entsteht, von Schülerhand entworfen, Teil für Teil eine Zeichnung, die das Innere des Episkops aufzeigt. Da das erklärende Wort immer dabei ist, wird das Episkop also in aller Ausführlichkeit wiederholt. Im Anschluss daran ist es nur ein kleiner Schritt zum Epidiaskop. Und zum Vergleich wird in der Zeichnung der Diapositiv-Projektor danebengestellt.

Unsere ausführliche Skizzierung der Handlungs- und Darstellungsteile dieser Wiederholungs-Unterrichtseinheit bedeutet keineswegs, dass das Sprachliche hier zu kurz kommt – im Gegenteil! Die anschaulichen Hilfen werden nur gegeben, um die Schüler zur sprachlichen Äußerung zu bewegen. Das zentrale Anliegen ist die mündliche Aussage über die Sachverhalte. Eventuelle schriftlich auszuführende Aufträge kann der Lehrer im Rahmen der Hausaufgaben erteilen.

5. Es wäre verhältnismäßig wertlos, ein Heft für ein Unterrichtsfach nur zu führen zur augenblicklichen Befestigung des Erarbeiteten und zur Erlangung einiger guter Zensuren. Das oft sauber und mit großer Sorgfalt geführte Heft sollte ein *Arbeitsheft* sein. Sein rechter Gebrauch müsste allein schon Gegenstand einer kleinen Abhandlung sein; hier soll nur auf eine Möglichkeit eingegangen werden.

   Bis jetzt sind Einzelthemen der zu wiederholenden Unterrichtseinheit besprochen worden. Die Schüler sind wieder in – oder besser: zwischen – der Materie. Nun aber geht es um einen Gesamtüberblick. Es werden also die Physikhefte herausgeholt, und es wird in aller Ruhe in ihnen geblättert. Man sieht sich gemeinsam an, was man damals alles aufgezeichnet und -geschrieben hat. Man bewundert es, kritisiert es, und über kurz oder lang kommen die Schüler mit den Einzelthemen, die noch nicht angesprochen worden sind. So ergibt sich der gemeinsame Auftrag: wir wollen uns einmal einen Gesamtüberblick verschaffen! An der Tafel wird dieser in Stichworten festgehalten.

6. Danach engt der Lehrer wieder ein: Ihr habt damals so schön das menschliche Auge in seinen Teilen gezeichnet, auch das Auge, das kurz- oder weitsichtig ist. Seht euch das in Ruhe an, schlagt auch im Physikbuch nach!

   Zehn Minuten Stillarbeit also. Danach geht es um die Darstellung an der Tafel. Mehrere Schüler werden zu verschiedenen Tafelskizzen nach vorn gerufen. Mit Zeichnung und Vortrag ist die jeweils gestellte Aufgabe zu erfüllen. Falls Zeit ist und der Lehrer diese Ausführlichkeit beabsichtigt, kann er nach der Tafeldarstellung jeden Schüler bei nun geschlossenen Heften und Büchern auf einen Zettel den Sachverhalt schreiben und zeichnen lassen, um alle zu aktivieren. Damit hat er dann auch gleich eine schriftliche Kurzarbeit.

7. Es kann aus einer Unterrichtseinheit nicht alles wiederholt werden. So wird hier Schluss gemacht. Nach der vollbrachten Arbeit, die für die Schüler immer beschwerlich ist, ist der Boden aber besonders günstig bereitet für ein neues Kapitel, das hier zur Erweiterung und Ergänzung der Unterrichtseinheit „Optik“ angeschlossen werden kann. Gewissermaßen im Schatten des Geschafften wirkt jetzt etwas Neues eindringlich und befreiend. Außerdem ist von der Sache her ein kleiner Zusatz immerzu befürworten.

In diesem Fall hatte der Lehrer einen Film zur Stelle, der als Fortsetzungsteil des zu Anfang benutzten Unterrichtsfilms „Grundschule des Fotografierens“ hergestellt worden ist.

Der Film erläutert, was mit einem belichteten Film in der Dunkelkammer geschehen muss, um zu den Papier-Positiv-Abzügen zu kommen. Die Arbeitsgänge des Entwickelns, Wässerns, Fixierens und Trocknens des Negativfilms und die dann folgende Herstellung der Positivabzüge werden gezeigt.

Der Lehrer führt diesen Film in ganz bestimmter Absicht vor: Im 9. Schuljahr wird an der Schule eine Fotoarbeitsgemeinschaft eingerichtet. Da die Schüler am Ende des 8. Schuljahrs stehen, kann die Vorführung des Films mehrere Aufgaben erfüllen:

- Der ganzen Klasse wird eine Vorstellung von der Arbeit des Fotografen vermittelt. Sie bekommt Kenntnis von den Arbeitsgängen in der Dunkelkammer.
- Es werden Vorstellungen von der Arbeit der Fotoarbeitsgemeinschaft gegeben, so dass eine fundierte Entscheidung bei der Wahl für einen der angebotenen Kurse möglich wird.
- Für die Schüler, die später der Fotoarbeitsgemeinschaft angehören werden, wird hier eine erste Wissensvermittlung, ein erstes Einsehen, ein erstes Angemutet-werden möglich; das kann als Fundament dienen, wenn es nachher ins Detail geht.

Der Film wird besprochen und – je nach Bedarf oder Absicht des Lehrers – zur besseren Auswertung und Vertiefung ein zweites Mal angesehen.

Wichtig scheint mir ganz allgemein zu sein, dass solch kleine Wiederholungs-Unterrichtseinheiten mit einem neuen Kapitel abgeschlossen werden. Diese „Anhängekapitel" fallen auf einen anderen Boden als die Ersterarbeitung. So lohnt es sich, schwierige Themen, kleine Besonderheiten für solch einen Zeitpunkt aufzuheben. Wenn die Schüler wissen, dass nach derartigen Wiederholungs-Unterrichtseinheiten oft etwas interessantes Neues kommt, werden sie mit einer positiven Haltung die Mühe des Wiederholens auf sich nehmen – ein Gesichtspunkt, der ja durchaus auch zu beachten ist, selbst wenn er nicht das allein herrschende Motiv bildet.

Wie weit der Lehrer eine Wiederholungs-Unterrichtseinheit zeitlich ausdehnen will, hängt von ihm ab. Ich habe mit Absicht keine detaillierten Zeitmaße angegeben; die einzelnen Teile können unterschiedlich weit ausgedehnt werden. Auf jeden Fall sollten wir für die großen und wichtigen Unterrichtseinheiten im Lauf des Schuljahres solche Wiederholungs-Unterrichtseinheiten einbauen, um gründlich zu einer Beherrschung der Sache zu kommen, und nicht nur in einem kleinen Gespräch das eine oder andere hin und wieder einmal antippen. Das lässt sich gewiss schon zeitlich nicht für alles Erarbeitete und Durchgenommene einrichten. Was uns aber wichtig erscheint und zum festen, verfügbaren Bestandteil des Schülerkönnens und -wissens gehören sollte, bedarf solcher Wiederholungen, die in der Jahresplanung gleich ihren festen Platz finden sollten. Es handelt sich dabei dann um eine Auswahl des Bearbeiteten, und in der Beschäftigung mit dieser Auswahl wird der Kreis des zuerst Miterarbeiteten und Mitgewussten mehr oder minder deutlich bewusst.

3.10 Besondere Unterrichtshilfen zur Sicherung von Arbeitsergebnissen

Heute hört man immer wieder, dass die Schüler zu schnell vergessen, was ihnen im Unterricht begegnet, was sie lernen sollen, was sie (scheinbar) gelernt haben. Das Zuviel der auf sie einstürmenden optischen und akustischen Reize lasse nur noch ein oberflächliches Aufnehmen zu, das in seinem Gefolge immer das schnelle Vergessen habe. Lassen wir die Frage nach den Ursachen offen. Doch: wie kann man gegen das Vergessen angehen?

Verschiedene Wege werden gegangen:

- Die tägliche Wiederholung, die tägliche Übungsstunde, das tägliche Gebrauchen von Gelerntem sind Möglichkeiten, die der Lehrer nutzen kann, besonders dann, wenn er fast den gesamten oder mindestens einen großen Teil des Unterrichts in einer Klasse übernommen hat.
- Die Konzentration des Unterrichts, z. B. in der Form des Epochenunterrichts, bietet in den Sachfächern und Teilen des Muttersprachunterrichts eine weitere Möglichkeit, über vierzehn Tage oder gar drei Wochen hin einen bestimmten, abgegrenzten Unterrichtsstoff so intensiv zu behandeln, dass er weniger schnell ein Opfer des Vergessens wird.

Diese Hilfen genügen jedoch oft nicht, besonders nicht in dem Fall, wenn ein Lehrer Fachunterricht zu geben hat und so nur mit zwei Stunden pro Woche für ein Unterrichtsfach in eine Klasse kommt. Nachfolgend stellen wir deshalb einige spezielle Hilfen zur Sicherung der Arbeitsergebnisse auch in diesem Bereich vor.

3.10.1 Das Dauertagebuch

Der Name sagt schon, dass hier kontinuierlich ein Tagebuch über die Unterrichtsstunden – etwa in Physik – geführt werden soll. Man kann dazu ein dickeres Schreibheft, eine Kladde, anschaffen, in welcher der Reihe nach jeder Schüler den Verlauf einer Stunde zu skizzieren hat. So entsteht ein Dauertagebuch, das alles festhält und jeweils am Anfang der nächsten Stunde befragt wird. So wird eine Institution geschaffen, die beständig und lückenlos den Unterricht verfolgt und Auskunft darüber gibt. Sie kann und soll selbstverständlich das Sachbuch und die Aufzeichnungen des einzelnen Schülers nicht ersetzen. Sie läuft nebenher und leistet für das Erinnern an die vergangene Stunde, das den Schülern bei dem verschiedenartigen und ständig wechselnden Unterricht zu Recht oft schwer fällt, gute Hilfe.

In der Praxis kann das Dauertagebuch in der Weise eingesetzt werden, dass der Abschnitt des Tagebuchs über die letzte Stunde am Anfang der nächsten vorgelesen wird, so dass jeder Schüler vor Beginn der eigentlichen Wiederholung sich erinnern und sammeln kann. Die allgemeine Wiederholung, zu der alle aufgerufen sind, soll also durch das Dauertagebuch keineswegs ersetzt werden.

Ist der Unterricht so konzipiert, dass der Klassenlehrer den gesamten Vormittag in einer bestimmten Absicht gestaltet, ihn durch bestimmte Formen zu einer Einheit macht, ihn dabei vielleicht mit einer Besinnung auf den beginnenden Tag eröffnet, dann kann im Rahmen dieser Besinnung, in der neben Religiösem oder Schöngeistigem ja auch Sachliches Platz finden sollte, das Tagebuch befragt werden, es kann daraus vorgelesen werden, um so die Schüler auf die betreffende Sachstunde einzustellen. Dabei kann der Fachlehrer durchaus noch abwesend sein.

Im Rahmen der üblichen Wiederholungen wird mancher Lehrer einem oder mehreren Schülern die Aufgabe stellen, einen Versuch oder eine Auswertung, eine Statistik oder ein Schaubild in einem selbständigen Unterrichtsteil darzustellen. Fehlen dann die Unterlagen, gibt das Tagebuch wieder Auskunft.

Daneben wird man im Unterricht immer wieder auf „Bekanntes“ zurückgreifen wollen: „Wie haben wir das damals gemacht?“ Wenn die Erinnerung dann im Moment nicht recht weiterhilft, ist sofort das Tagebuch da, das Auskunft gibt.

In einer anspruchsvollen Form kann das Dauertagebuch von jedem einzelnen Schüler geführt werden. Es würde dann natürlich das Sachheft mit vertreten. Die Schüler würden dazu angehalten, von jeder Stunde in Wort und Zeichnung ein kurzes Protokoll anzufertigen.

In dieser Form aber kann das Dauertagebuch nur realisiert werden, wenn es nicht in mehreren oder gar in allen Sachfächern eingeführt ist. Konzentriert auf ein Fach, kann es zu einer sehr nützlichen Übung führen, wenn es nämlich gilt, den Inhalt einer Stunde in wenigen Sätzen und in knappen Skizzen festzuhalten. Das erfordert ein gewisses Abstraktionsvermögen, ein Analysieren, das in vielen Berufen wichtig ist. Besonders gilt dies angesichts des heute fast schon zu großen Anschauungsangebots, das ein sprachliches Fixieren und Formulieren mehr und mehr zurückdrängt.

3.10.2 Das Stundenprotokoll an der Protokollwand

In jeder Unterrichtsstunde wird einem Schüler der Auftrag gegeben, ein Protokoll der Stunde auf einem losen Blatt anzufertigen. Dieses Protokoll hat er einen Tag vor der nächsten Stunde an eine vor oder im Klassenraum befindliche Stecktafel zu heften. Die Schüler haben nun genügend Zeit, sich das Protokoll bis zur nächsten Stunde vorzulesen oder einfach durchzulesen und sich vor allem unmittelbar vor der nächsten Stunde über das zuletzt Erarbeitete zu orientieren, um dann an einer guten Wiederholung teilnehmen zu können. Diese Wiederholung kann möglicherweise sogar progressiven Charakter haben.

So wird mit dem Stundenprotokoll wieder eine Einrichtung geschaffen, die kontinuierlich das Unterrichtsgeschehen mit verfolgt und darüber Auskunft gibt. Das Protokoll kann zu einem wichtigen Instrument der Erfolgssicherung werden, wobei die Arbeitsbelastung für den einzelnen Schüler nicht groß ist, denn die Technik der Protokollanfertigung wird geübt.

Im übrigen wird mit dem Stundenprotokoll an der Protokollwand auch anderen Schülern, anderen Klassen, anderen Lehrern Einblick in die Arbeit eines Unterrichtsfachs gegeben. Das öffnet die gesamte Schularbeit, interessiert Kleinere für die Arbeit der Großen und umgekehrt, ermöglicht ein gewisses Mitlernen von Schülern anderer Klassen und regt das Eingehen anderer Unterrichtsfächer auf die betreffenden Probleme in größerem Maße an. Das alles hat seine Grenzen, aber ebenso sicher realisiert es sich in der Schule.

3.10.3 Das Sachdiktat am Ende jeder Fachstunde

Es ist auch möglich, die letzten fünf bis zehn Minuten einer Stunde für ein zusammenfassendes Sachdiktat zu nutzen, das jeder Schüler zunächst auf einem Zettel aufschreibt und zu Hause sauber und ohne Fehler ins Heft zu übertragen hat. Zugleich kann je nach der Situation die Einfügung von Zeichnungen oder Textergänzungen aufgegeben werden. Das Diktat kann vom Lehrer oder – nach einer Übungszeit – teilweise oder vollständig von Schülern (besonders im neunten Schuljahr) übernommen werden.

Für solch ein Sachdiktat spricht, dass unter dem frischen Eindruck das Wichtige festgehalten wird (erste Wiederholung also unmittelbar nach der Erarbeitung), das dann zu Hause noch einmal sauber und wörtlich (ab und zu ausführlicher) aufgeschrieben werden muss. So ist eine doppelte Beschäftigung mit der Sache gewährleistet, und das ist der Sicherung des Erarbeiteten zuträglich.

Gegen solch ein Sachdiktat spricht, dass es jeder Stunde fünf bis zehn Minuten nimmt, die der Erarbeitung gehören könnten. Mit der Wiederholung am Anfang kann bei einer 45-Minuten-Stunde die Zeit für Neues recht knapp werden. Diese Bedenken entfallen allerdings bei Blockstunden, so dass ich abwägend die Gründe für solch ein Sachdiktat stärker gewichte. Viele Lehrer werden ohnehin die letzten Minuten einer Stunde einer rückblickenden, abrundenden Betrachtung und Zusammenfassung widmen. In den meisten Fällen wird dies nur mündlich geschehen. Man sollte aber stets überlegen, ob nicht das Sachdiktat die Mühe um die Ergebnissicherung mit größerem Erfolg belohnen kann.

3.10.4 Der Berichterstatter

Ein mündliches Protokoll als ständige Einrichtung ist durch die Ernennung eines Berichterstatters für jede Stunde zu erreichen. Ein Junge oder ein Mädchen bekommt zum Beginn der Stunde den Auftrag, beim nächsten Mal als Berichterstatter für diese Stunde aufzutreten.

Vorteilhaft dabei ist, dass die Technik des Notizenmachens über das Wichtige einer Stunde und die Technik des freien Vortrags bzw. des Vortrags mit Hilfe von Notizen (auf keinen Fall vorlesen!) geübt werden. Das wird längere Zeit zu üben sein, ehe der Berichterstatter voll in Funktion treten kann. Auf jeden Fall aber sind die skizzierten Techniken sehr wichtig.

Nachteile bei der Institution „Berichterstatter" sind: Es bekommt immer nur einer einen Auftrag, und die Klasse wird erst zu Stundenbeginn mit dem Bericht über die vergangene Stunde bekannt gemacht. Für die zuvor aufgeführten Beispiele (3.10.1–3.10.3) galt jeweils nur einer der Nachteile.

Trotzdem überwiegen auch hier die Vorteile, denn die primäre Aufgabe des Berichterstatters ist es, die Stunde durch seinen Bericht in Gang zu bringen. Auf seinen Bericht hin werden sich Fragen, Ergänzungen, Widersprüche ergeben, und die Klasse kommt schnell in die Materie wieder hinein. Die allgemeine, alle beanspruchende, Wiederholung ist angeregt. Sie soll vor allem fruchtbarer und ergiebiger gemacht werden. Ist durch den Berichterstatter der Stoff, an sich schon dargestellt, dann kann die Wiederholung des öfteren und in größerem Maß über das übliche Repetieren hinaus zu geistigen Aktivitäten wie Ergänzen, Schließen auf, Vergleichen, In-Frage-Stellen usw. führen. Das aber ist natürlich auch eine Frage der geistigen Beweglichkeit der jeweiligen Klasse.

3.10.5 Technische Hilfen

Das *Tonband* ist wohl am ehesten als technische Hilfe einzusetzen. Wenn es in der Schule vorhanden ist, lässt es der Lehrer während der Stunde laufen und die Stunde aufnehmen. Dann wird eine Gruppe von (beispielsweise drei) Schülern bestimmt. Diese Gruppe muss sich in Freistunden oder am Nachmittag zusammensetzen, zunächst das Stundenprotokoll auf dem Tonband genau abhören und dann das für eine Zusammenfassung Wesentliche (z. B. Versuchserarbeitungen, Versuchsbeschreibungen, Versuchsergebnisse in der Physik) entweder herausschreiben oder aber zu einer Kurzfassung zusammenschneiden, sofern die technischen Möglichkeiten dazu gegeben sind. (In einer modern eingerichteten Schule sollte das selbstverständlich sein!) Die Arbeit der Gruppe gipfelt dann in einem schriftlichen Protokoll oder in einer zusammengeschnittenen Kurzfassung des Tonbandprotokolls. Zu Beginn der nächsten Stunde führt die Gruppe der Klasse ihr so oder so geartetes Ergebnis vor.

Mit dem *Fotoapparat* kann man bestimmte Unterrichtsergebnisse optisch festhalten. Bei Lehrausflügen, Versuchen und langfristigen Beobachtungsaufgaben wäre damit anzufangen. Von Fall zu Fall wird man entscheiden, ob man sich für den Negativfilm entscheidet, von dem man Abzüge für ein oder mehrere Hefte machen lässt, oder für die Diareihe, die von der ganzen Klasse gemeinsam angesehen werden kann.

Diese Form der Ergebnissicherung wird man aus finanziellen Gründen aber wohl nur bei außergewöhnlichen Vorhaben wählen. Eine eigene Fotogruppe mit einer entsprechenden technischen Ausrüstung an der Schule könnte den Bereich des Möglichen sehr erweitern.

Die *Videokamera* kann über die Einzelsituation hinaus ganze Bewegungsabläufe festhalten. Die Dokumentationsmöglichkeiten sind gegenüber dem Foto/

der Diaserie erweitert, der technische Aufwand ist zumindest in der Anfangsphase allerdings relativ hoch.

3.10.6 Zusammenfassung

Die skizzierten besonderen Hilfen zur Sicherung des Unterrichtsergebnisses können in allen Sachfächern, aber auch in der Muttersprache und im Mathematikunterricht eingesetzt werden. In Rechnung zu stellen ist natürlich immer, dass sie nicht sofort verfügbar sind, sondern der Einschulung bedürfen. Es dürfte klargeworden sein, dass sie neben dem Hilfscharakter eine positive, konstruktive Seite haben: Unterricht, der Schüler im Auge hat, die eigenschöpferisch, aktiv und gestaltend am Unterricht wie am Schulleben überhaupt teilnehmen sollen, kann gar nicht genug Anregungen bekommen, wie dieses Ziel mit konkreten Aufgaben zu erreichen ist. Und diese Hilfen gegen das Vergessen sind zugleich die Eigenkräfte der Schüler beanspruchende Aufgaben. Das Eigeninteresse der Schüler, ihr Selbstbeschäftigen mit einer Sache, das selbständige Gestalten werden ihrerseits zurückstrahlen auf den Erfolg des Unterrichts.

3.11 Das Lernen lehren – Anregungen für ein Eigenkonzept zum Lernen

Eine bisher zuwenig beachtete Aufgabe in dem hier zur Rede stehenden Bereich ist es, den Schülern frühzeitig Hilfen für ihr selbständiges Lernen zu geben, das Lernen selbst zum Unterrichtsgegenstand zu machen. Erwachsene, die z. B. aus beruflichen Gründen um- oder neu lernen müssen, klagen häufig darüber, dass sie zuwenig wüssten, wie sie es anfangen sollen. Es ist zu beobachten, dass zunehmend Literatur angeboten wird, die diesem Bedürfnis zu entsprechen versucht.

Ich möchte im folgenden an drei Beispielen entwickeln, was ich meine.

(a) Lernberatung durch Vermittlung

Besonders für das Lernen zu Hause (die Hausaufgaben) scheint eine Lernberatung wichtig zu sein. Hinweise auf die Erprobung der für einen Schüler besten Lernzeiten, auf die Bedeutung von äußeren Bedingungen (ein ruhiger Platz, gut beleuchtet, gut belüftet), auf den richtigen Wechsel von konzentriertem Lernen, Pausen, Spielphasen u. a. m. machen einen ersten Beratungskomplex aus. Ein zweiter umfasst einen Kanon von Regeln, zu dem gehören können:

- Einen Lernstoff je zweimal an drei Tagen sorgfältig durchzuarbeiten ist wirkungsvoller als eine achtmalige Wiederholung am letzten Tag.
- Lerne mit System, indem du dir zuerst den gesamten Stoff in seinem Aufbau vergegenwärtigst (Überblick), Unklarheiten beseitigst und dann erst an Einzelheiten herangehst.

- Versuche, jemanden zu finden, dem du das Gelernte einmal vortragen kannst. Wenn man einem anderen etwas erklären muss, lernt man selbst am besten.

Zu überlegen ist nun, wie man solch einen Regelkanon an die Schüler vermittelt. Ein einmaliges Durchsprechen wird nicht viel Effekt haben. Ein Merkblatt verteilen ist besser. Aber wird es nicht schnell verlegt (und vergessen) sein? Vielleicht können sich die Schüler den Zettel zu Hause an ihrem Arbeitsplatz anbringen.

(b) Lernhilfe durch gemeinsames Üben

Eine wirkungsvollere Hilfe ist wahrscheinlich dadurch zu geben, dass man Lern- und Arbeitstechniken einübt. Wie kann man sich z.B. den Inhalt eines Textes erarbeiten und dann wirksam speichern? Dies gemeinsam zu trainieren wäre wohl eine sehr wichtige Lernhilfe. Die Erarbeitung kann in Techniken bestehen wie: erstes Durchlesen, Unterstreichen wichtiger Wörter oder Sätze, Aufschreiben eines Merkgerüstes. Das Speichern hat mit diesen Tätigkeiten längst begonnen, es wird in einer zweiten Phase forciert durch mehrfaches Lesen des Gesamttextes, durch die Verwendung des Gerüstes als Merkhilfe und durch Wiedergabeversuche in freier Reproduktion. Wenn Texte wörtlich gelernt werden sollen (z.B. Gedichte, Gebete), wird ein geplantes Vorgehen noch wichtiger. Auch hier gilt es, sich zuerst einen Überblick zu verschaffen, dann ist die erste Strophe sofort auswendig zu lernen; nach Plan werden – im dritten Schritt – die weiteren Teile bei gleichzeitiger Sicherung des schon Gespeicherten gelernt. Diese wichtigen Schritte sollte der Lehrer beispielhaft demonstrieren. Die Motivation wie die Techniken würden sicher an Überzeugungskraft gewinnen, wenn der Lehrer ein „Modell" geplanten und erfolgreichen Lernens sein könnte.

(c) Der Wiederholungsplan als Lernhilfe

Ein dritter Ansatz besteht darin, mit den Schülern planmäßig das Wiederholen zu betreiben, hier: mit der Entwicklung sogenannter Wiederholungspläne. Ich habe dazu in der schon angegebenen Publikation Beispiele entwickelt (BÖNSCH [4]1977). Ein Beispiel sei noch einmal angeführt:

Im Mathematikunterricht einer 7. Klasse wird zu Beginn der Jahresplan vorgestellt, und mit ihm werden die schriftlichen Tests und Arbeiten in Zahl und Terminierung mitgeteilt. Damit ist auf eine erste Weise Transparenz gegeben. Die Schüler sind nicht mehr überfallartigen Ankündigungen und Ausführungen von Arbeiten ausgeliefert. Ein zweites wäre es dann, die Aufgabenarten und Lösungsanforderungen in einer angemessenen Zeit vor der Arbeit bekannt zugeben und damit den Schülern konkrete Übungshinweise zu vermitteln. Wenn wir den Kontrollarbeiten vor allem die Funktion geben, in positiver Weise Leistungsnachweise erbringen zu können und Überfall- und Reinfalleffekte möglichst vermeiden zu wollen, wäre solch eine gezielte Vorbereitung überwiegend Lernhilfe.

In der Summe hat dieser als Überblick konzipierte Ansatz hoffentlich gezeigt, wie umfangreich die Aufgaben und Inhalte des Unterrichts sind, der sich um die Erfolgssicherung bemühen muss. Leichter scheinen da die Erarbeitungsphasen zu sein!

3.12 Das Lernen lernen – ein alternatives Curriculum

Im folgenden soll der Schritt „vom Lehren des Lernens“ zum „Lernen des Lernens“ gegangen werden. Die These ist, dass die Schule neben das Curriculum der Lerninhalte das sogenannte alternative Curriculum der Lernstrategien, Lern- und Arbeitstechniken stellen sollte, um die unterentwickelte Ressource „Lernen“ besser zu nutzen (siehe dann auch die Kapitel 5.3 und 5.4).

Das Problem

Immer wieder sind wir von den begrenzten Lehr-/Lernerfolgen in der Schule enttäuscht. Manchmal verzweifelt man darüber, dass Vergessensprozesse so hurtig Platz greifen. Die Frage ist, ob im täglichen Unterricht eine entscheidende Ressource zu wenig genutzt wird: das verantwortliche und selbstorganisierte Lernen von Schülerinnen und Schülern! Dabei ist das entscheidende Ziel, das die Schule hat, lebenslanges Lernen zu ermöglichen. Wenn auch die Unterrichtsinhalte relativ schnell vergessen werden, die Fähigkeit, selbständig neu zu lernen, wäre das, was die Schule auf alle Fälle mitgeben sollte. Zuviel wird im Lauf des Lebens neu gelernt werden müssen, zu schnell erneuert sich heute Wissen, zu massiv ist die Ausweitung der Informationen und Kompetenzen, die für Beruf und Freizeit angeboten werden.

Pädagogisch gesehen ist es ohnehin entscheidend, dass Nachwachsende befähigt werden, zunehmend selbständig und selbstverantwortlich ihr Leben in die Hand zu nehmen, ein aktiv-konstruktives Verhältnis zur Welt zu gewinnen, um sich selbst in dieser Welt zu verstehen und die Verhältnisse im eigenen Wirkungskreis mitgestalten zu können.

Lernen ist die schönste Sache von der Welt! Und die Schule schafft es immer wieder, genau das Gegenteil zu vermitteln: die Schule sei blöd und Lernen sei öde. Es muss darauf ankommen, eine Kultur des Lernens zu entwickeln, die Spaß und Erfolg beinhaltet.

(1) Ausgangsfeststellungen zum Thema „Das Lernen in der Schule – wie macht man das eigentlich?“

a) Unterricht ist eine Veranstaltung, die bei Lernenden Lernen bewirken soll.

b) Unterricht ist eine Veranstaltung, bei der mit großer Wahrscheinlichkeit Unterrichtsverlauf und 25–30 individuelle Lernprozesse nicht synchron laufen.

c) Eher ist folgende Realität anzunehmen:

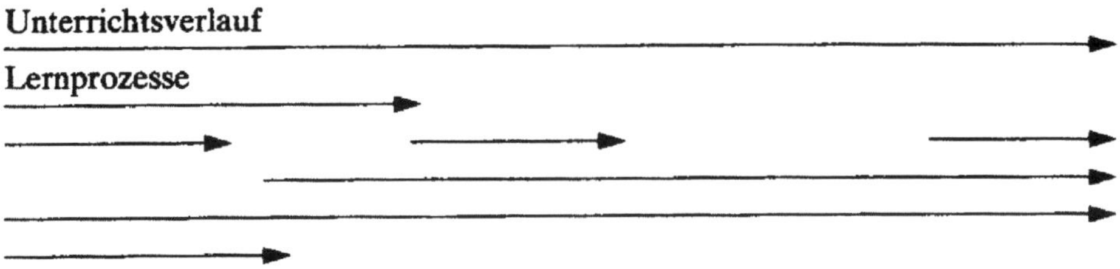

Während der Unterrichtsverlauf von einem Lehrer beziehungsweise einer Lehrerin initiiert, gesteuert und zu einem Ende gebracht wird, werden die Prozesse der Schüler zum Teil synchron mitlaufen, zum Teil früher abbrechen, zum Teil später anfangen, zum Teil unterbrechend/unstet sein.

d) Ein *vollständiger Lernprozess* wird folgendermaßen beschrieben:

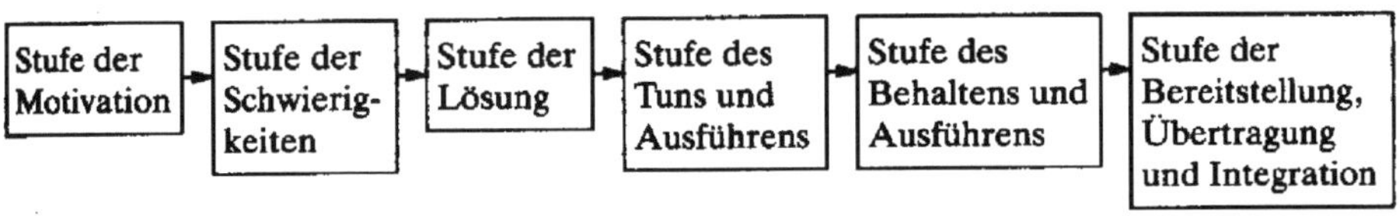

e) Unterricht muss sich diesem Lernprozess anpassen:

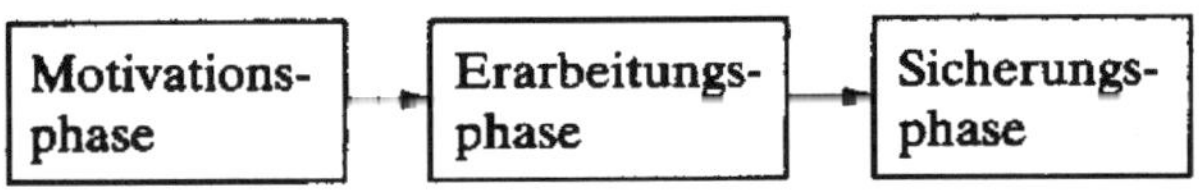

f) Bis hierhin ist die Perspektive ganz die einer *Vermittlungsdidaktik:* Lehrerinnen und Lehrer sind für Unterricht und Lernen verantwortlich. Eine andere Perspektive für Schule und Unterricht entsteht, wenn emanzipatorische Intentionen für wichtig gehalten werden:

   Schülerinnen und Schüler sollen ihr Lernen selbst in die Hand nehmen, gegenüber dem Unterricht einen Stand gewinnen, der sie selbständig und mitverantwortlich macht.

   Dann ist das *alternative Curriculum zu* gewinnen, das Lernstrategien, Lern- und Arbeitstechniken entwickelt und Lernen zum bewussten Agieren von Schülerinnen und Schülern macht.

g) Die *Frage* ist: was gehört schwerpunktmäßig dazu?

(2) Zur Synchronisierung von Unterrichts- und Lernprozess

Im folgenden wird im Überblick ein sogenanntes alternatives Curriculum entwickelt, das neben das herkömmliche, nämlich das der Unterrichtsinhalte – gewonnen aus Richtlinien, Rahmenrichtlinien, Lehrplänen – zu stellen ist. Bevor es skizziert wird, darf auf die Aufgabe hingewiesen werden, verstärkt und verbessernd auf eine Synchronisierung von Unterrichts- und Leimprozessen hinzuarbeiten. Dies bedeutet

1. ständig für den Ablauf vollständiger Lernprozesse zu sorgen und
2. durch die Realisierung eines sogenannten Zwei-Ebenen-Modells den Schülerinnen und Schülern zu ermöglichen, selbständig eine „Nachsteuerung" der eigenen Lernprozesse immer dann vorzunehmen, wenn die unmittelbare Synchronität nicht gelingt (Unterrichtsprozess und eigener Lernprozess sind deckungsgleich).

Für das erste Anliegen hilft zur Verdeutlichung folgende Skizze:

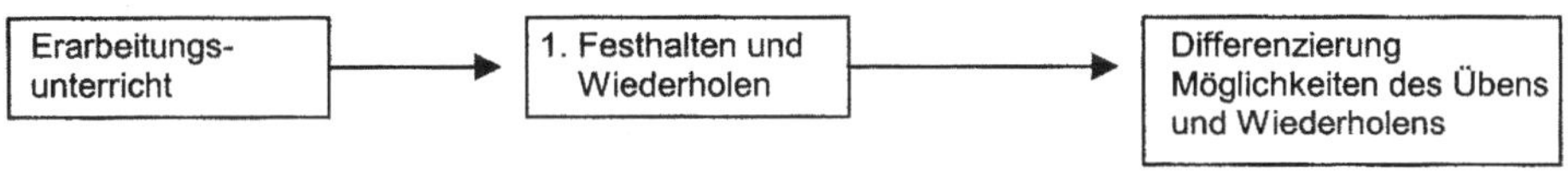

Während die ersten beiden Blöcke weitgehend durch den Lehrer beziehungsweise die Lehrerin gesteuert sein werden, kommt es im dritten Block darauf an, Lernzeiten zu organisieren, in denen Schülerinnen und Schüler mit Hilfe von Arbeitsmitteln (Karteien, Arbeitsblätter, Arbeitsbücher usw.) soviel an „Nachsteuerung" des eigenen Lernprozesses vornehmen, wie für die Zielerreichung notwendig erscheint. Für das zweite Anliegen sei diese Veranschaulichung gewählt:

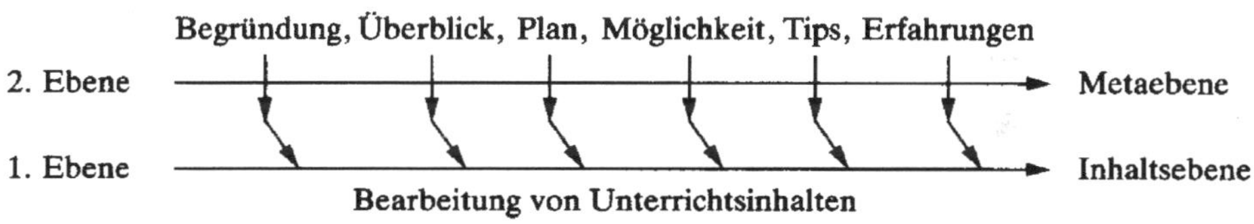

Während auf der ersten Ebene der herkömmliche Unterricht anzusiedeln ist, soll die zweite Ebene (Metaebene) ein reflektiertes Verhältnis zur Inhaltsebene schaffen, mit dessen Hilfe man den Nachvollzug des Geplanten beziehungsweise Realisierten und die Mitsteuerung des eigenen Lernprozesses leisten kann.

(3) Das alternative Curriculum

Das sogenannte alternative Curriculum besteht aus vier Blöcken, die zum Teil ständig zum Unterricht gehören sollten, zum Teil auf die Schuljahre verteilt werden müssen.

- *Lernberatung* ist eine ständige begleitende Aufgabe. Sie vermittelt das „Know-how" des Lernens (Lernregeln, Lernbedingungen, Lernhilfen, lernpsychologisches Wissen), und zwar so, dass es unmittelbar handlungsrelevant wird.

- *Der Kanon von Lern- und Arbeitstechniken* müsste in den allgemeinen Lehrplan integriert werden, damit man im Lauf der Zeit auf Lern- und Arbeitstechniken zurückgreifen kann und nicht dauernd von vorn begonnen werden muss. (Siehe den ausführlichen Kanon S. 102.)
- *Lernstrategien* sind umfassendere, dennoch genau geplante Vorgehensweisen zur Bewältigung von Situationen oder Aufgaben. Über solche Lernstrategien verfügen Schülerinnen und Schüler noch am wenigsten. Die wichtigsten und wohl am häufigsten benötigten sind auf S. 131 ff. detailliert entwickelt.
- Die sogenannten *kleinen Gelegenheiten* sollten den Alltag durchgehend bestimmen. Quickies sind die kleinen 5-Minuten-Übungen, Lerntaktiken sind die Tipps, Tricks, Eselsbrücken und Verfahrensweisen für bestimmte Aufgaben. Lernspiele mindern die Lernmühe; die Nutzung materialisierter Gedächtnisse hilft dem organischen, in seiner Kapazität, begrenzten Gedächtnis.

(4) Zwischenfeststellung: Meta-Lernen und lernfreundliche Unterrichtsgestaltung

Bisher zielten die Ausführungen darauf ab, Lernenden ein konstruktives Verhältnis zu ihrem Lernen zu verschaffen. Die Intentionen in Kurzform sind:

- Jeder sollte sich selbst als ein bestimmter *Lerntyp* mit bestimmten Stärken und auch Schwächen kennenlernen.
- Jeder sollte vom Lernen und seinen Bedingungen und Möglichkeiten genügend viel wissen *(praktische Lernpsychologie).*
- Jeder sollte das Repertoire an *Verfahren* erlernen können: Strategien, Techniken, Taktiken im Umgang mit Lernaufgaben, -anforderungen und -zeiten.
- Jeder sollte *Strukturen* und *Knoten* anstreben. Die Ordnung der Inhalte ist ganz wichtig. Je mehr an Struktur entsteht (Überblick, Ordnung, Verortung, System) und je mehr Knoten die Lerninhalte festigen (Knoten verstanden als fachübergreifende Bezugspunkte, Schaltstellen, Verbindungen schaffende Zentralpunkte), um so besser wird die Verankerung von Lerninhalten sein. Je mehr zu Lernendes breiig, unstrukturiert, ungeordnet, nicht recht einschätzbar bleibt, um so schwieriger wird das Lernen.
- Die *Handlungsorientierung* ist für den Lernenden wichtiger als die Lageorientierung. Wenn jemand weiß, *wie* er weiterkommt, ist dies wichtiger, als über seine Lage nur lamentieren zu können.

Diese auf den einzelnen Lerner gemünzten Intentionen sollten allerdings ihr *Äquivalent* in einer lernerfreundlichen Unterrichtsgestaltung finden. Auch dazu einige Fixpunkte:

- ***Der Plan***

Zu überlegen wäre, ob der Unterrichtsplan für den einzelnen Tag, für die Woche oder für den Monat nicht frühzeitig bekannt gemacht werden kann (per Aushang, per Übersichtsblatt), um das Mitsteuern, das Vorlernen, das begleitende Lernen, das Einbringen von Ideen und Materialien zu ermöglichen.

- ***Die Struktur***

Wichtig ist wohl auch, dass von der Lehrperson her die Struktur der zu bearbeitenden Inhalte deutlich wird. Der Überblick über eine Unterrichtseinheit (Teilthemen, Kernbereiche, Randthemen, Arbeitsmöglichkeiten) und ihre Verortung im Fach beziehungsweise in der Disziplin (überfachliche Aspekte) kann die Bedeutung eines Themas, seinen Stellenwert und seine Exemplarität aufzeigen. Man weiß dann immer schon, welche Rolle das Thema im größeren Kontext spielt. Dies ist ein nicht unwesentlicher Teil des sogenannten Meta-Wissens.

- ***Advance organizer***

Die Bedeutung der advance organizer besteht darin, dass sie als vorlaufende Leitbegriffe wichtige Inhaltsaspekte markieren. Auch wenn sie zunächst inhaltlich noch nicht erschöpfend bestimmt werden können, weisen sie auf Neues hin, können Interesse wachrufen, stecken sie ein inhaltliches Feld ab. Nicht unwichtig ist der Gewinn von sprachlicher Mächtigkeit gegenüber den Sachen. Man erwirbt Wissen letztlich nur über Sprache.

Basistexte

Die Ökonomie und Ökologie des Behaltens bekommen eine wichtige Stütze durch geordnete Ablagen (Hilfsgedächtnisse). In der Vielfalt der Arbeitsblätter, Arbeitstexte, Bücher, Abzüge, Extrakte und Kopien ist unter dem Gesichtspunkt des Wissensbesitzes bedeutsam, dass man schließlich den Kern des zu Erarbeitenden stringent und knapp formuliert in den eigenen Unterlagen hat. Die Unkultur des unsystematisch Zufälligen schafft häufig wenig Orientierung. Sogenannte Basistexte schaffen Verlässlichkeit und Klarheit gegenüber dem Wichtigen. Hat man in der Arbeitsmappe im Laufe des Schuljahres sieben bis acht sogenannte Basistexte, so stellen diese gewissermaßen das Fundamentum dar, zu dem sich dann in beliebigem Umfang weitere Arbeitsmaterialien als Addita gesellen können.

Das Lernen lehren

1. Synchronisierung von Unterrichts- und Lernprozessen	2. Das alternative Curriculum			
	2.1 Lernberatung	2.2 Kanon von Lern- und Arbeitstechniken	2.3 Lernstrategien	2.4 kleine Gelegenheiten
– Unterricht ist häufig ein Prozeß der Bearbeitung von Inhalten in unterschiedlichen Modi (Text-, Aufgabenbearbeitung, Übungen, Experimente usw.) – Unterricht muß tendenziell eine Synchronisierung mit den Lernprozessen der Schüler anstreben: 1. Motivation, Erarbeitung, Sicherung, Üben und Anwenden müssen Schritte des Unterrichts sein, um die Lernprozesse der Schüler zu vervollständigen. 2. Das Zwei-Ebenen-Modell von Unterricht soll den Schüler in den Stand setzen, seinen Lernprozeß bei evtl. fehlender Synchronität »nachzusteuern«.	Lernberatung heißt, Schülern zu einem Eigenkonzept für ihr Lernen zu verhelfen. – Vermittlung von Lernregeln, günstigen Lernbedingungen, Lernhilfen. – Lernhilfe durch gemeinsames Lernen (Inhalte eines Textes speichern, auswendig lernen usw.) – Aufstellung von Wiederholungsplänen für eine Klasse, für einzelne Schüler im Rahmen der Hausaufgaben, für die Vorbereitung von Klassenarbeiten usw.	– Techniken der Informationsbeschaffung und -sammlung – Techniken der geistigen Auseinandersetzung – Darstellungstechniken (für die vor allem kognitive Bearbeitung von Unterrichtsinhalten) – Experimentier-, Erkundungstechniken – Training von Fertigkeiten (Sport, Musik, Werken) – handwerklich-technische Fertigkeiten	– mit Hilfsgedächtnissen arbeiten – Lernen durch Zuhören – Lernen durch Lesen – Lernen im Gespräch – Lernen in der Gruppenarbeit – Auswendiglernen – Planvoll üben und wiederholen – Lernen durch Vermittlung an andere (Tutoren) – Projektlernen – Fehlerminimierung – Lernen durch Schreiben – Lernen mit Medien und durch Medienproduktion	– Quickies Die kleinen Übungen zum Behalten und Konzentrieren – Lerntaktiken z. B. beim Vokabellernen – Lernspiele Konzentrations- und Merkspiele – Das »materialisierte« Gedächtnis Buch Wandzeitung Ausstellung Videofilm Protokollwand Mappe Fotografien

Kernbegriffe – Beispielaufgaben

Ganz in der Nähe der Basistexte steht eine Sammlung von Kernbegriffen und Beispielaufgaben. Sie können das Gerüst des Erarbeiteten darstellen. Acht bis zehn Kernbegriffe in der Biologie zum Beispiel, die man erklären und mit denen man umgehen kann, drei Beispielaufgaben für die Prozentrechnung in der Mathematik, mit denen man sich die Grundoperationen klarmachen kann, sind Beispiele für solche Lerngerüste.

Merkstrukturen

Das einfachste Beispiel für eine Merkstruktur ist ein Inhaltsverzeichnis für alle Unterlagen, die im Rahmen einer Unterrichtseinheit verwendet worden sind. Ein Stichwortverzeichnis für die Kapitel einer Ganzschrift, eine Übersicht, die Formeln, Definitionen, Beispielrechnungen, Experimente und Grundbefunde, z.B. in der Physik, auf einem Blatt noch einmal einander zuordnet, ist ein anderes Beispiel. Gute Merkstrukturen geben „auf einen Blick" noch einmal das Erarbeitete wieder. Sie sind Anker in der Vielfalt des Lernstoffes von zehn bis vierzehn Unterrichtsfächern.

(5) Die Kultivierung sozialen und emotionalen Lernens

Bisher ist schwerpunktmäßig von den kognitiven Aspekten des Lernens die Rede gewesen. Eine andere Einschränkung effektiven Lernens ergibt sich sicher häufig von den emotionalen Befindlichkeiten und sozialen Gegebenheiten in einer Lerngruppe her. Darum soll wenigstens mit ein paar Ausführungen auf die

Kultivierung dieser Aspekte eingegangen werden. Bekanntlich ist ein wirksamer Ansatz die themenzentrierte Interaktion Ruth COHNS ([5]1981). Ihr geht es um die Balance des Es, Wir und Ich:

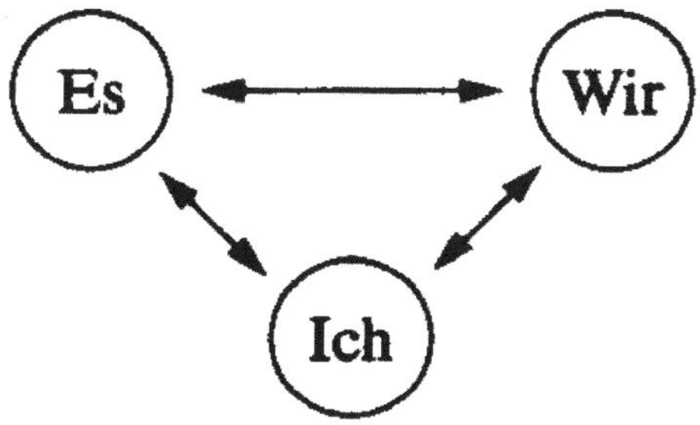

Lebendiges Lernen braucht eine Synthese von Sachlernen und Persönlichkeitsentwicklung. Ruth COHNS Axiome betrachten den Menschen als psychobiologische Einheit. Er ist autonom und interdependent. Ehrfurcht gebühre allem Lebendigen. Das Paradox der Freiheit in Bedingtheit gilt es, in der Balance von Es (Sache), Wir (Gruppe) und Ich (Individuum) anzustreben. Selbstverwirklichung, Kooperation und Aufgabenlösung gehen Hand in Hand. Ihre Postulate sind bekanntlich:

- Sei dein eigener Chairman,
- Störungen haben Vorrang.

Das heißt, jeder muss sich als Person einbringen können, jedem gebührt die gleiche menschliche Achtung, aber auch die körperlichen Empfindungen, die wechselnden Gefühle und die tief verankerten Grundstimmungen müssen akzeptiert werden. Kein Gegenstand des Lernens soll das Humane unterdrücken. Lernen und Kommunikation beruhen auf der Wärme des Herzens. Störungen fragen nicht nach Erlaubnis. Sie sind da als Schmerz, Freude, Angst und Zerstreutheit. Die Frage ist nur, wie man sie bewältigt. Sie können den einzelnen versteinern und die Gruppe unterminieren. Aufgaben werden besser gelöst, wenn das Menschsein Teil der Interaktion sein kann. Die Frage ist, wie TZI in der Schule wirksam werden könnte. Da die Praxis der TZI an Personen hohe Anforderungen stellt, können Versuche in Schulklassen schnell scheitern, da Schüler nicht von vornherein die Voraussetzungen erfüllen, Sachlernen und sozial-emotional hilfreiche Interaktion gleichzeitig zu praktizieren.

In einem sehr lesenswerten Praxisbericht wird eine Vorgehensweise vorgeschlagen, die hier kurz referiert werden soll (SCHNEIDER/SUTTNER 1988).

1. Vorstufen

Wenn der Entwicklungsstand (zum Beispiel in einem 1./2. Schuljahr) TZI noch nicht erlaubt, sind zunächst einmal Vorstufen anzustreben. Diese bestehen in der langsamen Veränderung der Umgangsformen und der Sozial- und Aktionsformen. Grundfähigkeiten für TZI-orientierten Unterricht können durch Übungen geschaffen werden:

- Wahrnehmungs- und Konzentrationsübungen (Wir drücken unsere Gefühle mit Instrumenten aus, wir übernehmen nach genauem Zuhören den von einem Schüler vorgegebenen Takt.)
- Ausdrucksübungen (Die Kinder lernen bewusst mimisch auszudrücken, ob sie traurig, fröhlich, missmutig oder ärgerlich sind.)
- Verbindung von Ausdruck und Sprache (Die Kinder versprachlichen Gefühle.)
- Erlernen hilfreicher Reaktionen auf ausgedrückte Gefühle (Wenn jemand traurig ist, frage ich ihn, wie ich ihm helfen könnte.)

2. *Fortgeschrittene Stufen*

- Tägliche Gesprächskreise (circa 20 Minuten) mit freiwilliger Teilnahme und strukturierenden Fragen: Was ist mir von gestern noch wichtig? Wie beginne ich den heutigen Tag?
- Gemeinsame Themenformulierung: Im Idealfall soll jeder Schüler seine Wünsche und Bedürfnisse im Thema wiederfinden können. Die anstehenden Themen für die nächste Woche werden daher am Wochenende (circa 15–30 Minuten) vorbesprochen.
- Mittragen des Unterrichtsprozesses: Langsam gerät die gemeinsame Arbeit in die gemeinsame Verantwortung. Die Vorgehensweise wird immer wieder thematisiert und gemeinsam verbessert.
- Einschätzung des Unterrichts: Die Schülerinnen und Schüler werden aufgefordert, Antworten auf die Fragen zufinden: Was habe ich heute gelernt, beziehungsweise was sollte ich heute lernen? Wie habe ich gelernt, was war gut, was war nicht so gut? Wie habe ich die anderen erlebt (Mitschülerinnen und Mitschüler, Lehrerin beziehungsweise Lehrer)? Wie habe ich den Gruppenprozess erlebt?

Diese Aufgabe ist nicht als bloße Kritik gemeint, sondern liegt immer in der TZI-Intention, eigenes Erleben, aber auch die eigene Verantwortung bewusstzumachen. Im Lauf der Zeit kann eine recht große Sensibilität für emotionale Befindlichkeiten und die Reaktion auf sie entstehen. Lernen bekommt dann eine andere Qualität.

3. *Günstige Rahmenstrukturen*

Zum Schluss seien einige Rahmenstrukturen skizziert, die das Lernen des Lernens begünstigen können. Aus den bisherigen Ausführungen ist deutlich geworden, dass das Lernen etwa bei Frontalunterricht sowohl Selbständigkeit als auch seine Bewusstmachung nicht hinreichend fördern kann. Wenn jemand Herr seines Lernens werden soll – und dies ist im Begriff des Lernens in sehr grundsätzlicher Weise impliziert –, bedarf er der begünstigenden Rahmenstrukturen:

- Die 5-Minuten-Besprechung: Im Montagmorgenkreis wie in anderen Kurzerörterungen ist immer wieder das Meta-Lernen zu befördern (BÖNSCH, 1990[2]) d. h., es muss über zweckmäßige Vorgehensweisen (Lernstrategien) gesprochen werden.
- Planmäßige Behandlung von Lern- und Arbeitstechniken. Der Kanon von Lern- und Arbeitstechniken (S. 102) ist Teil des allgemeinen Curriculums, d. h., neben den Unterrichtsinhalten müssen in aufsteigender Linie Lehr- und Arbeitstechniken planmäßig gelehrt und gelernt werden.
- Wochenplanarbeit: Hier sind die Lernbedingungen so zu konzipieren, dass in einer Stunde pro Woche beziehungsweise in mehreren Stunden pro Woche vorgegebene Aufgaben hinsichtlich des Bearbeitungsmodus, der Reihenfolge und der zu verwendenden Zeit in die Verantwortung der Schülerinnen und Schüler gegeben werden.
- Studien- und Arbeitszeiten
  In ausgeprägterer Form werden schließlich Studien- und Arbeitszeiten zum Wochenalltag gehören. Man kann größeren Vorhaben an verschiedenen Lernorten nachgehen: in der Bibliothek, in der Mediothek, in Lernecken, in Lernateliers und auch außerhalb der Schule.

- **Schüler-helfen-Schüler-Programme**

Zu überlegen ist auch, ob verstärkt Tutorenarbeit praktiziert werden kann. Die These, dass der am meisten lernt, der anderen etwas erklärt, zeigt, vormacht oder erzählt, hat einiges für sich. Ein Programm „Schüler helfen Schülern“ könnte klassenintern oder klassenübergreifend ein wirksamer Ansatz zur Verbesserung des Lernens sein.

Lernen kann die schönste Sache von der Welt sein. In der Schule ist sie meistens das Gegenteil. Diesen widersprüchlichen Sachverhalt aufzulösen, ist das Anliegen dieses Kapitels. Gelänge es, dieses ein Stück voranzubringen, müsste sich eine qualitative Veränderung des Lernens in der Schule und damit der Schule erreichen lassen.

4 Metakommunikation am Beispiel des wahldifferenzierten Unterrichts

4.1 Die „Metadiskussion" in Pädagogik und Psychologie

In der schulpädagogischen/didaktischen Diskussion wird seit den 70er Jahren unter dem Stichwort „Metakommunikation" eine Dimensionserweiterung des Unterrichts diskutiert. Interessant ist, dass sich zunehmend in der Psychologie ein Ansatz entwickelt, der unter dem Leitbegriff des „Metalernens" ähnliche, aber doch zu unterscheidende Probleme diskutiert.

In der schulpädagogischen/didaktischen Diskussion geht es im Anschluss an die Diskussion um soziales Lernen und kommunikative Didaktik darum,

- einerseits den Beziehungsaspekt zu thematisieren: Unterricht hat nicht nur einen Inhaltsaspekt, von gleicher Bedeutung sind die Beziehungen („heimlicher Lehrplan"), die Schülern Entfaltung, Lernchancen, Subjektbedeutung, Mitbestimmung gewähren oder versagen;
- zum anderen ist – über der konkreten täglichen Lernarbeit – eine Ebene intendiert, auf der die wechselseitigen Erwartungen, Bedürfnisse, Interessen, Zwänge, Intentionen besprechbar werden sollen (Metaebene).

Die verschiedenen Anliegen der Vertreter des Interaktionismus (G.H. MEAD, E. GOFFMAN, J. HABERMAS, K. MOLLENHAUER u. a.) regen zu einem anderen Verständnis der Lehrer-Schüler-Beziehung an, als sie im Alltag immer wieder Platz greift.

Unterricht und auch schon die Planung von Unterricht sind als Interaktionsgeschehen zu begreifen, in das jede Seite sich mit den eigenen Perspektiven, Erfahrungen, Interessen, Erwartungen einbringen können muss, wenn alle Beteiligten auf Dauer soziale und individuelle Identität gewinnen sollen. Wo Schüler am Prozess der Sinnfindung und der Gewinnung von Zugängen zu Inhalten beteiligt werden, kann Unterricht eine andere Qualität gewinnen. Solange Lehrer immer stellvertretend für Schüler alles entscheiden (die Auswahl der Inhalte, die Festlegung der Lernziele, die Vorgehensweise, den Einsatz von Medien), kann Unterricht im Prinzip von Schülern nur als fremdbestimmte Veranstaltung, der man sich aufgrund bestehender Zwänge eben unterziehen muss, verstanden werden.

Metakommunikation neben der ständigen Kommunikation über Lerninhalte bedeutet dann, über die gemeinsame Lernarbeit in planerischer, steuernder, korrigierender und reflektierender Absicht zu sprechen; vor, zwischen und nach den Prozessen der Bearbeitung von Lernaufgaben ist die Reflexion über diese anzustreben.

Gütekriterien eines auf solche Weise zu realisierenden Unterrichts habe ich in anderem Zusammenhang schon einmal beschrieben (vgl. BÖNSCH 1979, S. 34ff.). Für die Struktur der Beziehungen ist bedeutsam:

- *Gegenseitigkeit* meint die erkenntnis- und handlungsmäßige Einsicht in die wechsel- und gegenseitigen Abhängigkeitsbeziehungen von Individuen, die Aufgaben füreinander erfüllen. Eine Seite rechnet in ihrem Tun oder Nichttun mit der anderen Seite (oder auch nicht), die selbst wiederum von deren Handeln oder Nichthandeln betroffen ist und darauf reagiert.
- *Einfühlungsvermögen (Empathie)* bezeichnet das Ausmaß des Sich-hineinversetzens in andere Personen oder Situationen zu dem Zweck, sie durch inneren Nachvollzug zu verstehen.
- *Einwirkungsfähigkeit (Intervention)* meint die Fähigkeit, sich auf konkrete Situationen (z. B. die Entscheidung für Themen und Kooperationspartner) einzulassen und aus eigener Verantwortung wirksam zu werden. Hier sind ein aktiver (oben beschrieben) und ein reaktiver Aspekt zu unterscheiden. Der Einwirkungsfähigkeit entspricht eine Rückmeldungsprompttheit, das heißt: Eindrücke, Einstellungen, bessere Informationen gegenüber Vorgaben sind direkt an die Beteiligten zurückzuvermitteln, um den Kommunikationsprozess unmittelbar produktiv mitzutragen.
- *Anerkennungsbereitschaft* bezeichnet das Maß, in welchem die über Einwirkung und Rückmeldung durchgeführte Kommunikation zu Ergebnissen geführt wird, die von den Beteiligten in der Mehrheit als gültig und auch von der überstimmten oder schweigenden Minderheit als verbindlich akzeptiert werden.

Für die curriculare Struktur des zu entwickelnden Unterrichtskonzepts werden Transparenz, Nachvollziehbarkeit, Veränderbarkeit und Relevanz als Gütekriterien genannt und beschrieben:

- *Transparenz* (Durchschaubarkeit) bezeichnet das Ausmaß, in welchem das Konzept selbst und seine inhaltlichen Vorgaben im Rahmen einer Unterrichtseinheit verständlich sind. Lernziele und -inhalte, die dahinter stehenden normativen Setzungen und die bestehenden Erwartungen müssen erkennbar sein.
- *Nachvollziehbarkeit* kennzeichnet den Grad, in, welchem – nach Offenlegung und Einführung – die Beteiligten in der Lage sind, Regeln, Verfahren, Techniken zu praktizieren. Das meint konkret zum Beispiel die Kenntnis und Beherrschung von Regeln, Verfahren und Techniken eines Faches oder Fachbereichs wie Gesellschaftslehre oder Physik.
- *Veränderbarkeit* meint die Möglichkeit der Revision vorgefundener Orientierungen in Problemstellung, Integration und Bearbeitung (also z. B. die Revision enger fachspezifischer Fragestellungen zugunsten fächerübergreifender u. a. m.).
- *Relevanz* bezeichnet allgemein die Bedeutsamkeit von Lernzielen und -inhalten. Ist sie im herkömmlichen Unterricht meistens vorgegeben dadurch, dass Lehrer sie feststellen, ist sie im offenen Unterricht so nicht zu gewinnen. Man

kann für diesen zwischen kurzfristiger Bedeutsamkeit (Situationsrelevanz) und langfristiger Bedeutsamkeit (Zielrelevanz) unterscheiden. Situationsrelevanz bezeichnet das Ausmaß, mit welchem Lernziele und -inhalte das gegenwärtige subjektive Interesse der Beteiligten treffen, inwieweit sie den am Unterricht Teilnehmenden bedeutsam erscheinen: Diese Situationsrelevanz als kurzfristige Bedeutsamkeit beschränkt sich auf das subjektive Alltagsinteresse der Beteiligten und fragt nach Lerninhalten, die für den momentanen Lebens-(Spiel- und -Arbeits-)prozess als wichtig angesehen werden. Zielrelevanz kennzeichnet die Bedeutung von Lernzielen und -inhalten im Rahmen des angestrebten Schul-, Bildungs- und Ausbildungsziels.

In der aktuellen Diskussion innerhalb der Psychologie ist, wie WEINERT/KLUWE feststellen, auch eine „Metawelle" zu beobachten. Ausgangspunkt ist dort auch die Frage nach den selbstregulatorischen Aktivitäten des Menschen. Die Forschungsaktivitäten beziehen sich auf drei Fragen:

- Inwieweit kann sich ein Individuum über das Selbstkonzept der eigenen Tüchtigkeit, über eine entsprechende Steuerung des eigenen Handelns klar werden und wieweit hilft ihm dies beim Lernen?
- Wie viel sollte ein Individuum von seinen Denkstrukturen, von seinen Lernmöglichkeiten wissen, um das Lernen in die eigene Hand zu nehmen?
- Lernen wird ständig abverlangt, wird aber eigentlich über das Lernen genug nachgedacht und gesprochen? Hier geht es um Fragen des Metagedächtnisses, um Fragen allgemeiner und individueller Regelhaftigkeiten des Gedächtnisses, um Problemlösefähigkeit u. a. m.

Diese Diskussion ist schulpädagogisch und fachdidaktisch insofern äußerst interessant, als sie thematisiert, was Schülern unter lernpsychologischen Gesichtspunkten dauernd zugemutet wird und ob dies überhaupt in der Summe zumutbar ist. Letztlich geht es auch um die Frage, ob Lernen dem Aufbau eines Selbstkonzepts dient, als selbstregulatorische Aktivität verstanden werden kann oder immer nur als Reaktion auf nicht hinterfragbare und statuszuschreibende Anforderungen von Lehrern.

4.2 Die Grundintentionen wahldifferenzierten Unterrichts und die Bedeutung der Metakommunikation

Im wahldifferenzierten Unterricht (WDU) sollen Schüler nach dem gemeinsamen Einstieg in ein Thema zwischen unterschiedlichen Themenschwerpunkten wählen und in Kleingruppen den gewählten Schwerpunkt bearbeiten. Die drei allgemeinen Ziele also sind

- begründetes Wählen in einer Situation, die entsprechend vorbereitet ist (thematische Alternativen, unterschiedliche Vorgehensweisen)
- selbständiges Lernen: der Arbeitsschwerpunkt muss selbständig festgelegt werden, die Vorgehensweise muss geplant werden, Materialien müssen ausgesucht werden u. a. m.

- kooperatives Arbeiten: da die Schüler möglichst in Kleingruppen zusammenarbeiten sollen (Einzelarbeit ist nicht grundsätzlich verboten!), sind vielfältige gemeinsame Aktivitäten und Interaktionen notwendig (sich besprechen, sich verabreden, zusammen planen, arbeitsteilig vorgehen, Ergebnisse zusammenfassen, ihre Vermittlung vorbereiten u. a. m.).

Das Modell wahldifferenzierten Unterrichts kann nur funktionieren, wenn ständig die Ebene der Metakommunikation in Anspruch genommen wird. An den folgenden Punkten lässt sich das konkretisieren.

4.2.1 Die Erklärung des Modells

Vor Beginn wahldifferenzierten Unterrichts muss den beteiligten Schülern die „neue, andere Qualität" des Unterrichts deutlich gemacht werden, wenn sich für sie nicht einfach nur ein anderer Unterrichtsablauf ergeben soll (Ihr sollt jetzt ... Ihr müsst jetzt ...). Unterricht in herkömmlicher Weise ist für Schüler ständig ein Erfüllen von vom Lehrer gestellten Aufgaben. Wird WDU in seiner anderen Qualität nicht deutlich gemacht, wechseln u. U. nur die Aufgaben. Statt der Aufgabe „Bearbeitet jetzt dieses Arbeitsblatt" könnte die Aufgabe z. B. heißen „Ihr müsst jetzt aus diesen vier Themenschwerpunkten auswählen". Das heißt: WDU könnte ablauforientiert organisiert werden. In seinen Grundintentionen aber will er *verständigungsorientiert* sein. Es muss also vorweg Verständigung darüber erzielt werden, wie der Ablauf der Unterrichtseinheit und warum so und nicht anders gedacht ist; welche Funktion die Strukturierungsphase hat; dass anschließend Eigenentscheidungen getroffen werden sollen und wie diese möglich werden können; dass dann kooperativ über ein Thema gearbeitet werden soll und dies möglicherweise schwierig sein wird; dass frühzeitig daran gedacht werden muss, dass und wie man den anderen von der eigenen Arbeit berichten soll usw.

4.2.2 Sinn und Lernchancen von Materialien

In aller Regel werden in der Strukturierungsphase oder an deren Ende Materialien für die selbstbestimmte Arbeit angeboten. Struktur und Arbeitsmöglichkeiten müssen deutlich sein, wenn man tatsächlich wählen können soll. Es ist also notwendig, gemeinsam einen Überblick zu gewinnen, über die Lernchancen mit diesem und jenem Material zu sprechen, Vor- und Nachteile abzuklopfen, damit die Schüler überhaupt Stellung beziehen bzw. wählen und sich mit anderen besprechen können. Dazu müssen sie die Lernmaterialien kennen, mindestens überflogen haben, eine erste Einschätzung vornehmen können.

Die Planungsüberlegungen der Lehrer müssen „wiedergefunden" werden können. Das ist wohl nur im Austausch, in der Metakommunikation möglich. Wenn die Lernmaterialien nicht insgesamt eine Repräsentation der Themenschwerpunkte darstellen, ist die Reflexionsphase am Ende der Strukturierungsphase noch wichtiger, denn dann muss miteinander geklärt werden, was möglich, was sinnvoll wäre usw.

4.2.3 Umrissplanung

SCHULZ nennt eine Planungsphase neben Perspektivgewinnung und Prozessplanung „Umrissplanung". Der Begriff ist für die Planungsphase in den Kleingruppen zu verwenden.

Die Schüler sollten nicht gleich an einzelne Aufgaben und Arbeitspapiere herangehen und mit der detaillierten Arbeit beginnen. (Gelegentlich ist dies zu beobachten.) Statt dessen müsste in der Kleingruppe erst einmal klar werden, warum man sich in welchem Ausmaß welcher Aufgabe zuwenden will, wie viel Zeit das wahrscheinlich kosten wird, wie das Ergebnis aussehen könnte, das man der Klasse vorstellen wird. So sind z. B. die Lernmaterialien für eine Unterrichtseinheit im Geschichtsunterricht (Bauernkrieg) z. T. recht komplex angelegt: Vorschläge für Aufgaben und Aufgabenkombinationen sind mit den entsprechenden Materialien zu verbinden. Beides muss man hinreichend genau kennen, um die Chancen und Probleme der Angebote einschätzen zu können. Wahrscheinlich wäre es vor den Wahlen und Entscheidungen hilfreich, sich über diese Fragen auszutauschen.

Dabei kann unter Umständen auch deutlich werden, dass man für die eine oder andere Vorgehensweise noch Hilfen oder sogar einen kleinen „Kurs" bräuchte. Wenn man z. B. in einer Unterrichtseinheit zum Thema „Ausländer" Interviews durchführen möchte, muss man die Technik des Interviews kennen und in etwa beherrschen.

Metakommunikation heißt an dieser Stelle also, Angebote zu prüfen, einzuschätzen, Lernchancen und -schwierigkeiten zu antizipieren, Arbeitsstrategien zu entwickeln, sich Voraussetzungen für eine erfolgreiche Arbeit zu schaffen. Je schneller die Arbeit begonnen wird, um so größer ist die Gefahr, dass sie nicht selbstbestimmt und begründet erfolgt, sondern nur Ausführung von Vorgegebenem ist.

4.2.4 Verfahrensvergewisserung

Während der Arbeit in der Differenzierungsphase können Gruppen schnell in der Ausführung bestimmter Aufgaben „versacken". Verfahrensvergewisserung heißt sich in regelmäßigen Abständen darüber klar werden, wo man steht, was man geschafft hat, wie man im Zeitplan liegt, ob Ergebnisse abzusehen sind, ob man sich in Richtungen „verrennt", die nicht der Umrissplanung entsprechen. Wenn man in den Kleingruppen arbeitsteilig vorgeht, wird diese Aufgabe der Zwischenbesprechung noch wichtiger.

Verabredungen wie: „Am Ende der Stunde sprechen wir fünf Minuten über das, was heute ›gelaufen‹ ist" oder: „Wir führen ein Tagebuch" oder: „Wir schreiben an die Wandtapete mit Datum und Stichwort den Arbeitsablauf" können institutionalisierte Hilfen sein, kurz, aber dennoch regelmäßig „auf die eigene Arbeit zu schauen" und sie nicht nur getan zu haben. Dies böte dann die Chance, sich zu helfen, Umwege abzukürzen, Abläufe zu beschleunigen, neue Aspekte in die Überlegungen aufzunehmen u. a. m.

Der herkömmliche Unterricht ist aus Schülersicht in der Regel nur ein Abarbeiten gestellter Aufgaben (Zuhören, Melden, Sich-äußern, Arbeitsblätter bearbeiten u. a. m.). WDU will hier eine neue Dimension: die selbstbestimmte Arbeit im Sinn von begründeter und nach eigenem Plan gesteuerter Arbeit.

4.2.5 Reflexion der Vermittlung

Die dritte Phase einer WDU-Einheit ist die Vermittlungs- und Reflexionsphase. Die Vermittlung der Ergebnisse der Gruppenarbeit stellt große Anforderungen. Sie kann schnell zum Ritual verkommen („die nächste Gruppe ist jetzt dran"). Wenn die Vermittlung für das jeweilige Klassenplenum wirklich Gewinn bringen soll, muss immer wieder über das Anliegen, die Form, die Ergebnisse und die Bedeutung, die das alles für jeden Schüler der Klasse hat, gesprochen werden. Das heißt, es muss zum Schluss Zeit sein, über die Gruppenberichte nicht nur inhaltlich, sondern auch auf der Metaebene zu sprechen.

Der längerfristige Effekt des WDU wird sich vor allem mittels dieser Reflexion ergeben: „Wir haben sechs Stunden über ein Teilthema gearbeitet. Was ist unser Ergebnis, wie schätzt ihr es ein?" Und in der Gegenrichtung: „Ihr habt sechs Stunden über euer Teilthema gearbeitet; was ihr dargestellt habt, ist schwer zu verstehen." Und: „Welche Bedeutung hat euer Ergebnis nun eigentlich für unser gemeinsames Thema?"

Beim Umgang mit solchen Fragen müsste im Lauf der Zeit ein höherer Bewusstseinsgrad im Sinne von „Sich selbst klar sein über das, was man will, und dies anderen erklären und begründen können" entstehen.

4.3 Paradigmenwechsel als langfristiges Ziel: vom Stellvertretermodell zu einem interaktionistischen Modell der Unterrichtsplanung, -durchführung und -auswertung

Die grundsätzliche Bedeutung der Metakommunikation im WDU liegt in einem Paradigmenwechsel für Unterricht generell.

Im herkömmlichen Unterricht herrscht das Stellvertreterprinzip. Lehrer nehmen stellvertretend für Schüler über 9, 10 oder 13 Jahre hinweg alle wichtigen Aufgaben wahr: sie suchen Unterrichtsinhalte aus, sie bestimmen Art und Qualität der Bearbeitung dieser Inhalte, sie legen in der Form mündlicher wie schriftlicher Leistungskontrollen die Standards der Reproduktion und Beurteilung von Leistungen fest. Sie tun dies stellvertretend für gesellschaftliche Erwartungen und Forderungen, für „Abnehmergruppen", für Eltern; und sie tun dies stellvertretend für die Schüler, die man noch nicht in der Lage sieht, über ihr Lernen selbst zu bestimmen.

Die Stellvertreterrolle legitimiert sich über die professionelle Rolle des Erziehers (der über die Organisation von Lernprozessen die Mündigkeit von Schülern anstrebt) und des Fachmanns (der in bestimmten Fächern weiß, was für die Kompetenz von Schülern wichtig ist).

Ein interaktionistisches Modell geht von der prinzipiell gegebenen Subjektrolle des Schülers aus und versucht, Prozesse der Sinnfindung, der Verständigung, des Austauschs dafür zu nutzen, Lernen möglichst frühzeitig zu sinnvollem Lernen zu machen. Sinnvolles Lernen heißt für Schüler, Anforderungen einsehen und in ihrer Begründung nachvollziehen zu können, selbst für sinnvoll gehaltene Lernanliegen (Interessen- und Bedürfnisentwicklung) artikulieren und verfolgen zu können. Dazu bedarf es der Angebote und Hilfen der Lehrer, dazu bedarf es eines metakommunikativen Niveaus des Unterrichts, das Schülern und Lehrern hilft, Selbstorganisierungen realisieren zu können. Im relativ engen Rahmen des WDU kann in der beschriebenen Weise mit kleinen Schritten in die angegebene Richtung gemeinsam gearbeitet werden. Vielleicht entsteht daraus auf die Dauer eine andere Qualität des Unterrichts, der autonomes Lernen mit folgenden Merkmalen zu initiieren trachtet:

- Mitbestimmung von Lernzielen
- Bestimmung und Begründung eigener Ziele
- Einschätzung und Aktivierung eigener Lernfähigkeiten
- Verbindung der Lerninhalte mit subjektiven Bedeutungen (signifikantes Lernen)
- relative Unabhängigkeit von äußeren Belohnungen
- Beherrschung von Lerntechniken
- Kooperatives Lernen in einem unterstützenden Lernklima.

4.4 Wochenplanarbeit – eine Form offenen Unterrichts

Vorbemerkung I

Die gegenwärtige schulpädagogische Diskussion ist sehr stark von dem Thema „Offener Unterricht“ bestimmt. Beim gegenwärtigen Stand der Diskussion lassen sich mehrere Teilkonzepte unterscheiden (Wochenplanarbeit, Freie Arbeit, Projektarbeit und wahldifferenzierter Unterricht). Wenn man davon ausgeht, dass Lernen (und damit Üben und Wiederholen) in erster Linie eine Angelegenheit des lernenden Individuums ist, werden unter dem Aspekt eines Paradigmenwechsels unterrichtliche Strukturen immer wichtiger, die Schülerinnen und Schülern ermöglichen, ihr Lernen eigenverantwortlich in die Hand zu nehmen. Die im vorigen Kapitel genannten Kriterien bekommen eine gute Realisierungschance beim Teilkonzept „Wochenplanarbeit“. Das Üben und Wiederholen kann unter veränderten Lernbedingungen ausgeführt werden. Die Übungsaufgaben, die dafür zu verwendende Zeit, die Bearbeitungsmodi und auch die Lernkontrollen gehen in die Verantwortlichkeit der Schülerinnen und Schüler über und sind dabei stärker auf die eigenen Lernmöglichkeiten hin zu adaptieren. Deshalb kann Wochenplanarbeit als eine besondere Chance für das Üben und Wiederholen verstanden werden.

Vorbemerkung II: Aktuelle Diskussionstendenzen und Kontextmarkierungen

Nachdem in den 70er Jahren „offener Unterricht" schon einmal ein Signalbegriff für Veränderungen herkömmlichen Unterrichts war (siehe z.B. BÖNSCH/ SCHITTKO 1979), scheint er gegenwärtig wieder aktuell zu werden; diesmal aber auf eine zupackendere, konkretere, stärker auf den konkreten Unterrichtsalltag bezogene Weise. Die Chance zu partiellen und auch weiterreichenden Veränderungen erscheint damit größer. Die Übersicht 2 auf Seite 114 stellt die Stichworte zusammen, die die Vorstellungen vom sogenannten geschlossenen und offenen Unterricht markieren. Sie reichen von institutionellen Öffnungen über organisatorisch-methodische zu inhaltlichen Offenheiten und zielen im Kern auf eine schülerorientierte Erziehungs- und Unterrichtsarbeit (RAMSEGER 1977). Schule könnte sich je nach konkretem Konzept recht konsequent ändern. Für das einzelne Kollegium erscheint es wichtig, die Vorstellung von einem Gesamtrahmen von Unterricht angesichts beabsichtigter Innovationen nicht zu verlieren. Die Übersicht 2 auf S. 114 bietet solch einen Gesamtrahmen an. Man kann mit ihm prüfen, mit welcher Konsequenz und in welchem Ausmaß Unterricht geöffnet werden soll und kann. Schrittweises und behutsames Vorgehen ist sicherlich die Innovationsstrategie, die allen Beteiligten ein positives Verhältnis zu Veränderungen sichert. Jeder Beteiligte (Lehrer/innen, Schüler/innen und Eltern) braucht genügend Identifikationsmöglichkeiten, um Reformen mitzutragen und sie zu bejahen.

Auf die Breite der Ansätze offenen Unterrichts wird hier nicht eingegangen. Nur die Variante der *Wochenplanarbeit* wird näher erläutert.

Der in der Übersicht 2 entwickelte *Gesamtrahmen will* zweierlei deutlich machen:

- Einmal beinhaltet er Arbeitsformen, die Unterricht heute in seiner Gesamtheit kennzeichnen könnten, wobei die Anteile der vier aufgeführten Gruppen vom je einzelnen Kollegium zu bestimmen sind. Wenn man ein „Soll" formulieren sollte, könnte man sagen, dass moderner Unterricht auf keine der Arbeitsformen verzichten kann. Wenn ausschließlich lehrgangs-/lehrerorientierter Unterricht noch den Alltag bestimmt, fehlen wesentliche Elemente.

Übersicht 2

Der Gesamtrahmen: Unterricht im Alltag

Lehrgangsorientierter Unterricht	Wochenplanarbeit	Freie Arbeit	Projektarbeit
– von der Lehrperson geplant, gesteuert, ausgeführt und ausgewertet – mit Phasen der individuellen Arbeit, Partnerarbeit, Gruppenarbeit (Binnendifferenzierung) – Evtl. geöffnet durch Unterrichtseinheiten wahldifferenzierten Unterrichts	– die Aufgaben sind von der Lehrperson vorgegeben – Mathematik – Deutsch – Sachunterricht – Es besteht ein offener Zeitrahmen (zwei oder mehr Stunden in der Woche) – Schüler/-innen können Reihenfolge, Zeitumfang, Kooperation selbst bestimmen – Die Lehrperson kontrolliert die ausgeführten Arbeiten	– die Schüler/-innen können in einem vorgegebenen Zeitrahmen (zwei oder mehrere Stunden in einer Woche) Art und Inhalt von Tätigkeiten selbst bestimmen – spielen – lesen – Übungen – kleine Projekte – Materialangebote laden ein Die Tätigkeiten bleiben in der Verantwortung der Schüler/-innen	einmal im Schuljahr oder mehrere Male werden in Projekttagen/Projektwochen in Klassen oder gemischten Gruppen Projekte durchgeführt – nach vorgegebenen Themen (wie Menschen leben z. B.) – nach konkreten Anlässen – nach »gefundenen« Themen

Vermittelnder Unterricht ←→ Arrangements von Lernsituationen ←→ Handlungsorientierter Unterricht

Zum anderen sind die Arbeitsformen begründet durch die wesentlichen didaktischen Ansätze der gegenwärtigen Diskussion: Vermittlungsdidaktik, Arrangementsdidaktik, Handlungsdidaktik (BÖNSCH 1986 (b)). Während ein *vermittelnder Unterricht* in jedweder Form institutionalisierten Lehrens und Lernens unaufgebbar erscheint – es bedarf dazu sicher einer neuen Kultur differenzierter Vermittlung (BÖNSCH 1981) –, ist eine *Arrangementsdidaktik* die Brücke zu handlungsorientierten Ansätzen. Das Arrangement von Lernsituationen dient der Öffnung des Unterrichts hin zu selbstbestimmteren Formen des Lernens. Unter dem Signalbegriff *handlungsorientierter Unterricht* werden all die Ansätze gefasst, die die Planung, Durchführung und Auswertung von Arbeits- und Lernprozessen konsequenter an den Merkmalen Ganzheitlichkeit, Sinnbestimmtheit, Relevanz und Gebrauchswert orientieren. Der Prototyp ist sicher die Projektarbeit, die das selbstbestimmte, kooperative Lernen zu einer Hochform führen kann, auch wenn in der Realität häufig Zwischenformen praktiziert werden.

Argumente für und Merkmale von Wochenplanarbeit

Wochenplanarbeit wird im Bereich der Grundschule schon recht intensiv und verbreitet diskutiert und erprobt. Der Sekundarstufenbereich ist bisher weit weniger an der Diskussion und Erprobung beteiligt. *Argumente* für Wochenplanarbeit sind:

- Die Schule hat von jeher den Auftrag, *Bildung* zu ermöglichen. Wenn sie eine Chance haben soll, müssen Lernprozesse tendenziell in die Verfügung von Lernenden gegeben werden. Lernen nur nach Auftrag wird Bildung als ein persönliches Verhältnis zu den Menschen, der Welt und zu den Objektivationen der Menschheit nur schwer fördern können.
- Lernprozesse bedürfen tendenziell des *Sinns,* der Begründung, des Verantwortetseins. Diese Qualitäten haben um so eher eine Chance, je mehr Lernende Lern- und Arbeitsprozesse für sich und andere selbst verantworten und begründen lernen.
- Da dies dosiert und je nach den Möglichkeiten der Schüler initiiert werden muss, ist die Wochenplanarbeit eine Rahmenvorgabe, die Anspruch und Umfang variabel halten kann, und sich deshalb besonders eignet.

***Merkmale* der Wochenplanarbeit sind:**

- Die in einer Woche zu erledigenden Aufgaben werden von der Lehrperson vorgegeben.
- Die Inhalte der Wochenplanarbeit werden in Anlehnung an die Rahmenrichtlinien und schuleigene/lehrereigene Lehrpläne von den Lehrpersonen bestimmt.

Übersicht 3

Gesichtspunkte für Wochenplanarbeit / Freie Arbeit

1. *Gründe*
   Selbstständigkeit, Kreativität, Freude an der Sache, Selbsttätigkeit, Problemlösung, Interesse entwickeln, mit Spaß lernen (Kreativitätsfördernde Funktion – lernfördernde Funktion)
2. *Biotop Klassenraum*
   - Anregende Lernumgebung
   - Regale/Raumteiler
   - Funktionsbereiche (Lese-, Bau-, Info-, Arbeitsecken-, Raum für Stuhlkreis, Tischformation)
   - Ausstellungstisch
   - Pinnwände
   - Aquarien, Herbarien, Terrarien usw.
3. *Lern- und Arbeitsmaterialien*
   - Klassenbücherei
   - Lexika
   - LÜK-Material, Heinevetter-Material z. B.
   - Rechtschreibkarteien, Rechenkartei
   - Kartenmaterial
   - Sachbücher
   - Spiele verschiedener Art
   - Naturmaterialien
   - Mal- und Werkmaterial
   - Werkzeuge zur Materialbearbeitung (Scheren u. a. m.)
   - Gebrauchsgegenstände
4. *Regeln*
   - Bewege dich leise
   - Wenn du nicht zurecht kommst, frage jemanden
   - Störe nicht andere Kinder
   - Führe zu Ende, was du angefangen hast
   - Kontrolliere deine Ergebnisse
5. *Arbeitstechniken*
   - Informationsentnahme aus Lexika
   - Aufgabenbearbeitung nach Karteikarten
   - Benutzung von Büchern
   - Umgang mit Kassettenrekorder

   u. a. m.
6. *Vorgehensweise der Lehrer/-innen*
   - Mit kleinen Schritten anfangen (Aufgaben, Zeitumfang)
   - Dann langsam ausweiten
   - Ständig Materialien sammeln, ergänzen, ersetzen
   - Kooperation ist wichtig (Anregungen, Austausch, Klassentür öffnen, gemeinsame Zeiten freier Arbeit, Raumwechsel möglich machen, Flure nutzen)
   - Klare Struktur schaffen (für sich selbst, für die Kinder)

- Die Schülerinnen und Schüler sollen zunächst einmal die eigenständige Durchführung der eigenen Lernarbeit erlernen.
- Es besteht jeweils ein bestimmter Zeitrahmen (eine Stunde pro Woche, mehrere Stunden pro Woche), für den der Wochenplan gilt.
- Die Schülerinnen und Schüler können innerhalb dieses Zeitrahmens die Reihenfolge, den Zeitumfang, die Art der Arbeit (Einzel-, Partner- oder Gruppenarbeit) selbst bestimmen.
- Die Lehrpersonen kontrollieren im Lauf der Woche oder an ihrem Ende die ausgeführten Arbeiten.
- In die Wochenplanarbeit können mehrere Fächer einbezogen werden. Sie kann im Prinzip auch von mehreren Lehrerinnen oder Lehrern, die unterschiedliche Fächer in einer Klasse unterrichten, geplant, realisiert und kontrolliert werden. – Wochenplanarbeit ist von freier Arbeit zu unterscheiden. Diese ist dadurch charakterisiert, dass sie auch in bezug auf die Inhalte in der Verantwortung der Schülerinnen und Schüler steht.
- Wochenplanarbeit hilft das alte Problem lösen, den unterschiedlichen Lerntempi der Schülerinnen und Schüler endlich Raum zu geben und damit erfolgreichem Lernen eine größere Chance zu eröffnen, als es Frontalunterricht kann.
- Die Übersicht 3 auf Seite 116 führt die Gesichtspunkte an, die für die Wochenplanarbeit wichtig sind. Sie weisen auf die insgesamt zu beachtenden Besorgungen hin, die für die Realisierung bedeutsam sind.

Zur Einführung der Wochenplanarbeit

Wenn man mit Wochenplanarbeit beginnen will, wird man vielleicht mit zunächst einer Stunde pro Woche beginnen, um dann langsam auszuweiten und in der Absprache mit anderen Kollegen/Kolleginnen mehrere Fächer einzubeziehen. So kann man erst Übungsphasen z. B. im Deutsch-, und Mathematikunterricht in Stunden der Wochenplanarbeit hineinnehmen. Mit Planungs- und Erklärungsphasen im Montagmorgenkreis oder Kreisgesprächen zu anderer Zeit wird begonnen. Pläne sind am besten schriftlich (Arbeitsblätter oder Wandzeitung) vorzulegen. Wichtig ist ein klarer Ordnungsrahmen. Je freier und selbständiger gearbeitet wird, um so wichtiger sind eine klare Struktur, Transparenz und Regeln. Die Arbeitsmittel spielen eine große Rolle. Wenn ihr Gebrauch zunächst unklar ist, sind zwischenzeitlich Instruktionsphasen wichtig. Nachgehend ist immer wieder über Probleme und Schwierigkeiten zu sprechen, um Irritationen, Hilflosigkeiten, auch Missverständnisse zu beseitigen. Wenn Wochenplanarbeit gut eingeführt ist, wird man feststellen, dass die Lernarbeit für Schüler/innen und Lehrer/innen viel entspannter läuft. Was zunächst vielleicht mehr an Zeit bei der Vorbereitung, Organisation und Kontrolle zu verwenden ist, bekommt sein Äquivalent bald in der anderen Qualität der Durchführung.

Ein ganz einfacher Plan für *1–2* Stunden pro Woche könnte sein:

Beispiel 1

Deutsch	**Mathe**	**Spielen**
Arbeite das Arbeitsblatt zum Thema »Namen« durch (du findest es auf meinem Arbeitstisch)	Rechne mindestens zwei Textaufgaben auf den Seiten 67 und 69 im Mathebuch durch ---------------------------------- Übe dann die schriftliche Division weiter (Seiten 66–68)	In der Spielecke sind ein paar neue Spiele! ---------------------------------- Die Reihenfolge der Tätigkeiten bestimmst du! Aber achte auf die Zeit!

Fortgeschrittene Wochenplanarbeit

In welcher Konsequenz und mit welchem Ausmaß Wochenplanarbeit betrieben werden kann, mag folgender Stundenplan für ein weiteres Schuljahr zeigen:

	Mo	Di	Mi	Do	Fr	
1	Wochen-anfangs-kreis: Schulfest			WP		
2						
3				Projekt: Unsere Grund-schulzeit	WP	
4	WP				Projekt: Unsere Grund-schulzeit	
5		Plakate für das Schulfest	WP			
6						

Aus dem Stundenplan ist zu ersehen, dass nun vier Stunden Wochenplanarbeit existieren. Im Wochenanfangskreis beginnt die Planung des Schulfestes. Seit

Beispiel 2

4c

FREIE ARBEIT

vom 29. 8.–3. 9. 88

Diese Woche hast du (4) Stunden Zeit. Teile dir deine Zeit gut ein!

Kreuze an, wenn du fertig bist:

1. PFLICHTAUFGABEN

DEUTSCH ☐

Wähle dir aus:
Eine Seite im S und RS (Seite 49) oder
1 Rechtschreibkarte oder
1 Steckkarte

MATHEMATIK ☐

Wir wollen das große Einmaleins üben.
Dazu gibt's ein Rechenpuzzle.

SACHUNTERRICHT ☐

Wir wollen erfahren, wie die Kinder vor
100 Jahren in der Schule lernten.
Bearbeite mit einem Partner das Arbeitsblatt.

2. FREIWILLIGE AUFGABEN

Vorschläge:
Es gibt zum Thema »Vor hundert Jahren« jede Menge Bücher, in denen man Interessantes lesen kann. Außerdem ist das Hasenspiel wieder da! Es sind auch noch zwei Spielpläne zu bemalen!

Viel Spaß!

einiger Zeit läuft das Projekt „Unsere Grundschulzeit“, mit dem die Bilanz der zu Ende gehenden Grundschulzeit gezogen werden soll.

Am Dienstag ist eine Stunde vorgesehen für Entwurfsarbeiten für Plakate zum Schulfest. Neben dem „normalen Unterricht“ gibt es also vier Stunden Wochenplanarbeit, 3 Stunden Projekt „Unsere Grundschulzeit“ und eine erste Stunde für das sich neu entfaltende Projekt „Schulfest“, dazu den feststehenden Wochenanfangskreis. Damit hat sich der Gesamtrahmen (siehe Übersicht 2, S. 114) sehr ausdifferenziert. In die Verabredungen dafür waren drei Kolleginnen einzubeziehen. Das folgende Blatt gibt ein Beispiel für den Wochenplan. Nach Meinung des Autors sollte der Terminus „Freie Arbeit“ nicht für Wochenplanarbeit verwendet werden, da er inhaltlich anders besetzt ist.

Für das Projekt „Unsere Grundschulzeit“ seien zwei Wandzeitungen wiedergegeben, die Beispiele für die Infrastruktur schülerorientierter Arbeit sein können:

Unser Grundschulbuch
»Unsere Grundschulzeit«

Inhalt des Buches kann sein:
- Themen aus dem Sachunterricht
- Ich-Heft
- Witze, Späße, Abenteuer
- Lieder, Spiele bei Feiern
- Schullandheimaufenthalte
- unsere Theaterbesuche
- Projektwochen
- Lieblingsgeschichten
- selbstgedruckte Geschichte
- Fotos aus Klassenalben
- meine besten Tests
- Einschulung
- u.a.m.

So kannst du arbeiten:
- Schuljahr für Schuljahr durchgehen oder nach Themen suchen (Geschichten, Spiele, Witze)
- sortieren
- nachdenken, worüber du schreiben willst

oder

- alles erst sammeln
- dann ordnen
- dann schreiben

oder

- einen eigenen Plan machen
- danach arbeiten

Sie zeigen auch für die Wochenplanarbeit, dass die Strukturierung der Arbeit, die Eröffnung von Möglichkeiten, das Anregungsrepertoire neben dem Ordnungs-, Regel- und Materialrahmen wichtig sind, um Kreativität und Selbständigkeit zu initiieren. Der alte Trugschluss, dass die Schaffung von Leerräumen schon genüge, damit sich Initiative und Selbstbestimmung entwickeln, muss als erledigt gelten.

5 Üben und Wiederholen als Aufgabe des Schülers – Ansätze zu einer Autodidaktik

Wir wenden uns jetzt einem in der Literatur zum Üben und Wiederholen vernachlässigten Thema zu. Im Literaturbericht war auf ein Kapitel im Buch von POTTHOFF verwiesen worden, in dem ein erster Umriss zu finden war (siehe oben S. 20ff.).

Der Grundgedanke ist, dass Lernen ein Prozess ist, der in Individuen abläuft und demzufolge von Individuen verantwortet und durchgeführt werden muss. Unterricht kann im Prinzip nur als Lernhilfe verstanden werden, die Lernen initiieren, begleiten/steuern/beraten und schließlich kontrollieren/bewerten kann. Im folgenden wird zunächst etwas weiter ausgeholt, um den Horizont zu skizzieren, vor dem dann Detailausführungen ihren Sinn bekommen.

5.1 Zugriff und Verfügung – zentrale didaktische Kategorien in einer Informationsgesellschaft

Wir leben in einer Informationsgesellschaft. Das heißt, dass wir ständig neue Informationen aufnehmen und verarbeiten müssen. Während in früheren Zeiten zur Bewältigung des Lebens ein jeweils überschaubarer Bestand von Wissen wichtig war, kann heute im Grunde kein Mensch sein Leben mit einem einmal erworbenen Wissensbestand bewältigen. Dies gilt für seine Existenz als politischer Bürger einer demokratischen Gesellschaft – ständig wird er mit neuen Sachverhalten und Problemen konfrontiert –, dies gilt für seine berufliche Existenz – viele Bürger müssen heute mehrfach umlernen, jedenfalls in ihrem Beruf lebenslang weiterlernen –, dies gilt für die sich stetig ausweitende Freizeit. Das Leben erlaubt heute die Beschäftigung mit Dingen, die früher aus verschiedenen Gründen außerhalb der Reichweite vieler Menschen lagen.

Die Chancen zu einem selbstverantworteten und selbstbestimmten Leben liegen für den einzelnen darin, sich Zugriffsmöglichkeiten zu für ihn interessanten und wichtigen Informationen zu verschaffen. Die Möglichkeit, sich zunehmend kompetenter zu verhalten, hängt davon ab, in welchem Maße der Mensch sich Wissen, Kenntnisse, Kompetenzen verfügbar macht. Da es so etwas wie einen verbindlichen Kanon von Wissen nicht mehr gibt, wird es um so wichtiger, über ein Instrumentarium von Zugriffs- und Verfügungsmöglichkeiten zu verfügen.

Die verbreitete Literatur über Lerntechniken erfährt auf diese Weise eine sehr viel grundsätzlichere Bedeutung. Sie muss überhöht werden durch den Hinweis auf die individuelle und gesellschaftliche Bedeutung des Zugriffhabens und Verfügenkönnens gegenüber Interessantem, Lebensnotwendigem und Lebenserweiterndem. Es soll hier nicht wieder die alte Diskussion über formale und materiale Bildung aufgenommen werden; angesichts des immer unabgeschlossenen

Wissens aber zielen Grundfertigkeiten des Zugreifens und Verfügens auf die Kompetenz eines Menschen.

5.2 Metalernen

Will man diese in Pädagogik und Psychologie seit einigen Jahren aktuelle Thematik (vgl. oben S. 101ff.) erst einmal allgemein bestimmen, so handelt es sich um Ansätze, die dem Individuum dazu verhelfen wollen, sich über sich selbst, sein Lernen und seine Möglichkeiten klarer zu werden. So versteht man unter „Metagedächtnis" meistens das Wissen eines Menschen über die allgemeinen Regelhaftigkeiten des Gedächtnisses und über die Besonderheiten seines eigenen Gedächtnissystems, Sensibilität gegenüber Erfahrungen beim Einprägen und schließlich ein System von Fertigkeiten zur zieladaptiven Planung, Steuerung, Überwachung und Bewertung des eigenen Verhaltens beim Lernen und Erinnern (WEINERT 1984). Im folgenden soll mit Hilfe einer neueren Publikation der Ansatz etwas genauer beschrieben werden (WEINERT/KLUWE 1984). Es darf aber vorab gesagt werden, dass diese Thematik wie viele Aktualitäten nicht so ganz neu ist. So gibt es eine Vielzahl von Publikationen, die Hilfe zur Lernverbesserung anbieten (z.B. NAEF [11]1982; KUGEMANN 1972), und schon um die Jahrhundertwende hat DEWEY ein System zur Herbeiführung reflexiven Lesens entwickelt (aktives Überwachen, kritische Bewertung, Suchen nach Bedeutungen und Beziehungen), das man heute als „metakognitiv" bezeichnen würde (DEWEY 1951). Der Ansatz ist heute aber komplexer, so dass es sich lohnt, ihn nachzuzeichnen.

Unbestritten ist, dass Handlungswissen, das es dem Lernenden ermöglicht, sein Lernverhalten möglichst optimal zu organisieren, eine wichtige Rolle spielt. Dieses Wissen wird auch als „Metawissen" bezeichnet. Im Anschluss an diese begriffliche Festlegung kann man „Metalernen" als das Lernen bezeichnen, das es einem Individuum ermöglicht, sich über seine Denk-, Speicher-, Problemlöse- und Orientierungskapazitäten klar zu werden und sein künftiges kognitives, psychomotorisches, emotionales und soziales Lernen dementsprechend planend, steuernd und kontrollierend zu gestalten. Es kann als „Lernen zweiter Ordnung" bezeichnet werden.

Die Beschäftigung mit dieser Thematik erfolgt unter der für die Schule und ihre dauernden Lernanforderungen äußerst wichtigen Annahme, dass Lernen sich vielleicht nicht unbeträchtlich verbessern lässt, wenn es von den Lernenden selbst viel bewusster realisiert und mit einem Mehr diesbezüglicher Hilfen bereichert werden kann. Etwas pointiert gesagt: *In der Schule wird ständig Lernen verlangt – wie dies aber realisiert werden kann, sagen Lehrer kaum!*

Dass anerkannte und experimentell arbeitende Psychologen Schüleräußerungen wie: „Die Lösung ist mir wirklich gut gelungen" oder: „Ich plane relativ ausführlich" oder: „Ich verstehe da etwas nicht" als bemerkenswert notieren, kann man fast nur ironisierend kommentieren: Wann hat man wohl zum letzten Mal konkretes Lernen lebendiger junger Menschen konkret verfolgt? Aber die Ironie kommt sofort an jeden Schulpädagogen zurück: Welcher Lehrer weiß denn schon, welche Lernprozesse in einer Unterrichtsstunde, die er selbst vielleicht als ganz erfolgreich beurteilt, tatsächlich bei jedem einzelnen Schüler abgelaufen sind? Wir sind eher am Ablauf von Unterrichtsprozessen als am Ablauf individueller Lernprozesse orientiert!

Im folgenden wird der Begriff des Metalernens in drei Schritten erörtert: In einem ersten Abschnitt wird das Wissen über kognitive Lernmöglichkeiten kurz beschrieben, im zweiten Schritt wird der Begriff der Selbststeuerung erörtert, und im dritten Schritt wird etwas über Selbstkonzepte und ihre Merkmale gesagt.

5.2.1 Wissen über kognitive Möglichkeiten

In seiner allgemeinsten Bedeutung bezeichnet „Metakognition" das Verstehen von und den Zugang zu Kognitionen und kognitiven Möglichkeiten. Unter kognitivem Lernen wird im allgemeinen der Erwerb neuen Wissens, das damit verbundene Verstehen von Zusammenhängen und das Lösen von Problemen verstanden. Wer im Denken geschult ist, weiß, dass seine Gedächtnisspanne begrenzt ist, dass bestimmte Arten von Informationen leichter zu erinnern sind als andere, dass einige Gedächtnisaufgaben (z.B. Wiedererkennen) weniger schwer sind als andere (z.B. Reproduzieren), kurz gesagt: er hat Wissen über Personen-, Aufgaben- und Strategiemerkmale. Dieses Wissen ist zu steigern, und seine Anwendung ist trainierbar.

Man spricht von einem Dreiebenenmodell von Trainingsmöglichkeiten: Das *blinde Training* berücksichtigt den Lernenden als am Trainingsprozess aktiv Mitwirkenden in keiner Weise. Er wird nur angehalten, bestimmte Übungen auszuführen, ohne dass ihm begreiflich gemacht wird, warum die Übungen hilfreich sind. Beim informierenden Training bekommen die Lernenden gewisse Instruktionen über sich, über die Aufgabe und über die Lernstrategie. Das selbstkontrollierte Training vermittelt dem Lernenden explizite Hinweise zur Überwachung, Überprüfung oder Bewertung seiner kognitiven Möglichkeiten. Untersuchungen ergaben, dass neben reinem Strategietraining die Vermittlung von Informationen über die Wirksamkeit oder/und den Geltungsbereich dieser Strategie zu einer größeren Stabilität der Lernfortschritte führt.

Beim näheren Zusehen ist der Sachverhalt komplizierter. Wirkliche Lernfortschritte erfordern die Bereitstellung von drei Komponenten metakognitiven Wissens: Wissen über die Grundstruktur eines bestimmten inhaltlichen Bereichs, spezifische Verfahren des Operierens in diesem Bereich und eher allgemeine, aufgabenunabhängige Selbststeuerungsfähigkeiten. Die Berücksichtigung lediglich einer dieser Komponenten reicht nicht aus, um größere Effekte zu erzielen. Die Ergebnisse entsprechender Studien in den USA aber zeigen wirksame Verbesserungsmöglichkeiten.

Auf den täglichen Unterricht übertragen, würde dies heißen: Der Lehrer im Fach Englisch z. B. kann nicht nur an Texten und Aufgaben im Buch arbeiten. Er muss frühzeitig in die elementaren Strukturen der Sprache, in spezifische Operationen des Umgangs mit der Sprache und ihrer Elemente einführen (Metawissen), um das Verhältnis der Schüler zur Sprache als einem Lernbereich zu entwickeln und ihnen zu ermöglichen, die einzelnen Aufgabenbereiche aus diesem Strukturwissen heraus identifizieren zu können. Die Entwicklung allgemeiner Selbststeuerungsfähigkeiten ist Aufgabe der Schule generell. Sie muss dafür das Selbstkonzept des Schülers gegenüber den Lernbereichen zu einer positiven Passung bringen. Dazu später noch einiges (siehe unten S. 125ff.).

Das Gesagte ist noch ein wenig auszufalten. Der Aufbau metakognitiven Wissens wird einen wesentlichen Ansatz in der Bewusstmachung von Wissensstrukturen haben. Dabei kann man auf einer ersten Ebene zwischen Bereichswissen und Strategien unterscheiden.

Das Bereichswissen kann zwei Formen haben: deklaratives Wissen und prozedurales Wissen. Das erstere entspricht der Kenntnis von Fakten, z. B. Wissen über Tiere; das letztere ist Wissen darüber, wie man etwas tut, z. B. ist prozedurales Wissen das Wissen darum, wie man Fahrrad fährt oder wie man multipliziert. Die Lernzieltaxonomie von BLOOM hat diesen Bereich sehr stark ausdifferenziert, wie man seit der Diskussion über den lernzielorientierten Unterricht weiß.

Strategien sind Prozeduren mit verschiedenen Merkmalen. Sie sind z. B. bereichsunabhängig, sie haben ein Ziel. Sie sind dem prozeduralen Wissen sehr ähnlich. Da sie bereichsunabhängig sind, meint man mit ihnen allgemeine Prozeduren des Lernens.

Auf einer zweiten Ebene nun entsteht dann Metawissen bzw. entstehen dann Metastrategien, wenn Schüler z. B. Umfang oder Begrenztheit ihres Wissens über Tiere einschätzen können, also etwa taxieren können, wie umfassend oder wie vorläufig ihr Wissen in einem Bereich ist. Dafür benötigen sie natürlich eine Kenntnis über Struktur, Aufbau und Umfang eines Lernbereichs. Metawissen kann in dieser Hinsicht nur entstehen, wenn Unterricht nicht nur eine bestimmte oder zufällige Menge Wissen vermittelt, wie das häufig der Fall ist, sondern wenn Überblicke und Strukturen vermittelt werden. Eine berechtigte Annahme ist, dass solches Metawissen häufiger zu individuellen Lernbemühungen führen würde, weil man von dem in der Schule Vermittelten unbefriedigt ist oder auch einfach mehr und Genaueres wissen möchte.

Metastrategien wären vorhanden, wenn ein Lernender z. B. über die Effizienz der eigenen Einprägungsprozesse Bescheid wüsste oder über seine Lesefähigkeiten. Umfragen bei Studenten ergeben immer wieder, dass man sein Lesetempo und seine Lesekapazität überhaupt nicht einschätzen kann, auch nie erprobt und schon gar nicht trainiert hat. Ich fürchte, dass dies bei Lehrern nicht viel anders sein wird. Wie wären die Lernerfolge wohl bei Lehrern, wenn man sie nach 20 Dienstjahren pro Tag je 6 Stunden unterrichten und dann prüfen würde?

Metalernen müsste einem Lernenden klarmachen, auf welchen Wegen er z.B. am besten lernt, beim Zuhören, Lesen oder Sprechen oder in kombinierten Verfahren. Metalernen müsste ihm dann auch neue, alternative Strategien anbieten. All das ist bis heute in der Schule Tabula rasa!

5.2.2 Selbststeuerung

Zu jedem aktiven Lernprozess gehören kontinuierliche Anpassungen und Feinabstimmungen der Handlungen durch Prozesse der Selbststeuerung – ein Sachverhalt, der im alltäglichen Unterricht ebenfalls häufig vernachlässigt wird. PIAGET hat sich in seiner letzten Schaffensphase besonders mit Steuerungsprozessen befasst und drei Arten der Selbststeuerung unterschieden: die autonome Steuerung, die er als inhärenten Teil jedes Wissensaktes bezeichnete; die aktive Steuerung, die im Vollzug von Handlungen in der Art von Versuch-und-Irrtum-Verfahren erfolgt; die bewusste Steuerung, die als Prozess der Hypothesenbildung und deren Überprüfung real oder als „Denkvorgang im Geiste" zu beschreiben ist.

Im Sinne der PIAGETSCHEN Entwicklungstheorie erfolgt autonome Steuerung eher unbewusst: das kleine Kind nimmt unbewusst Anpassungen und Feinabstimmungen seiner motorischen Aktivitäten vor. Aktive Steuerung erfolgt über Handlungserfolg. PIAGET meint, dass Handlungen an sich schon ein eigenständiges und wirksames Wissen darstellen. Es sei dies häufig nicht bewusst im Sinne eines begrifflichen Verstehens, stelle aber dennoch den Ursprung des letzteren dar. Bewusstsein taucht in der ontogenetischen Entwicklung des Kindes auf, wenn es fähig wird, über seine Handlungen nachzudenken. Mit dem Begriff der metaprozeduralen Reorganisation ist die Auffassung gemeint, dass Lernen innerhalb eines Gebietes in einer vorhersehbaren Abfolge abläuft, die durch einen internen Druck zur Systematisierung, Konsolidierung und Verallgemeinerung des Wissens gekennzeichnet ist. Wichtig ist dabei, dass nicht Fehler oder externer Druck die metaprozedurale Reorganisation befördern, sondern dass es Veränderungen durch Erfolg sind, die Selbststeuerung begünstigen, wobei PIAGET die wichtige Unterscheidung zwischen Erfolg – d.h. genug Verständnis für eine Situation haben, um die gewünschten Ziele durch Handeln zu erreichen – und Verstehen – d.h. die erfolgreiche gedankliche Bewältigung von Situationen – getroffen hat.

Interessant ist, dass der Steuerung durch andere auch im Zusammenhang der Selbststeuerung große Bedeutung beigemessen wird. Dabei stützt man sich auf WYGOTSKIS Theorie der Internalisierung, die annimmt, dass alle psychologischen Prozesse ursprünglich sozialer Natur sind, d.h. zwischen Personen ablaufen, und die zunächst interpersonale Struktur des Denkens durch Erfahrung in eine intrapersonale transformiert wird. Danach sind für einen Lernenden die sozialen Situationen besonders lernintensiv, in denen er mit Experten in einem Problemlösungsbereich interagiert. Der Lehrer ist als Experte, als Tutor, als Dialogleiter gefragt!

5.2.3 Selbstkonzepte und ihre Merkmale

Die Motivationspsychologie beschäftigt sich seit langem mit der Analyse leistungs-/lernorientierten Handelns. Untersucht wurden dabei vor allem die Auswirkungen dispositionaler Erfolgszuversicht und Misserfolgsängstlichkeit (HECKHAUSEN [9]1963 und 1980). Dabei kam man der unterschiedlichen Ursachenbeschreibung für Erfolge und Misserfolge bei verschiedenen Gruppen von Personen auf die Spur. Amerikanische Psychologen haben eine sogenannte Theorie der „gelernten Hilflosigkeit" entwickelt. Darunter versteht man Verhaltensdefizite und Leistungsverschlechterungen als Folgen massiver Erfahrungen, Situationen nicht kontrollieren und durch eigenes Handeln nicht zielkonform beeinflussen zu können. Auswirkungen der auf solche Art gelernten Hilflosigkeit kann man sich leicht vorstellen. Wahrscheinlich sind viele nicht erfolgreiche Schul-(Lern-)karrieren von Schülern Produkte gelernter Hilflosigkeit. Es ist daher äußerst wichtig, etwas über diese Sachverhalte zu wissen, werden doch gleiche Leistungsergebnisse von Personen ganz unterschiedlich bewertet: von den einen als Erfolg, von den anderen als Glück, Zufall und damit nicht eigentlich als eigene Leistung.

Da gibt es die eine These, dass Personen nach unkontrolliertem Misserfolg weiterhin Leistungsabfall zu konstatieren haben, da sie ein Erwartungsdefizit/Motivationsdefizit entwickeln: schlechte Leistung bewirkt weniger Motivation, weniger Motivation bewirkt wenig Leistungsanstrengung, diese wiederum führt zu immer schlechteren Leistungen. Eine negative Spirale! Da gibt es die andere These, nach der Misserfolg eher zu einem Anstieg als zu einem Abfall der Leistungsmotivation führe. Dieses Phänomen wird die motivationale Wirkung von Misserfolg genannt. KUHL (1984) hat hier eine neue Theorievariante mit Hilfe empirischer Untersuchungen entwickelt, die schulisch höchst bedeutsam sein könnte.

KUHLS Ansatz ist eine Theorie der Handlungskontrolle. Sie besagt, dass Lernende auf Misserfolg hin dann eher weiter und sogar mehr lernen, wenn sie handlungsorientiert denken und weniger lageorientiert. Lageorientierung wird als metakognitive Tendenz verstanden, vergangene, gegenwärtige und künftige Zustände zu analysieren. Handlungsorientierung wird als metakognitive Tendenz verstanden, Operationen zur Zielerreichung anzuregen. Beispiele für Lageorientierung können sein das Nachsinnen über mögliche Ursachen einer Anzahl aufeinanderfolgender Misserfolge oder die Beschäftigung mit dem eigenen emotionalen Zustand. Beispiele für Handlungsorientierung können sein das Suchen nach Handlungsalternativen für die Zielerreichung oder die Feststellung der Differenz zwischen Ist-Zustand und Soll-Zustand. Lageorientierung ist mit einem größeren Maß an Informationsverarbeitung verbunden, als für die Ausführung einer Handlung notwendig ist. Handlungsorientierung sucht nach möglichst sparsamer Verarbeitung handlungsrelevanter Informationen. Nach KUHL verstärkt sich die Tendenz zur passiven Lageorientierung bei wiederholtem Erleben von unkontrollierbaren Ergebnissen. Bleibt dagegen die Handlungskontrolle beim Lernenden, ist die Chance der Handlungsorientierung größer. Situative Gegebenheiten wie Unkontrollierbarkeit von Ergebnissen durch Lernende oder Anweisungen, die Druck zum Ausführen irgendwelcher Handlungen darstellen, verstärken die Tendenzen zur Lageorientierung. Eine sehr praktische Konsequenz dieser Theorie wäre es, einem Lernenden die Erfahrung zu ermöglichen, dass das Nachdenken über Veränderungen in den eigenen Bemühungen hilfreicher sein kann als das Grübeln über den gegenwärtigen Zustand und seine Ursachen. Menschen sind nicht mehr hilflos, wenn sie sich nicht mehr hilflos fühlen!

Dieser Ansatz scheint für den schulischen Alltag recht bedeutsam: Ein Lehrer kann einem Schüler in Mathematik z. B. mehrere Male im Schuljahr bestätigen, dass er im Mündlichen mangelhafte Leistungen erbringe. Er könnte ihm statt dessen aber auch sagen, wie er seine mündlichen Leistungen verbessern könne. Im ersten Fall ergibt sich im Lauf der Zeit über die Fremdeinschätzung des Lehrers die Selbsteinschätzung „Ich bringe wohl sowieso nichts". Unsicherheit und Zögern werden sich verstärken, die Passivität wird größer, die mündlichen Leistungen werden tatsächlich immer schwächer. Im zweiten Fall würden positive Erwartung und konkrete Hilfe mehr Zutrauen des Schülers zu sich selbst, mehr Versuche der Beteiligung und mehr Chancen zu Erfolgserlebnissen ergeben. Das Selbstkonzept des Schülers würde nicht mehr das eines Versagers in Mathematik, sondern das eines in Mathematik auch positiven Lerners sein.

Etwas verallgemeinert heißt dies: Lernen ist zu keiner Zeit nur ein Lernen von Mathematik oder Geschichte, Lernen ist immer auch Persönlichkeitsentwicklung. Diese erfolgt für den Betreffenden positiv, wenn er sein Verhältnis zu Mathematik oder Geschichte selbstkontrolliert entwickeln kann, er also nicht den subjektiven Einschätzungen eines Lehrers ausgeliefert ist, sondern der Lehrer ihm hilft (Tutorfunktion), seine Schwierigkeiten zu überwinden, Defizite aufzuarbeiten, alternative Lernmöglichkeiten (Verstehen und Training) zu erkennen und zu nutzen.

5.2.4 Zusammenfassung

Lernen ist das zentrale Anliegen in der Schule. Schüler sind 9, 10 oder 13 Jahre aufgefordert zu lernen. Sie werden nach den Ergebnissen als Lernende bewertet, und darüber hinaus ergeben sich Selbstkonzepte (Einschätzungen über sich selbst, Wissen von sich selbst), die für das ganze Leben bestimmend werden können.

Lernen darf deshalb nicht nur ein Vorgang sein, der über Ergebnisse, positive oder negative, beurteilt wird. Der Lernprozess muss in seinem ganzen Verlauf an die Oberfläche gehoben werden, um Planung, Steuerung und Überprüfung sowie ständige Verbesserung anzustreben. *Die Schule hat die Aufgabe, neben dem Unterricht auch das Lernen stärker zu beachten!* Ganz bewusst wird diese

These so formuliert. Ein Lehrer, der 25 Schüler unterrichtet, kann in der Regel nur den Unterrichtsverlauf im Blick haben, 25 ungestörte oder gestörte Lernprozesse nicht.

Das Bewusstmachen von Lernchancen und -möglichkeiten, die Reflexion über das tägliche Lernen, der Aufbau von Lernprozessen erster und zweiter Ordnung beinhalten daher eine Organisation des Schulalltags, der die Wahrnehmung dieser Aufgaben möglich macht.

5.3 Ein Überblick über Lern- und Arbeitstechniken

Nach den vorangegangenen Ausführungen ist es sicher sinnvoll, einen Überblick über für wichtig gehaltene Lern- und Arbeitstechniken zu geben, die nach dem Gesagten nicht mehr nur den Charakter von Techniken haben, sondern mehr den Charakter von Zugriffs- und Verfügungsmöglichkeiten mit der Chance, Herr seiner Lern- und Lebensmöglichkeiten zu werden.

5.3.1 Techniken der Informationsbeschaffung und -sammlung

- Die Arbeit mit Texten (Sachdarstellungen, historische Quellen, literarische Werke, Berichte, Reportagen, Aufsätze, Katalog- und Prospekttexte u. ä.): sinnerfassendes Lesen, Lesen mit dem Bleistift (Unterstreichen wichtiger Passagen), Auszüge machen, Gliederungen finden, Textvergleiche, Texte so weit auswendig lernen, dass über sie frei referiert werden kann, Texte in Karteien oder Sammlungen aufnehmen und ordnen, Autoren feststellen u. a. m.
- die Arbeit mit Bild und Film/Video: Erlesen von Bildinhalten, Strukturieren von Bildaussagen (Unterscheiden des für die gestellte Aufgabe Wichtigen von Unwichtigem), Inhaltsbeschreibung von Bildreihen, Analyse kurzer Filme nach Inhalt und Aufbau, Vergleich verschiedener Bilder zum gleichen Thema, um ggf. tendenziöse Darstellungen erkennen zu lernen (z. B. bei Porträts) u. a. m.
- die Arbeit mit Rundfunksendungen (Schulfunksendungen u. a.): genaues Zuhören, Notizen dabei machen, Übernahme auf Tonband, Herausschneiden wichtiger Passagen (= Auszüge machen), sofortige Rekapitulation des Gehörten zum Zwecke des Einprägens u. a. m.
- die Arbeit mit Landkarten, Atlanten: Erlesen und Verstehen der Kartensymbole, Gebrauch von Haupt- und Nebenkarten, Abkürzungen lesen und gebrauchen, Umrechnungen mit Hilfe des Maßstabs, Erkennen funktionaler Zusammenhänge, Einprägen von Lagebeziehungen und deren freie Wiedergabe (z. B. mit Skizzen an der Tafel), Lesen verschiedenartiger Karten (Wirtschaftskarten, Klimakarten, Messtischblätter) u. a. m.
- die Arbeit mit Zahlendarstellungen (Tabellen, Diagrammen): Erlesen von „Inhalten“, Vergleich von Zahlen, Erkennen von Entwicklungen anhand von Zahlenreihen, Umrechnungen, Rückschlüsse ziehen auf mögliche verursachende Faktoren, Vergleich von Textdarstellungen u. a. m.

- die Arbeit mit Nachschlagewerken (Lexika, Wörterbücher, Bestimmungsbücher, Lehrbücher): schnelle Nachschlagetechnik, Klassifizierung von Nachschlagewerken (z. B. Wörterbuch – Lexikon), Informationsverwertung in Stichworten, kleinen Texten, Handskizzen u. a. m.
- der Gebrauch von Arbeitsmitteln: Durchdenken des Auftrags, Herbeiholen der Arbeitsmittel, Wissen über ihre Ordnung und Lagerung, sorgfältiger Gebrauch des Arbeitsmittels, sorgfältige Aufbewahrung selbständiger Kontrollkarten, Lernen mit Programmen u. a. m.
- die Beherrschung technischer Geräte (Radio, Projektor, Fernsehapparat, Film- bzw. Videogerät, Tonbandgerät): Vervielfältigungsgeräte müssen von allen Schülern bedient werden können, um ein selbständiges Arbeiten mit ihnen möglich zu machen. Für kostspielige Geräte (z. B. Filmapparat) mit schnell auftretenden Schäden bei unsachgemäßer Behandlung sollten Schüler wie Lehrer auch Bedienungsscheine erwerben können. Die einzelnen Unterrichtsfächer werden weitere Forderungen stellen (die Bedienung von Mikroskopen in der Biologie, der Gebrauch von Experimentiergeräten in der Physik usw.).
- Nachforschungen und Informationssammlung außerhalb der Schule: Benutzung von Bibliotheken, Besuch von Museen, systematisches Beobachten von Objekten (Zählen des Verkehrs z. B.), das Telefonieren, das Schreiben von Briefen mit der Schreibmaschine, die Interviewtechnik. Der Besuch von Ämtern und Behörden, Freizeitheimen, Volkshochschulen, Konsulaten usw. verlangt höfliches, bewegliches, aber eben auch zielstrebiges Verhalten, um an spezielle Informationen zu kommen.

5.3.2 Techniken der geistigen Auseinandersetzung

- Genaues Zuhören bei Darstellungen verschiedener Art
- sofortiges Fragen, wenn etwas unklar erscheint
- Techniken der Gesprächsteilnahme: Anerkennung der Äußerungen des anderen; Äußerung der eigenen, begründeten Meinung; das Eingehen auf Gesprächsbeiträge anderer Schüler; den anderen ausreden lassen; sich melden, wenn man sprechen will; bei einem Sachverhalt bleiben, nicht abschweifen; ergänzen, was unvollständig erscheint; kritisches Überprüfen der Beiträge anderer; das Einhalten bestimmter Gesprächsregeln (sitzen bleiben beim Gespräch; zur Gruppe, nicht nur zum Lehrer sprechen, den anderen mit dem Vor- bzw. Nachnamen ansprechen usw.)
- Arbeitsplanung: Aufgabenstellung, Materialbeschaffung, Lösen von Aufgaben, Fertigen eines Berichts, Verteilen einzelner Aufgaben in der Gruppe unter Berücksichtigung der vorhandenen Fähigkeiten

- kritisches Überprüfen von Arbeitsberichten anderer (auch des Lehrers,) während einer Darstellung oder eines Gesprächs Notizen machen und mit ihrer Hilfe Stellung nehmen
- Zusammenfassungen erarbeiten
- richtiges Ausnützen der vorhandenen Zeit
- Einspielen eigener Informationen in Gespräche und Gruppenberichte
- Problematisierung eines Sachverhaltes aufgrund des Vorwissens (Nichts ist selbstverständlich, vieles ist fragwürdig im ursprünglichen Sinn des Wortes!)
- Unterscheiden von Information und Meinung
- selbständiges Weiterforschen, wenn etwas noch nicht voll und ganz dargestellt zu sein scheint
- Beherrschung bestimmter Umgangsformen: bei allem höflich und sachlich bleiben, Richtiges (an)erkennen und dann das Kritische bemerken, auch des schwachen Schülers Bemühen anerkennen
- wohldosierter Gebrauch bestimmter Gesprächsformeln (z. B.: ich möchte noch einmal auf Ulrikes Ausführungen zurückkommen), Gefahr der Stereotypien dabei beachten!

5.3.3 Darstellungstechniken

- Aufnahme und Ausführung eines Protokolls, zuerst für Darstellungen von 5–10 Minuten, später für ganze Unterrichtsstunden
- das Referat: möglichst freie Wiedergabe von erarbeiteten, gelesenen oder gehörten Darstellungen, später Referat aufgrund von Stichworten
- der kurze Bericht: Über verlaufene Arbeiten und ausgeführte Tätigkeiten muss immer kurz und knapp frei berichtet werden können.
- die zeichnerische Darstellung: Im Heft oder an der Tafel werden gesehene, gehörte oder gelesene Darstellungen in zeichnerische Darstellungen umgesetzt
- das Illustrieren von Sachverhalten mit Bildern aus dem eigenen Archiv an der Pinnwand der Klasse, im Arbeitsheft oder in Gruppenarbeitsmappen
- die Anfertigung von Tabellen: Einordnen, von Zahlenmaterial in Ordnungsgitter, übersichtliche Darstellung von Zahlenverhältnissen in Diagrammen
- das Anfertigen von Landkarten bzw. das sinnvolle Ausfüllen von Umrisskarten. Das Fotografieren sollte in jeder Klasse eine Expertengruppe beherrschen.
- Darstellungstechniken der Gruppe sollen ebenfalls genutzt werden, können in der Regel aber nicht zu den täglichen Selbstverständlichkeiten gehören, da sie z. T. viel Aufwand und Zeit verlangen und daher evtl. unökonomisch sind. Sie müssen also sehr gezielt zum Einsatz kommen, z. B.:

Anfertigung von Modellen und Reliefs; kleine Ausstellungen zum Schluss einer Unterrichtseinheit in einer Ecke des Klassenraums, im Flure oder in der Eingangshalle bzw. Pausenhalle; dramatische Darstellungen (historische Szenen, gespielte Streitgespräche usw.); Anfertigung umfangreicherer Arbeitsmappen, Chroniken, Schaubilder usw. mit dokumentarischem Wert; Darstellung von Sachverhalten mit Medienkombinationen, z.B. bei Elternabenden, Samstags-Meetings, pädagogischen Rückschauen (PETERSEN), also mit Referat, Dia-Vorführung und szenischen Darstellungen; Features auf dem Tonband; das Bilderalbum, das von einer Arbeit erzählt.

5.3.4 Einige Schlussbemerkungen

Die vorstehenden Ausführungen können nun im Rückblick noch einmal präzisiert werden.

- Zu jedem aktiven Lernprozess gehören Handlungen, die als Zugriff auf Wirklichkeit bzw. schon vorhandene Wissensbestände verstanden werden können. Wenn der Lernprozess nicht nur eine schlichte Übernahme von bereitgestelltem Wissen sein soll, bedarf es eines differenzierten und vielfältigen Instrumentariums von Informationssuch- und -beschaffungsmöglichkeiten.
- Zu jedem aktiven Lernprozess gehören aber auch Techniken, sich Wissen verfügbar zu machen, und das heißt, es weitergeben und darstellen zu können. Erst der, der etwas darstellen kann, ist im Besitz von Wissen. So sind Techniken der Auseinandersetzung mit Fragen, Problemen, Wissen ebenso wichtig wie Techniken der Darstellung. Die Rolle des Schülers als Lehrer oder Tutor oder Referent ist für jeden produktiven Unterricht unentbehrlich!
- Will man den Schüler als selbständigen Lerner, muss man ihm die Möglichkeiten zu einem eher handlungsorientierten und weniger lageorientierten Lernen (vgl. Abschnitt 5.2.3) verschaffen. Es scheint so zu sein, dass wir diese Aufgabe in der Schule bisher etwas vernachlässigt haben.
- Für den Schüler wird ein positives Selbstkonzept aufzubauen sein, wenn man ihn nicht immer nur als „Speicher" von für wichtig gehaltenem Wissen versteht, sondern ihn in die Lage versetzt, aktiv auf seine Lebenswelt und auf die für ihn wichtigen Wissensbestände zuzugehen.
- Dazu muss ihm bewusst werden, über welches „Handwerkszeug" er verfügen kann (Metalernen).
- Der Unterricht selbst wird an Effektivität gewinnen, wenn er Zugriffs- und Verfügungsmöglichkeiten vom Lehrer zunehmend auf die Schüler verlagert. Von erfolglosem Unterricht weiß jeder Lehrer sein Lied zu singen. Wie oft ist man erstaunt und erschreckt, dass im Unterricht Behandeltes so schnell wieder vergessen wird! Vielleicht ist eine Ursache dafür, dass wir Unterricht zu sehr auf die Behaltensmöglichkeiten der Schüler (Kurz- und Langzeitspeicher) abstellen und zuwenig auf die Möglichkeiten aktiven Lernens.

5.4 Lernstrategien – exemplarisch an einigen Beispielen entwickelt

Unter einer Strategie versteht man ein genau geplantes Vorgehen. Im Unterschied zur Lerntechnik (wie etwa das Auswendiglernen von Vokabeln mit Hilfe eines Kassettenrecorders) bezeichnet die Lernstrategie also das umfassendere Vorgehen, mit dem man sich etwa auf eine Prüfung vorbereitet. Zu ihr werden verschiedene Lerntechniken, die Zeitplanung und auch der Umgang mit sich selbst (Mut machen, mit anderen sprechen, sich Abwechslung verschaffen u. a. m.) gehören.

Entsprechend den vielfältigen Lernanforderungen in Schulen und anderen Bildungseinrichtungen wäre im Grunde so etwas wie ein Curriculum „Lernen“ zu entwickeln, wie man es gewöhnlich für einen Inhaltsbereich (z. B. Geschichte des 20. Jahrhunderts) macht. Dies ist hier nicht zu leisten. Aber es sollen doch einige Lernstrategien entwickelt werden, die die Richtung anzeigen, wichtige Lernaufgaben für Schüler betreffen und so konkret sind, dass der Lehrer Beispiele gewinnt, deren Struktur auf andere Lernaufgaben übertragen werden kann.

Noch einmal: Gemeint sind Lernstrategien, die mit Schülern so erarbeitet werden sollten, dass diese ihr Lernen entsprechend selbständig in die Hand nehmen können, also mit sich und den Lernaufgaben aufgeklärt, planvoll, optimistisch und auch ökonomisch umzugehen lernen.

5.4.1 Lernstrategie „Auswendiglernen“

Das Speichern und Reproduzieren von sprachlichem Material ist sicher eine häufige und alltägliche Lernanforderung für Lernende. Dabei kann es sich um Vokabeln im Fremdsprachenunterricht, Daten im Geschichtsunterricht, Regeln im Mathematikunterricht, Gedichte im Muttersprachunterricht u. a. in. handeln. Vielleicht hängt Schulerfolg zuallererst von dem Vermögen ab, diesen Lernanforderungen zu entsprechen!

Das folgende Beispiel darf nicht mechanisch gehandhabt werden. Wichtig ist, dass Lernen nicht „blind“ erfolgt; wichtig ist aber auch, dass jeder die Lernstrategie entwickelt, die seinen Lernmöglichkeiten und -vorlieben entspricht und nur so aufwendig ist, wie es zum Erreichen des Lernerfolges notwendig ist. Am folgenden Beispiel lässt der eine vielleicht einige Schritte aus, der andere wählt eine andere Reihenfolge, der dritte wählt noch ganz andere Lerntechniken: dies wäre gut und richtig. Jeder Mensch sollte sich zu einem eigenständigen „Lerntyp“ entwickeln und im Lauf der Zeit herausfinden, wie er am besten lernt.

Nehmen wir an, folgende Reihe von Vokabeln ist für den übernächsten Tag zu lernen, und zwar so, dass man auf das deutsche Wort das englische Wort nennen kann.

Die Vokabelliste sei folgende:

sea power	Seemacht
from then on	von da ab
by	durch
discovery	Entdeckung
trade	Handel, Gewerbe
conquest	Eroberung, Unterwerfung
to build up, built, built	aufbauen
empire	(Welt-)Reich
overseas	in Übersee
Australia	Australien
Canada	Kanada
New Zealand	Neuseeland
possession	Besitz(ung)
power	Macht
South Africa	Südafrika
up to this time	bis zu dieser Zeit
the British Empire	das Britische Weltreich
setback	Rückschlag
loss	Verlust
colony	Kolonie
to break away	sich loslösen, losmachen
state	Staat
lesson	Lehre, Denkzettel
one by one	einer nach dem anderen, nacheinander
independent	unabhängig
to change to	ändern in
nation	Nation
more and more	immer mehr
to recognize	anerkennen
head	Oberhaupt
aptitude	Fähigkeit, Begabung
refusal	Weigerung, Ablehnung
to admit defeat	sich geschlagen geben

Folgende Lernschritte seien vorgeschlagen:

1. Sieh dir möglichst bald die Reihe an! Die Aufgabe nicht vertagen!

Sich einen Überblick verschaffen, ist die erste Aufgabe. Dabei wird man feststellen, dass in der Reihe bekannte Wörter sind, die man praktisch gar nicht mehr lernen muss. Da sind auch Wörter, die man schnell lernt, da sie fast wie die deutschen Wörter aussehen (Beispiel: colony = Kolonie).

2. Man kann – im zweiten Schritt – „Anker" bilden.

Anker sind bekannte oder leicht zu lernende Wörter. Dann könnte die Reihe folgendermaßen aussehen

sea power	Seemacht
from then on	von da ab
by	durch
discovery	Entdeckung
trade	Handel, Gewerbe
conquest	Eroberung, Unterwerfung
to build up, built, built	aufbauen
empire	(Welt-)Reich
overseas	in Übersee
Australia	Australien
Canada	Kanada
New Zealand	Neuseeland
possession	Besitz(ung)
power	Macht
South Africa	Südafrika
up to this time	bis zu dieser Zeit
the British Empire	das Britische Weltreich
setback	Rückschlag
loss	Verlust
colony	Kolonie
to break away	sich loslösen, losmachen
state	Staat
lesson	Lehre, Denkzettel
one by one	einer nach dem anderen, nacheinander
independent	unabhängig
to change to	ändern in
nation	Nation
more and more	immer mehr
to recognize	anerkennen
head	Oberhaupt
aptitude	Fähigkeit, Begabung
refusal	Weigerung, Ablehnung
to admit defeat	sich geschlagen geben

3. Im dritten Schritt kann man sich jetzt die Reihe in Abschnitte aufteilen. Damit ist sie dann gar nicht mehr so gewaltig!

Im Beispiel könnte dies so aussehen:

sea power	Seemacht
from then on	von da ab

by	durch
discovery	Entdeckung
trade	Handel, Gewerbe
conquest	Eroberung, Unterwerfung
to build up, built, built	aufbauen
empire	(Welt-)Reich
overseas	in Übersee
Australia	<u>Australien</u>
Canada	<u>Kanada</u>
New Zealand	Neuseeland

possession	Besitz(ung)
power	Macht
South Africa	Südafrika
up to this time	bis zu dieser Zeit
the British Empire	das Britische Weltreich
setback	Rückschlag
loss	Verlust
colony	<u>Kolonie</u>
to break away	sich loslösen, losmachen
state	Staat
lesson	<u>Lehre, Denkzettel</u>

one by one	einer nach dem anderen, nacheinander
independent	unabhängig
to change to	ändern in
nation	<u>Nation</u>
more and more	immer mehr
to recognize	anerkennen
head	Oberhaupt
aptitude	Fähigkeit, Begabung
refusal	Weigerung, Ablehnung
to admit defeat	sich geschlagen geben

Nun kannst du die Abschnitte durchgehen und kannst die Hälfte der Vokabeln mit Sicherheit bald auswendig.

4. Die „schweren Vokabeln" herausziehen!

Du wirst längst gemerkt haben, dass da einige Vokabeln sind, die schwer zu lernen sind. Schreib dir diese aus der Liste heraus! Mit dem Herausschreiben und der damit verbundenen besonderen Beachtung bist du schon wieder einen Schritt weiter!

Unser Beispiel:

sea power	Seemacht	
from then on	von da ab	from then on
by	durch	
discovery	Entdeckung	
trade	Handel, Gewerbe	
conquest	Eroberung, Unterwerfung	conquest
to build up, built, built	aufbauen	
empire	(Welt-)Reich	
overseas	in Übersee	
Australia	Australien	
Canada	Kanada	
New Zealand	Neuseeland	

possession	Besitz(ung)	
power	Macht	
South Africa	Südafrika	
up to this time	bis zu dieser Zeit	up to this time
the British Empire	das Britische Weltreich	
setback	Rückschlag	
loss	Verlust	
colony	Kolonie	
to break away	sich loslösen, losmachen	
state	Staat	
lesson	Lehre, Denkzettel	

one by one	einer nach dem anderen, nacheinander	one by one
independent	unabhängig	
to change to	ändern in to	change to
nation	Nation	
more and more	immer mehr	
to recognize	anerkennen	
head	Oberhaupt	
aptitude	Fähigkeit, Begabung	
refusal	Weigerung, Ablehnung	
to admit defeat	sich geschlagen geben	to admit defeat

5. Nun hast du dir eine gute Lernstruktur entwickelt. Geh noch einmal die Liste durch und prüfe, welche Vokabeln du schon kannst! Lass dann die Sache erst einmal liegen!

6. *Am frühen Abend machst du einen ersten Lernangriff!*

Du gehst mit verschiedenen Lernhilfen die Reihe durch:

- Du liest die Reihe durch – dann deckst du die englischen Vokabeln zu und prüfst dich. Fünf Durchgänge!
- Du liest die Reihe durch – dann schreibst du zu den deutschen Wörtern die englischen auf.
- Du lässt dich schon einmal abfragen. Drei Durchgänge!

7. *Lass die Lernaufgabe dann wieder liegen. Morgen ist auch noch ein Tag!*

8. *Am nächsten Tag prüfst du gleich mittags, was du alles kannst, was noch nicht.*

Danach machst du dir einen Lernplan für den Tag: Wie viele Übungen brauchst du noch? Welche Übungsmöglichkeiten kennst du noch? (Hänge dir Kärtchen mit den schwierigen Vokabeln dort auf, wo du häufig hinsiehst. Oder arbeite mit einem Kassettenrecorder! Oder?)

9. *Mach am Abend eine Erfolgskontrolle mit einem Abfrager (Mutter, Vater, Geschwister oder ...)!*
Du kannst die Reihe mit Sicherheit!

Dies ist das Beispiel einer Lernstrategie für eine kleine Lernaufgabe. Bei jeder anderen sollte man immer überlegen, welchen Plan man sich macht. Das Lernen ist erfolgreicher, wenn man sich

- einen Plan macht
- das Lernen über die zur Verfügung stehende Zeit verteilt
- und sich selbst mit kleinen Freundlichkeiten oder Tricks hilft (= sich das Lernen angenehm und abwechslungsreich macht)!

Abschließend eine kleine Sammlung von Lerntechniken zur Auswahl:

- Unterteilung in Lernabschnitte
- Unterteilung nach Schwierigkeiten (leichte Vokabeln lernen/schwere Vokabeln lernen)
- Lernen durch Verdecken einer Spalte
- Lernen durch lautes Sprechen
- Lernen durch Aufschreiben der Vokabeln
- Vokabeln der Reihe nach lernen
- Wortfelder bilden und lernen
- Wortfamilien bilden und lernen
- einzelne Wortarten (Substantive, Verben, Adjektive etc.) heraussuchen und lernen
- beim Lernen Pausen machen
- Lernen durch Bildung von „Eselsbrücken“

- Lernen aus dem Zusammenhang des Textes heraus
- Abfragen durch Partner
- Vokabeln auf Kassette sprechen und durch die Kassette abfragen lassen
- Vokabeln spaltenweise abdecken
- schwierige Vokabeln nochmals wiederholen
- Abfragen in Belastungssituationen (Lärm, Musik)
- Verbindungen zu anderen Sprachen suchen
- beim Laufen oder in Pausen etc. Vokabeln zurückrufen
- Karteien führen über Vokabeln

5.4.2 Lernstrategie „Lernen durch Lesen"

Mit jedem Schuljahr wird das Lernen durch Lesen wichtiger. Schulbüchern sind Informationen zu entnehmen, Ganzschriften sind zu lesen, Lehrer legen vervielfältigte längere Texte vor. Die Lernanforderung „Lernen durch Lesen" ist bei näherem Zusehen komplizierter, als man vielleicht annimmt. Folgende Übersicht mag das deutlich machen:

Didaktisches Spannungsfeld

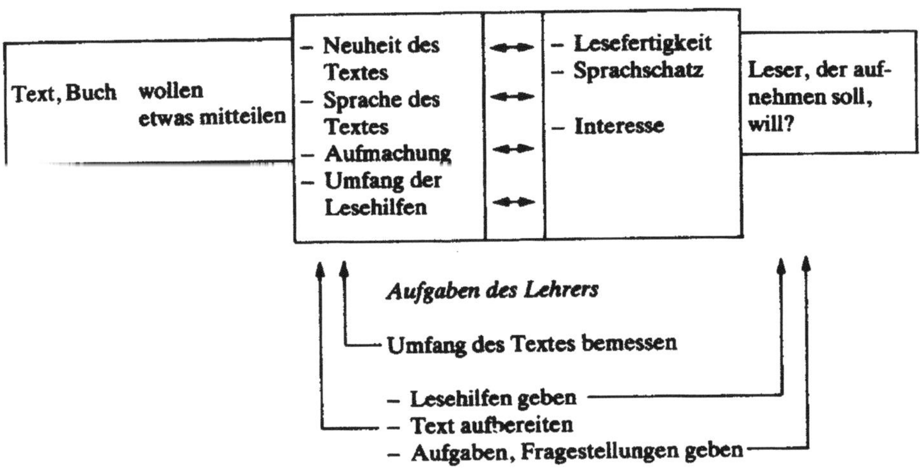

Es entsteht sofort ein didaktisches Spannungsfeld. Vorgaben auf der Seite eines Textes/eines Buches stehen Leser gegenüber, die dem Text/Buch etwas entnehmen sollen. Dabei können die Neuheit, die Sprache, die Aufmachung, der Umfang des Textes/Buches kollidieren oder in eine Passung treten mit der Lesefertigkeit, dem Sprachschatz und dem Interesse der Leser. Obwohl Lesen zunächst ein individueller Prozess ist, bedarf er der kommunikativen Vorgaben. Die Aufgabe des Lehrers besteht darin, z. B. hinsichtlich des Umfanges, der Aufbereitung des Textes, der Vermittlung von Leseaufgaben/Fragestellungen gezielte Hilfen zu geben. Der unterrichtliche Kontext sollte möglichst Sinn und Notwendigkeit des Lesens eines Textes/Buches deutlich machen. Ist dieser kommunikative Kontext gegeben, wird wichtig, wie der einzelne liest.

NAEF ([11]1982) empfiehlt in ihrem weitverbreiteten Buch die sogenannte Fünfpunktemethode, um beim Lesen besser aufnehmen und behalten zu können. Wenn es darum geht,

- das Wesentliche zu erfassen
- keine Zeit mit Unwichtigem zu verlieren
- auch wirklich zu verstehen, was man liest
- das Gelesene nicht so schnell wieder zu vergessen, solle man die von dem Amerikaner ROBINSON entwickelte Fünfpunktemethode anwenden, da sich gezeigt habe, dass die Häufigkeit des Lesens allein das Behalten des Inhaltes nicht genügend sichere. Die fünf Punkte sind (SQRRR):

1. Survey:	Überblick gewinnen, Text durchsehen, blättern
2. Question:	Fragen entwickeln: Was will ich von dem Text eigentlich wissen, welche Informationen soll er liefern?
3. Read:	Jetzt geht es an das Lesen!
4. Recite:	Unmittelbar nach Abschnitten/Kapiteln ist es wichtig, sich den Inhalt in Erinnerung zu rufen, ihn sich zu vergegenwärtigen, zu fragen, welche Informationserwartungen erfüllt worden sind.
5. Review:	Nach der Lektüre des ganzen Textes/Buches ist das Repetieren notwendig, das nochmalige Durchsehen, das Lesen einzelner Teile.

Während man auch hier wieder das für sich Wichtige auswählen und praktizieren wird, ist es gleichwohl sicher bedeutsam, sich einer Hilfsstrategie zu bedienen. Damit ist gemeint, mit einem Zeichensystem sich den Text zu strukturieren (Unterstreichungen, Ausrufungszeichen an wichtige, Fragezeichen an unverstandene Stellen usw.) und mit Hilfe von Notizen (Auszügen) zusätzlich wichtige Informationen zu sichern.

Um Schüler auf den Weg zu solchem Lesen zu bringen, sei das Vorgehen noch weiter konkretisiert:

Nach der Beendigung des Leselernprozesses im 1. und 2. Schuljahr wird kaum noch einmal das Lesen selbst thematisiert. Befragungen von Studenten ergeben regelmäßig, dass man seine Lesefähigkeit eigentlich gar nicht einzuschätzen vermag, was das Lesetempo und gleichzeitig die Verstehens- und Speichermöglichkeiten anbelangt. So geht es auch den Schülern. Es werden häufig Leseleistungen von ihnen verlangt, das Lesenkönnen wird selbstverständlich vorausgesetzt. In welcher Weise und Qualität aber individuelle Lesefertigkeiten ausgebildet und abrufbereit sind, wird nicht mehr thematisiert. Die folgende *Lesehilfe* ist dazu gedacht, mit Schülern einmal das Lesen hinsichtlich des Lesetempos und der Behaltensleistungen zu thematisieren. Solche Lernhilfen müssten für alle Lerntechniken entwickelt werden, um das Lernen zu verbessern. Hier sei ein Beispiel gegeben.

Wie liest du eigentlich? Kannst du deine Lesetechnik noch verbessern?

Frage: Weißt du eigentlich, wie schnell du liest und was du beim Lesen behältst?

Probiere es doch mal aus!

Lies den folgenden Text (etwa 300 Wörter)! Stoppe die Zeit, die du brauchst, bis du dich für ein paar Kontrollfragen fit fühlst!

Ostfriesland

Zwischen den Westfriesen in den Niederlanden und den Nordfriesen in Schleswig-Holstein wohnen die Ostfriesen an der Nordseeküste von Niedersachsen. Sie standen schon immer mit dem Meer, das zu allen Zeiten in das Küstenland einbrach, im Krieg. Durch den Bau von Deichen gelang es den Ostfriesen, ihr Land zu sichern.

Die tiefliegende Marsch muss durch viele Schöpfwerke entwässert werden. Das größte Schöpfwerk Deutschlands liegt bei Oldersum südöstlich von Emden. Die Moorkolonisation setzte in Ostfriesland schon vor 300 Jahren ein.

Aurich ist der natürliche Mittelpunkt des Landes. Es war früher eine Festung und hatte drei Tore. In der Nähe Aurichs liegt der Upstalsboom, im Mittelalter ein Versammlungsort von Aurich. Dort hat man den ältesten Pflug der Welt gefunden. So haben unsere Vorfahren vor über 3 500 Jahren ihre Äcker bearbeitet.

Wo sich früher ein unkultiviertes Moorgebiet erstreckte, liegt heute *Wiesmoor*, ein großer, blühender Garten. Bis 1966 hat man hier in langen Gewächshäusern viele Gemüsearten gezüchtet. Gurken, Tomaten, Erdbeeren, Kohlrabi und Champignons wurden in alle Welt versandt. Weil sich der Anbau von solchem Frühgemüse heute nicht mehr lohnt (Importe aus dem Ausland), werden jetzt in den Glashallen Topfblumen und Zierpflanzen herangezogen. Überschüssiger Wasserdampf, der vom Kraftwerk Wiesmoor kommt, heizt die Anlagen. Dieses Elektrizitätswerk wurde bisher mit Torf betrieben. 1966 ist das E-Werk auf Erdgas umgestellt worden.

Dort, wo die Leda in die Ems mündet, liegt *Leer*. Es ist neben Emden der Heimathafen der Heringslogger. In der Stadt findet auch der „Gallimarkt" statt, ein weitbekannter großer Viehmarkt. Zahlreiche Nahrungsmittelwerke haben in Leer ihren Sitz.

Norden ist die älteste Stadt Ostfrieslands. In Norddeich siehst du viele Sendemasten in den Himmel ragen; das sind die Funktürme der Küstenfunkstelle, die den drahtlosen Verkehr mit den Schiffen auf hoher See vermittelt. Von Norddeich-Mole fahren die Seebäderschiffe zu den Inseln Juist, Norderney und Baltrum.

Esens war einst eine Hafenstadt, ebenso *Wittmund*. Bis hierher reichte die Hariebucht. Hier hatten zu Störtebekers Zeiten Seeräuber ihren Schlupfwinkel.

Rechne dein Lesetempo aus:

$$\frac{300 \text{ mal } 60}{x} = \text{Wörter pro Sekunde}$$ (x = deine Lesezeit in Sekunden)

Wenn du auf 120 Wörter pro Minute kommst, bist du ganz gut. Jetzt die Kontrollfragen:

1. Wo wohnen die Ostfriesen?

____

____

2. Was hast du über Aurich behalten?

____

____

____

3. Nenne drei Punkte über Wiesmoor und Leer!

Wiesmoor:

____

____

Leer:

____

____

____

4. Nenne noch drei Orte Ostfrieslands!

____

____

5. Schreibe Wörter auf, die du nicht kennst!
   Frage jemanden oder schlage nach!

____

____

Hilfen zum besseren Lesen

Lesen, bei dem du auch etwas behalten kannst, wird besser, wenn du folgende Ratschläge beachtest:

1. Vermeide *Lesefehler* wie

- das Buchstabieren von Wörtern und Sätzen (Du liest nämlich zu langsam dabei.)
- das Verfolgen der Zeilen mit dem Finger (Auch das macht dein Lesen zu langsam.)
- das Mitsprechen des Gelesenen (Auge und Gehör sind schneller als der Mund.)
- das starre Lesen (Passe deine Lesegeschwindigkeit dem Text an! Leichte Texte schaffst du schneller.)
- das blinde Lesen (Hilf dir mit Duden/Wörterbuch bei schwer verständlichen Wörtern! Überlies nichts!)
- das enge Lesen (Weite deinen Blick aus! Erfasse mehrere Wörter zugleich!)

2. Eigne dir eine gute *Lesemethode* an!

- Verschaffe dir zuerst einen Überblick!
- Frage dich, was der Text gemäß der Überschrift wohl beinhalten könnte!
- Lies und versuche nach jedem Abschnitt festzuhalten, was wichtig war!
- Überfliege gleich anschließend an das Lesen noch einmal den Text, und merke dir die wichtigsten Punkte!

3. Setze *Lesehilfen* ein!

3.1 Bearbeite den Text selbst, wenn dies erlaubt ist:

- Unterstreiche wichtige Wörter!
- Nimm verschiedene Farben dazu!
- Schaffe dir Merk- und Arbeitszeichen (verschiedene Unterstreichungen wie Striche, Wellenlinien; kreise wichtige Wörter ein, setze Ausrufezeichen oder Fragezeichen)!

3.2 Mache dir Notizen auf einem Blatt:

- Schreibe wichtige Sätze heraus!
- Mache dir eine Übersicht zum Text!
- Schreibe dir die Seite des Textes im Buch dazu, damit du schnell nachlesen kannst!
- Mache dir zu deinen Notizen eine Überschrift!
- Hefte die Notizen sorgfältig ab, damit sie als loses Blatt nicht schnell wieder verloren gehen!

Trainingsvorschläge

1. Probiere die Tipps einmal aus!
2. Prüfe, ob du dein Tempo langsam verbessern kannst!
3. Lasse dich von einem Freund oder deinen Eltern nach dem Inhalt des Textes abfragen!
4. Welche Lesehilfen sind für dich wichtig?
5. Schaffst du kurze Inhaltsangaben leicht?
6. Kannst du den Inhalt eines Textes gut in einem Schema wiedergeben?
7. Weite den Umfang von Lesetexten langsam aus!

5.4.3 Lernstrategie „Lernen durch Zuhören“

Im Unterricht besteht das Lernen häufig darin, dass der Lehrer vorträgt, erklärt, erläutert, interpretiert ..., vor allen Dingen: viel redet ..., und die Schülerinnen und Schüler sollen beim Zuhören das Wichtige behalten/lernen. Auch dieser

Prozess des „Lernens durch Zuhören« ist bei näherem Zusehen komplizierter, als es vielleicht scheint – besonders dann, wenn der Lehrer unkritisch annimmt, dass er doch gut vortrage, erläutere, erkläre, interpretiere ...

Das entstehende didaktische Spannungsfeld sei wiederum in einer Skizze aufgezeigt:

Didaktisches Spannungsfeld

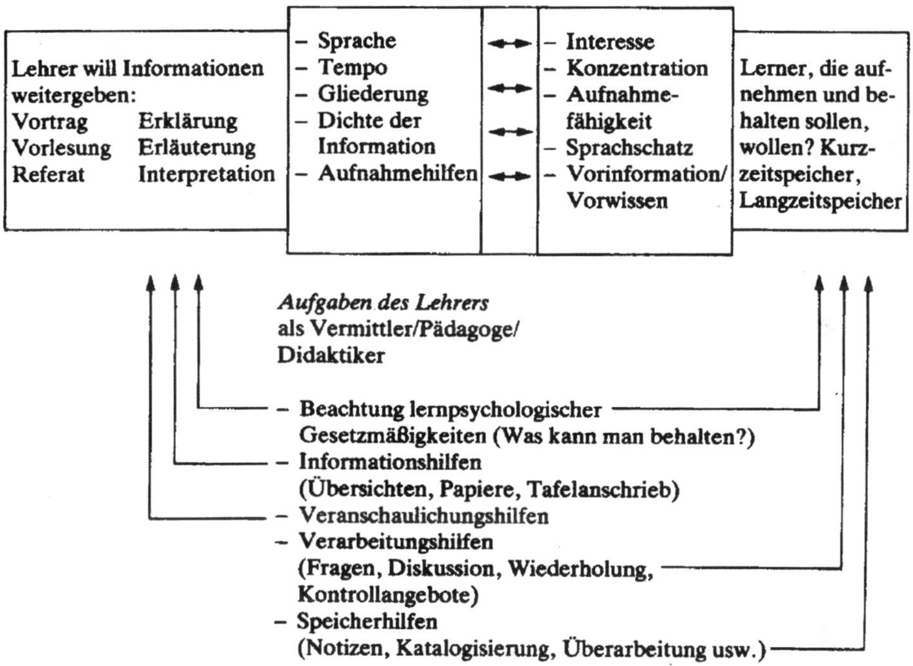

Nachfolgend stellen wir einige „Merkblätter" vor, die – so oder ähnlich – Grundlage einer unterrichtlichen Beschäftigung mit der Lernstrategie „Lernen durch Zuhören" sein können.

Hilfen zum besseren Zuhören

Das Zuhören, bei dem du auch etwas behalten kannst, wird dir durch die folgenden Ratschläge vereinfacht:

1. Vermeide es, dich von Störfaktoren jeglicher Art ablenken zu lassen!
   - Konzentriere dich auf den Sprechenden, und versuche, dich nicht durch Lärm o. ä. ablenken zu lassen!
   - Versuche auch eigene Gedanken (Träumereien) für die Zeit des Zuhörens zu verdrängen!
   - Versuche dein Interesse für das Thema zu wecken, indem du dich vorher vorbereitest und etwas Passendes liest!
   - Versuche das Ziel des Vortrags zu erkennen!
   - Stelle Fragen, wenn du irgend etwas nicht verstehst!

2. Setze Hilfen ein, um besser behalten zu können! Mache dir Notizen und schreibe mit!

(Versuche nicht wörtlich mitzuschreiben, da du Nachfolgendes sonst nicht aufnehmen kannst!) Schreibe dir Wesentliches (z. B. Namen) auf! Benutze für jedes Fach eine Mappe, damit du nichts verwechselst!. Arbeite mit Stichwörtern und Richtungspfeilen! Schreibe deine Stichwörter so übersichtlich auf, dass du nicht gezwungen bist, den mitgeschriebenen Text zu überarbeiten!

Gesichtspunkte für eine fundierte Mitschrift

- Nicht wörtlich mitschreiben!
- Aufgeschrieben werden:
  a) der Referent, das Thema, das Datum u. ä.
  b) die Literaturangaben
  c) die vollständige Gliederung
  d) Grundbegriffe, Definitionen, Titel, Daten, Gesetze etc.
  e) erläuternde Beispiele in Stichworten
- Notizen erst dann machen, wenn man die Information in ihrer Gesamtheit erfasst hat.
- Nicht unbedingt nur Stichworte aufschreiben, sondern in eigenen Worten kurze Sätze bilden, die die wesentlichen Aussagen erfassen! Beziehungen zwischen verschiedenen Informationen werden durch Pfeile u. ä. gekennzeichnet! Aufzeichnungen in der Stunde nicht ins „Reine“ übertragen, sondern durchdenken! Grundgedanken sollen in der Nachbereitung herausgearbeitet und strukturiert werden. Lücken werden geschlossen; bei Zweifeln wird in der angegebenen Literatur nachgeschlagen.
- neuer Gedanke → neue Zeile
- neues Kapitel → neue Seite.
- Mit Abkürzungen arbeiten!
- Lose Blätter verwenden, dann abheften! Stenographieren nur dann, wenn man nicht dazu neigt, zuviel mitzuschreiben, und es ohne Schwierigkeiten auch noch nach längerer Zeit lesen kann!

Was kann der Vortragende tun, um den Zuhörern das Zuhören zu erleichtern?

- seinen Vortrag überschaubar gliedern
- eine klare, deutliche Aussprache pflegen
- ruhig und akzentuiert sprechen
- wichtige Verständnispunkte betonen/wiederholen
- sich anpassen an das Niveau der Zuhörer bezüglich Tempo und Inhalt
- offen sein für Fragen

Wodurch wird das Zuhören ein Erfolg?

- durch eine gute Vorbereitung auf das Thema
- durch günstige situative Bedingungen (guter Platz, Schreibmaterial ...)
- durch die volle Konzentration auf den Vortrag
- durch frühzeitiges Ermitteln des Ziels des Vortrags
- durch kritisches Zuhören (evtl. Gegenargumente)
- durch das Erstellen einer fundierten Mitschrift

Zuhören ist eine schöpferische Tätigkeit, die ein beträchtliches Maß an Energie und Konzentration erfordert!

Noch einmal: Wie soll eine fundierte Mitschrift aussehen?

- sinnvolle Blattaufteilung
- Hauptpunkte, Grundaussagen, Schlüsselfragen, Namen, Zahlen, Fakten und wichtige Fachausdrücke notieren
- sinnvolle Abkürzungen und Symbole zur Verdeutlichung von Zusammenhängen verwenden
- individuelle Gewichtung der Notizen
- Fragen und Unklarheiten für Nachfragen, Diskussion und Überarbeitung hervorheben
- baldige Überarbeitung der Notizen

Hilfen für die Informationsvermittlung

Wenn ihr einen Lehrer habt, der sehr viel vorträgt und meint, auf diese Weise könnte er euch in der knappen Zeit am meisten vermitteln, besprecht mit ihm doch einmal folgenden Text!

Und fragt ihn nach Behaltenshilfen!

Didaktik der Informationsvermittlung

Hier sollen für den Vortrag didaktische Gestaltungselemente der Informationsvermittlung in Grundzügen dargestellt werden. Wir benutzen eine Zweiteilung: (1.) Überlegungen zur inneren Struktur, (2.) Überlegungen zu didaktischen Hilfen.

1. *Zur inneren Struktur des Vortrages*
Wenn man die Forderung nach einem akustisch gut verständlichen, nicht zu hastigen Vortrag als selbstverständlich voraussetzt, so geht es darum,

1.1 dem Hörer zu Beginn einer Ausführung einen *Überblick über den Aufbau* und die einzelnen Themen als Strukturierungs- und Orientierungshilfe anzubieten.

1.2 In der Darstellung der Sachverhalte sollten neben systematisierenden und verallgemeinernden Ausführungen immer wieder *Beispiele* verwendet werden, um zu veranschaulichen, zu konkretisieren, beim Detail zu verweilen.

Das Wechselspiel von Verallgemeinerung und Beispiel scheint eine effektive Darstellungsweise zu sein; das heißt, dass – variierend – induktiv vom Einzelnen zur Verallgemeinerung und deduktiv vom Allgemeinen zum speziellen Fall vorgegangen wird: ein Wechselspiel, das Übersicht und Detail gleicherweise zur Wirkung kommen lässt.

1.3 Bei einer differenzierten Ausarbeitung der Vorträge kann man auch auf *Zitate* zurückgreifen, auf Metaphern (bildlicher Ausdruck) und Hyperbeln als illustrierende eigene Erfahrungen u. a. m. Dadurch wird der Hörer nicht nur erheitert, sondern auch neu interessiert und für die Sache gewonnen. Die *Rhetorik mit* all ihren Erkenntnissen und Empfehlungen kann manch guten Ratschlag geben.

1.4 Von Zeit zu Zeit, aber nicht konstant zu Beginn einer Ausführung, sind *Wiederholungen und Zusammenfassungen* für die Strukturierung des Gehörten wichtig. Der Hörer kann in der Flut der Informationen leicht den Überblick verlieren. Auch kann er den Stellenwert einzelner Darbietungen nicht abschätzen, so dass ein *ordnender Rückblick*, jeweils nach einem bestimmten Informationsangebot, wichtig ist.

1.5 *Quasi-dialogische Darstellungen* haben folgenden didaktischen Wert: Fragen und Zweifel, mit denen das Gesagte in Frage gestellt wird, Argument und Gegenargument sind Möglichkeiten, den Hörer in die gedankliche Auseinandersetzung hineinzuziehen.

1.6 *Literaturhinweise – während* des Vortrags und in nicht zu großer Häufung – mit dem Hinweis auf Passagen in Publikationen, deren Lektüre von unmittelbarem Wert für das Verständnis des Vortrages ist, sind für den Zuhörer anregend und aktivierend

1.7 Am Schluss eines Vortrages sollte ein *Gesamtüberblick* die vermittelten Informationen bündeln und einprägsam zusammenfassen.

2 *Ein Satellitensystem weiterer didaktischer Hilfen*
Die Lerneffektivität des Vortrags kann erheblich gesteigert werden, wenn ein sogenanntes „Satellitensystem“ didaktischer Hilfen eingesetzt wird.

2.1 Informationshilfen

2.1.1 *Tafelanschriebe:* Begriffe, Definitionen werden schriftlich festgehalten; gut ist es, wenn Übersichten an der Tafel entwickelt werden, die die Ordnung des Dargelegten optisch deutlich machen.

2.1.2 Vervielfältigte *Arbeitspapiere* können dem Zuhörer eine wichtige Verarbeitungshilfe sein.

2.1.3 Eine schriftliche *Übersicht* über die Ziele und Inhalte des Vortrages, ein Literaturverzeichnis, Kurzdarstellungen von besonders wichtigen Darstellungsteilen (3–4 Blätter) helfen, die Aufzeichnungen zu ordnen, zu strukturieren; sie schaffen Kernbereiche, um die sich die Notizen der Zuhörer gruppieren, sie sichern das Verständnis des zunächst vielleicht nur Halbverstandenen, geben Ausgangspunkte und Hilfen zum häuslichen Verarbeiten.

Will man einen Schritt weiter gehen, kann man *Vortragsskripte* anfertigen, die einen Leitfaden enthalten, Literaturangaben bringen, Arbeitsaufgaben stellen und Zwischen- bzw. Endtests zur eigenen Überprüfung anbieten.

2.2 Wenn der Vortrag die Funktion erfüllen soll, Lernprozesse bei einer größeren Zahl von Hörern zu initiieren, wird man immer wieder nach Mitteln suchen, um diese Aufgabe zu verwirklichen. Fernseh- und Video-Filme, Abbildungen, Modelle und Dia-Reihen, Epidiaskop- und Overhead-Tageslichtprojektionen sind als *Veranschaulichungshilfen* einzusetzen, wann immer das im Kontext des Vortrages sinnvoll ist. Sie lockern durch Abwechslung den mündlichen Vortrag auf, sie wecken Interesse, sie wenden sich an den Hörer als Zuschauer, sind Informanten, die neben den akustischen auch optische Sinneskanäle des Schülers ansprechen.

2.3 Helfen die ersten beiden Gruppen didaktischer Hilfen bei der Informationsdarbietung, so ist es für den Vortragenden fast ebenso wichtig, *Erfolgskontrollen* in den Vortrag einzubeziehen, also

2.3.1 *Rückmeldungen* über die Informationsaufnahme, über Verständnisschwierigkeiten, über Interessendefizite bei den Lernenden.
Verschiedene Möglichkeiten bieten sich an:

2.3.1.1 Der Vortragende kann die Hörerschaft auffordern, *Informationsfragen* entweder sofort zu stellen oder schriftlich bis zu einem bestimmten Zeitpunkt einzureichen. Im ersten Fall muss er dann bereit sein, jederzeit seinen Vortrag zu unterbrechen, um auf Fragen einzugehen. Im zweiten Fall kann er die Fragen bündeln und nach dem Vortrag in einer bestimmten Ordnung auf sie eingehen.

2.3.1.2 Eine weitere Möglichkeit besteht darin, *Fragestunden* bzw. *Diskussionsblöcke* zwischen die Vortragseinheiten zu schalten. Die Hörer können dann mit dem Lehrer in den unmittelbaren Dialog über das Dargestellte eintreten. Der Lehrer seinerseits hört von den Problemen, die sich durch seinen Vortrag ergeben, und kann auf sie eingehen. Didaktisches wie inhaltliches Feedback wird auf diese Weise realisiert.

2.3.2 Für den Vortragenden stellt sich vielleicht noch dringlicher die Frage, in welcher Weise er eine *Kontrolle des Lernerfolgs* bei den Zuhörern ermöglicht. Mündliche Prüfungsgespräche oder schriftliche Klausuren kommen meistens wegen des damit verbundenen zu großen Arbeits- und Zeitaufwandes nicht in

Frage. Aber gewisse Möglichkeiten der Selbstüberprüfung sollten den Hörern schon gegeben werden.

2.3.2.1 Einfachste Formen sind *Kontrollbogen* oder *Kontrollübersichten*. Kontrollbogen führen eine Reihe von Fragen oder Aufforderungen auf („Erklärt bitte den Zusammenhang zwischen ...“). Dazu kann ein *Lösungsbogen* ausgegeben werden. Eine wichtige direkte Hilfe ist der möglichst punktförmige Hinweis auf Literatur, die man zur Klärung heranziehen könnte („Wenn du diesen Begriff nicht erläutern kannst, lies bitte nach ...“).

2.3.2.2 Kontrollübersichten verwenden Lückentexte, offene Schemata, zu beschriftende Zeichnungen oder Bilder, um Wissensüberprüfungen ökonomisch durchführen zu können.

5.4.4 Lernen in der Gruppe

Das Lernen in der Gruppe ist durchaus nicht immer einfach: diese Erfahrung dürften alle Leser/innen schon selbst gemacht haben. Überdies ist häufig auch umstritten, ob Einzel- oder Gruppenlernen zu den besseren Ergebnissen führt. Im Unterrichtsalltag unserer Schulen jedenfalls dominiert, aufs Ganze gesehen, wohl nach wie vor der Frontalunterricht – aus welchen Gründen auch immer. Die Vor- und Nachteile der Gruppenarbeit sowie die unterschiedlichen Formen des Lernens in der Gruppe werden in der Fachliteratur breit diskutiert, so dass wir uns hier darauf konzentrieren wollen, die Grundfragen in Form von Arbeitshilfen für Schüler in Erinnerung zu bringen.

Wann lernt man besser allein?

... wenn man einen Überblick über ein nicht allzu umfangreiches Stoffgebiet gewinnen möchte (z.B. durch das Lesen eines Sachbuches)

... wenn man sich „Paukstoff“ aneignen muss (z.B. Vokabeln, naturwissenschaftliche Formeln oder Geschichtszahlen)

... wenn man eine schriftliche Ausarbeitung über ein nicht zu komplexes Thema anfertigen muss. In diesen Fällen geht es jeweils um die *Einarbeitung* in einen Stoff.

Nach der Einarbeitungsphase solltest du dich (wenn möglich) mit interessierten Mitschülern, Freunden, Familienangehörigen usw. zusammensetzen, um dein aufgenommenes und verarbeitetes Wissen prüfen und in Frage stellen zu lassen.

Durch das Abfragen, Nachfragen und Hinterfragen von seiten deiner Gesprächspartner erfährst du, was du behalten hast, was du verstanden oder noch nicht verstanden hast.

Abgesehen von dieser Lernkontrolle, die manchmal auch „Feedback“ genannt wird, gewinnst du durch die gemeinsame Auseinandersetzung vielleicht neue Ansichten oder Sehweisen, die du bisher nicht berücksichtigt hast.

Wann ist Gruppenarbeit besser?

... wenn umfangreiche Stoffgebiete in Angriff genommen werden sollen (z. B. Planung und Vorbereitung von Prüfungen)

... beim Suchen, Probieren, Schätzen, Problemlösen

... im Anschluss an Einarbeitungsphasen (vgl. oben)

Wenn Gruppenarbeit gelingt, bietet sie gegenüber der Einzelarbeit folgende Vorteile:

- Die Arbeitsteilung entlastet den einzelnen.
- Die gegenseitige Ergänzung, die Erweiterung des Gedankenspektrums, der Austausch von Gedanken und Erfahrungen bereichern alle Teilnehmer.
- Die bessere Motivation (Interesse, Spaß) führt zu besseren Ergebnissen. Kontakte zu anderen Gruppenmitgliedern entstehen und entwickeln sich.
  Kurz: Man beschäftigt sich intensiver mit dem Thema, lernt sich präzise ausdrücken, lernt andere Sehweisen kennen und kann – ganz nebenbei – Kontakte knüpfen oder vertiefen. Durch die Bestätigung und die Rückmeldung, die man innerhalb der Gruppe erfährt, kann man überdies zu einer besseren Selbsteinschätzung gelangen und selbstsicherer werden.

Was muss man alles berücksichtigen, damit Gruppenarbeit gelingt?

- **Die Zusammensetzung der Gruppe**

  Die ideale Gruppenstärke liegt bei drei bis sechs Personen. Bei dieser Personenzahl hat wohl noch jedes Gruppenmitglied den Mut und die Gelegenheit, sich zu äußern. Andererseits müssten bei dieser Anzahl noch genügend Wissen und genügend (unterschiedliche) Meinungen vertreten sein.

- **Die Zielsetzung**

  Eine Gruppe sollte sich auf eine klare Zielsetzung einigen und überlegen, wie die Aufgabe angegangen und sinnvoll aufgeteilt werden kann.

- **Die Planung und Organisation**

  Die Gruppe muss sowohl zeitlich als auch inhaltlich festlegen, *wer was* bis *wann* und *wie* an Arbeitsaufgaben zu erfüllen hat.

  Jedes Gruppenmitglied sollte sich auf die Sitzungen gründlich vorbereiten, damit die Gruppe über ihr gewähltes Thema ausführlich sprechen kann und sich nicht nur im „Hausaufgaben-Nachholen“ erschöpft. Bei mangelnder Vorbereitung des einzelnen verliert man schnell die Lust an der Gruppenarbeit, weil sie dann nämlich weder den einzelnen noch die Gruppe weiterbringt.Es ist sinnvoll, die erzielten Ergebnisse schriftlich festzuhalten (eventuell Wahl eines Protokollführers).

Umfasst die Gruppe mehr als sechs Personen, dann ist es angebracht, zu Beginn der Sitzung einen Diskussionsleiter/Vorsitzenden zu wählen. Er vermittelt zwischen den Gruppenmitgliedern, wirft Fragen auf, fasst Gesagtes zusammen, achtet darauf, dass alle Teilnehmer ihre Meinung sagen können und dass sachlich zum Thema diskutiert wird.

Diskussionsleiter/Vorsitzender zu sein ist sicher nicht einfach, aber.: „Übung macht den Meister“!

- **Gruppendynamische Faktoren**

Die Beziehungen, die die Gruppenmitglieder zueinander haben – ob sie sich mögen, ob sie überhaupt Lust haben, in einer/dieser Gruppe zu arbeiten, ob sie das Thema interessiert, ob sie einander zuhören, nur für sich selbst arbeiten usw. –, sind für das Gelingen des Lernens in der Gruppe von großer Bedeutung.

Grundsätzlich wichtig ist, dass die Teilnehmer in einer Gruppe arbeiten wollen und dass sie Interesse für das zu bearbeitende Thema mitbringen (man nennt das auch „aufgabengerichtete Motivation“).

Günstig für die Gruppe ist es, wenn die Gesprächsatmosphäre entspannt und sachlich ist, wenn also Kritik sachlich und nicht persönlich ist, wenn die Teilnehmer einander zuhören, wenn Entscheidungen durch Übereinstimmung zustande kommen, wenn alle Teilnehmer gleichberechtigt sind (kein Gesprächsbeitrag oder -teilnehmer wird unterdrückt).

Der folgende Fragebogen kann dabei helfen, sich über das „Klima“ und damit auch über die Erfolgsaussichten des Lernens in einer Gruppe klar zu werden.

Fragebogen zur Gruppenarbeit

1. Wie fühle ich mich in dieser Gruppe?

sehr behaglich ☐
ziemlich behaglich ☐
etwas mehr unbehaglich als wohl ☐
ziemlich unbehaglich ☐
sehr unbehaglich ☐

2. Wie arbeitete die Gruppe?

begierig und hungrig ☐
ziemlich gründlich ☐
weder oberflächlich noch gründlich ☐
ziemlich oberflächlich ☐
faul und zufrieden ☐

3. *War die Diskussion sachfremd oder sachbezogen?*

völlig sachbezogen ☐
ziemlich sachbezogen ☐
sie hielt sich in der Mitte ☐
ziemlich sachfremd ☐
völlig sachfremd ☐

4. *Haben die Teilnehmer mehr über die Sachinhalte oder die Entwicklung der Gruppe gesprochen?*

fast völlig entwicklungsorientiert ☐
eher mehr entwicklungs- als sachorientiert ☐
etwa gleichermaßen auf Inhalt wie auf die Entwicklung orientiert ☐
etwas mehr sach- als entwicklungsorientiert ☐
völlig inhaltsorientiert ☐

5. *Fühle ich mich mit der Gruppe identifiziert?*

ja, ich fühle mich völlig aufgenommen ☐
ich kann mich weitgehend identifizieren ☐
ich bin weder in noch außerhalb der Gruppe ☐
ziemlich außerhalb
nein, ich fühle mich außerhalb stehend ☐

6. *Bekam ich Hilfe, wie ich sie gebraucht hätte?*

ja, in jeder Hinsicht ☐
ziemlich oft ☐
sie wurde nicht gegeben ☐
recht wenig ☐
nein, gar nicht ☐

7. *Welche Wirkung war mir heute in der Gruppe möglich?*

ich war voll mitwirkungsfähig ☐
ziemlich mitwirkungsfähig ☐
weder mitwirkungsfähig noch unwirksam ☐
ziemlich unwirksam ☐
völlig unwirksam ☐

8. *Waren die Mitglieder darauf aus, nur Punkte für sich zu sammeln?*

völlig an der Aufgabe orientiert ☐
ziemlich darauf aus, die Gruppenaufgabe zu lösen ☐

gleichermaßen auf Eigen- und auf Gruppeninteresse gerichtet ☐
eher mehr darauf aus, Punkte für sich zu sammeln ☐
völlig darauf aus, Punkte für sich zu sammeln. ☐

5.4.5 Lernstrategie „Planvoll üben und wiederholen"

Wichtig für das Lernen des einzelnen ist es, dass er auf Ziele, Anlässe hin planvoll lernt, dass er unter inhaltlichem und zeitlichem Aspekt den zu lernenden Stoff und die verfügbaren Kraft- und Zeitressourcen in eine Passung bringt. An der Vorbereitung auf eine schriftliche Arbeit soll dies exemplarisch deutlich gemacht werden. Wiederum wird eine *Arbeitshilfe für Schüler* vorgestellt.

Die Lernspirale vor der Klassenarbeit

Vorbereitungshilfen für eine schriftliche Arbeit

Nehmen wir an, am Mittwoch teilt der Erdkundelehrer mit, dass eine Woche später, also am Mittwoch darauf, eine Arbeit geschrieben wird. Er gibt einigermaßen klar an, welche Themen und Anforderungen die Arbeit beinhalten wird. Im Unterrichtsalltag geschieht dies so häufig nicht, weil befürchtet wird, die Arbeit könnte „zu gut" ausfallen, sie würde zu leicht werden. Für eine sinnvolle und gründliche Vorbereitung ist es aber unerlässlich, dass man weiß, was man lernen, was man üben muss. Es steht nun also eine Woche Zeit zur Verfügung, genauer: in dieser Woche bleiben die üblichen Alltagsbelastungen und -verpflichtungen natürlich bestehen. Man muss sehen, dass die Vorbereitungszeit neben diesen Belastungen und Verpflichtungen erübrigt und eingeplant wird.

Folgende Schritte sind zu gehen:

1. Inventur, Bestandsaufnahme

Wenn der inhaltliche Bereich, der in der Arbeit „drankommen" wird, vom Lehrer deutlich beschrieben worden ist, musst du dir folgende Fragen stellen und beantworten:

- Was weiß ich davon einigermaßen sicher?
- Welche Unterlagen (Arbeitsbuch, Arbeitsmappe mit Aufzeichnungen, weitere Notizen, Atlas, Bücher, die ich in einer Bücherei ausleihen kann) habe ich zur Verfügung?
- Wen kann ich ansprechen, mit wem könnte ich zusammenarbeiten?

Inventur heißt hier also, dass du dir einen Überblick über den Stand der Dinge verschaffst und alles klärst, was für die inhaltliche Vorbereitung wichtig ist.

2. Sondierungen, (zusätzliche) Erkundigungen

Eventuell ist es notwendig, doch noch genauer zu erkunden, was wichtig ist: Was wird im einzelnen verlangt werden, welcher Art und welcher Schwierigkeit werden die Aufgaben sein? Du solltest ruhig Fragen an den Lehrer wagen! Andere Schüler aus deiner Klasse, aus Parallelklassen, die auch bei deinem Lehrer Unterricht haben, kannst du ebenfalls befragen.

3. Lernsoll und Lernplan, Lernspirale und Wochenplan

Das inhaltliche Soll ist geklärt. Jetzt geht es um die Aufstellung eines Lernplanes, in dem das inhaltliche Soll unter lernpsychologischen Gesichtspunkten mit den zeitlichen Möglichkeiten zur „Passung“ gebracht werden muss. Lernpsychologisch ist das Vorgehen mit der sogenannten „Lernspirale“ zu beschreiben von unten nach oben zu lesen).

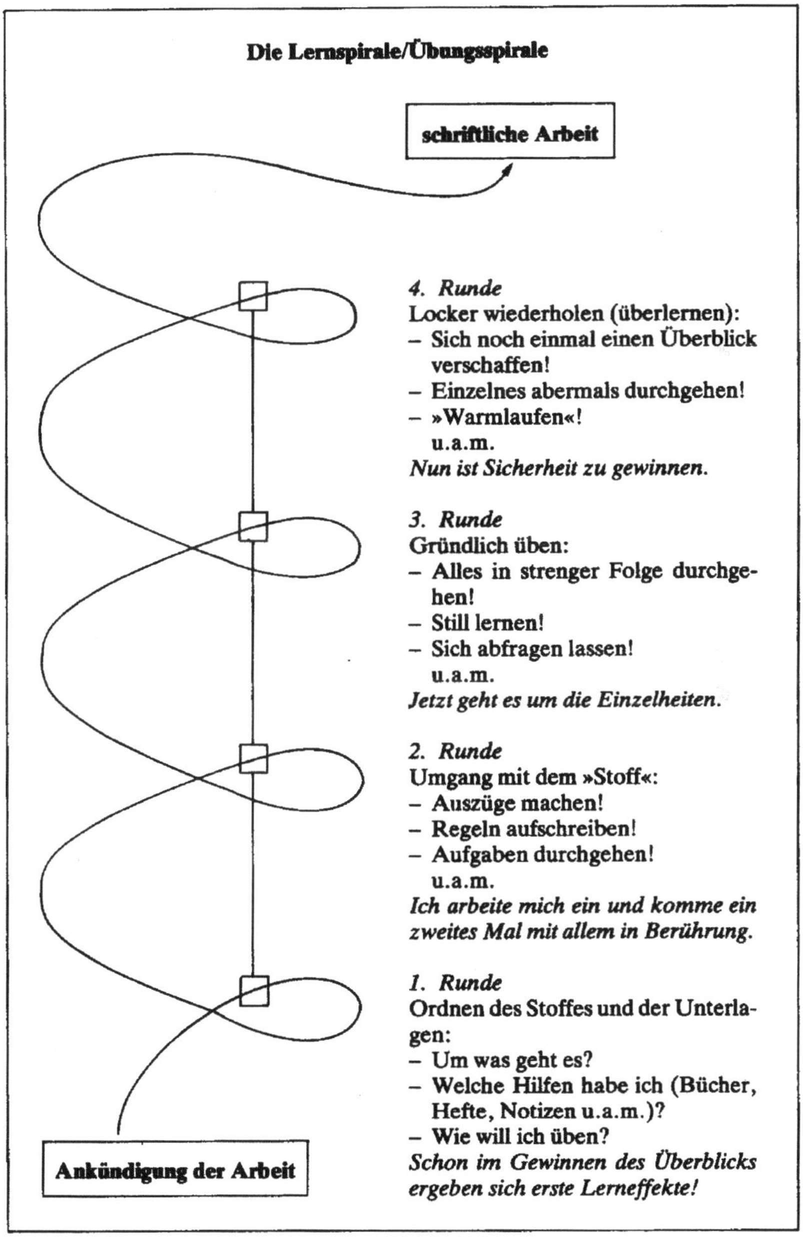

Die Lernspirale führt den Lernenden viermal in die Auseinandersetzung mit dem zu lernenden Stoff, jeweils in unterschiedlicher Lernabsicht. Wenn es notwendig erscheint, kann man noch mehr Umdrehungen in die Spirale einbauen (z. B. mehrere Runden des Intensivübens); dies hängt aber natürlich auch von der zur Verfügung stehenden Zeit ab.

Die Lernspirale ist – im angenommenen Beispiel – nun in einen *Wochenplan* umzusetzen:

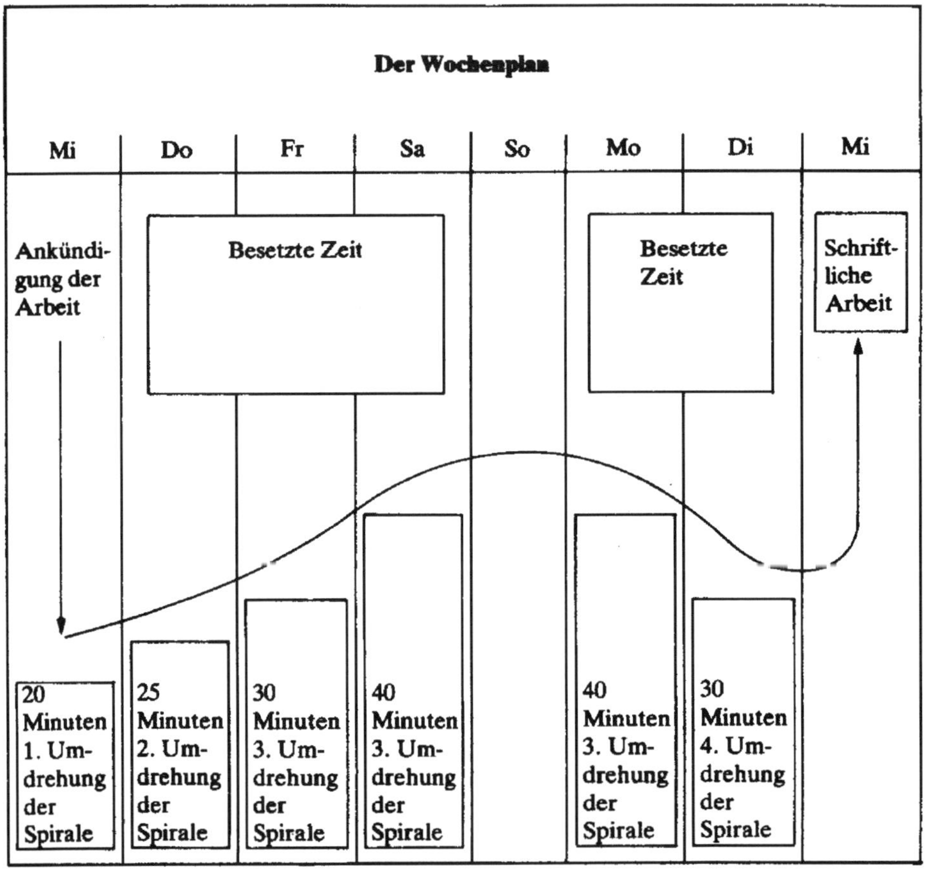

Unser Beispiel eines Wochenplans geht davon aus, dass die Vorbereitungen *sofort beginnen sollten. Ganz falsch wäre es, etwa erst am Montag zu beginnen!*

Also wird gleich am Mittwoch der Überblick erarbeitet. Das kostet nicht viel Zeit, schafft aber gleich ein positives Verhältnis zum Lernpensum. (Ich weiß, womit ich mich befassen muss, was ich machen muss, was ich weiß und was ich nicht weiß.)

Am Donnerstag wird schon etwas mehr Zeit aufgewendet. (im konkreten Fall muss der jeweilige Lerner natürlich selbst wissen, wie viel Zeit er sich nimmt; es handelt sich hier immer nur um einen Vorschlag, der aber konkret genug sein soll.)

Am Freitag, Samstag und Montag liegen dann die Intensivphasen, in denen es um Genauigkeit und um die Einzelheiten geht. Die Kurve zeigt die Steigerung an.

Der Sonntag bleibt frei, weil jeder sicherlich wenigstens einen Tag der Ruhe und Erholung braucht. Da kann sich im übrigen dann der Lerneffekt des „Lernplateaus“ ergeben: eine Sache ruht und kann sich „setzen“.

Am Dienstag schließlich muss das zu Lernende „sitzen“. Jetzt wird nur noch überlernt. Mit dem Überlernen ist Sicherheit und Lockerheit zu gewinnen für die bevorstehende Arbeit. Am Mittwoch ist es soweit!

Der Übungsplan ist zeitlich so konzipiert, dass an den Tagen der zur Verfügung stehenden Woche die notwendige Zeit für andere Aufgaben (Hausaufgaben, Musikunterricht, Sport u. a. m.) bleibt. Wichtig aber ist, das sei noch einmal gesagt,

- dass, frühzeitig, also unmittelbar nach Bekanntwerden des Datums der Arbeit, mit dem Üben und Wiederholen begonnen wird
- dass häufige und nicht zu lange Übungen angesetzt werden
- dass eine gewisse Steigerung (Spannung und Entspannung) in der Vorbereitung angelegt ist.

4. Verfahrensstrategie während der schriftlichen Arbeit

Wichtig sind auch ein paar Tipps für die Vorgehensweise während der schriftlichen Arbeit, weil hier durch Ungeschicklichkeiten häufig Chancen vergeben werden.

- ***Verschaffe dir zuerst einen Überblick!***

  Auch wenn die Zeit knapp bemessen sein mag und du sehr zügig arbeiten musst, solltest du dir zu Beginn einen Überblick über die Aufgaben verschaffen (welcher Art sind sie, welche Aufgaben sind leicht, welche schwer usw.?).

- ***Erledige die leichten Aufgaben zuerst!***

  Wenn du einen Überblick gewonnen hast, kannst du dir eine sinnvolle Reihenfolge für die Bearbeitung machen. Leichte Aufgaben werden zuerst erledigt, die schwereren später!

  Erstens sicherst du mit dieser Vorgehensweise, dass du in der knappen Zeit auf alle Fälle einiges schaffst, zweitens verschaffen gelöste Aufgaben dir ein Gefühl des Erfolgs und der Beruhigung, Nervosität baut sich ab: du kommst ja gut vorwärts!

  Schlecht wäre es, wenn du an einer schweren Aufgabe sehr lange hängenbliebest, am Ende auch die leichten Aufgaben aus Zeitmangel nicht mehr schafftest und die Arbeit dann ganz schlecht ausfiele.

Im übrigen hat man bei der vorgeschlagenen Verfahrensweise meistens mehr Zeit gerade für die Aufgaben, die auch viel Zeit beanspruchen.

- ***Beiß dich nicht fest, geh erst einmal weiter!***

  Lass schwierige oder schwer verständliche Aufgaben ruhig erst einmal liegen, und gehe sie später erneut an! Das Brett, das man manchmal vor dem Kopf hat, baut sich vielleicht zwischenzeitlich ab.

- ***Korrigiere kurz vor Schluss noch einmal alles!***

  Gewiss hast du eine Uhr, und damit kannst du dir die Zeit so einteilen, dass du kurz vor Schluss die bearbeiteten Aufgaben noch einmal alle durchgehst, um Flüchtigkeitsfehler zu finden und zu beseitigen. Sie ergeben sich in der Eile schnell und beeinträchtigen die Arbeit häufig in ärgerlicher Weise. Deshalb ist es gut, kurz vor Schluss noch einmal alles durchzusehen.

5.4.6 Lernstrategie „Fehlerminimierung"

Längst nicht immer geht es bei Lernaufgaben um das Neulernen, das Hinzulernen, das Weiterlernen. Typisch für Lernbefindlichkeiten ist es auch, dass man in einem Fach oder Lernbereich kleinere und schließlich auch größere Lernausfälle, -defizite, -lücken hat; geht man gegen sie nicht beizeiten an, können sie zu größeren Schwierigkeiten führen. Jeder Lerner braucht daher auch ein Verfahren, das ihm hilft, auftretende Fehler/Schwächen zu minimieren, d. h. so klein wie möglich zu halten. Im Idealfall wird er diese Defizite ganz beseitigen können.

Im folgenden wird, wieder an einem Beispiel, eine Lernstrategie entwickelt. Es handelt sich um den oft schwierigen Fall der deutschen Rechtschreibung. Das Dilemma bei ihr ist, dass sie klaren und logischen Regeln nicht immer folgt und deshalb so schwer beherrschbar ist.

Nehmen wir an, ein Lerner habe immer wieder Schwierigkeiten mit ihr. Was kann er tun?

– Die Globalstrategie

Eine erste Möglichkeit wäre es, mit einem kleinen täglichen Übungsdiktat, dessen Grundlage beliebige Texte sind, gegen Schwächen und Schwierigkeiten anzugehen in der Hoffnung, dass tägliches Üben Geläufigkeit und Sicherheit im richtigen Schreiben bringt.

Die Gefahr liegt darin, dass wegen der Beliebigkeit der Texte gar nicht das geübt wird, was geübt werden müsste. Bei relativ großem Übungsaufwand könnte der Übungseffekt in bezug auf die tatsächlichen Schwächen gering sein.

– Gezieltes Üben

Wenn man weiß, wo, die eigenen Schwächen liegen, kann man gezielt üben. Wer weiß, dass er mit Wörtern Schwierigkeiten hat, die mit einem s, einem Doppel-s oder einem ß geschrieben werden, kann gezielt mit Wörtern dieser Art üben. Es ginge dann darum, Wortlisten oder Texte zu finden, die die problematischen Wörter in möglichst großer Zahl enthalten. Ein Elternteil, Geschwister, Freunde oder Mitschüler werden gebeten, die Wörter oder Texte zu diktieren und dann gemeinsam mit dem Schreiber zu korrigieren.

Hat man keinen Partner, spricht man sich die Wortliste oder den Text auf eine Kassette, schreibt sie dann nach dem Diktat der Kassette auf und korrigiert sie anschließend mit Hilfe der Vorlage.

– Individuelle Fehlerermittlung

Häufig ist man allerdings in der Situation, dass man (noch) nicht gezielt üben kann, weil man zunächst nur weiß, dass man Fehler macht. Man weiß (noch) nicht, welcher Art diese Fehler schwerpunktmäßig sind. Das muss man also erst einmal herausfinden, und dazu kann man sich eine Fehlerermittlungsliste anlegen, für die wir hier ein Beispiel geben; selbstverständlich können auch andere „Instrumente“ zur Ermittlung von Fehlern zweckmäßig und brauchbar sein.

Wenn man unser Beispiel einer Liste zur Fehlerermittlung als nützlich ansieht, notiert man für einen bestimmten Zeitraum (z. B. für zwei, drei Wochen) die Fehler, die man bei der täglichen Arbeit in der Schule und zu Hause macht. So wird man sicherlich auf typische oder jedenfalls häufiger gemachte Fehler stoßen. Die „Einkreisung von Fehlerherden“ ist der Anfang zu ihrer Beseitigung. Wer von seinen Fehlern Genaueres weiß, wer sie sich bewusster macht, der kann gezielt gegen sie angehen. Man kann Lehrer um Hilfe bitten, man kann mit Eltern, Geschwistern oder Freunden über sie sprechen. Das Sprechen über Fehler ist ja generell für ihre Behebung immer wichtig!

– Der Behandlungsplan

Nach der Fehlerermittlung folgt die „Fehlerbehandlung“. Für die Fehlerbehandlung braucht man eine Vielfalt von entsprechenden Texten, ein Regelwerk und einen Zeitplan. Wichtig ist es, regelmäßig immer wieder einmal 10–15 Minuten darauf zu verwenden, einen „Fehlerherd“ zu verkleinern. Das kostet Zeit, Geduld und Ausdauer. Am besten ist es, wenn man mit sich selbst einen Vertrag schließt („Wenn ich dies und das schaffe, dann leiste ich mir einmal ...!“).

Man muss mit sich auch freundlich umgehen, wenn man sich planmäßig fordert!
Das Beispiel, das hier in aller Kürze für die Rechtschreibung entwickelt wurde, ist auf viele Bereiche übertragbar. Man schaffe sich nur ein Mittel zur „Fehlerminimierung“.

Fehlerermittlung

	Beobachtete Fehler				Aufgaben zur »Fehlerbehandlung«
Datum	visuelle Fehler	akusto-motorische Fehler	logische Fehler	Flüchtigkeitsfehler	
	z. B. »Teater« »Ferd« »Stul«	z. B. »geißig« »schtill«	z. B. »ein land« »viel glück«	z. B. »nich« »hungring«	z. B. 1. Wörter genau ansehen, dann auswendig aufschreiben! 2. Reihen gleich geschriebener Wörter bilden! 3. Regeln erneut besprechen, dann anwenden! 4. Genau hinhören, dann schreiben!
	Es könnte sein, daß hier Konsonanten in der Nähe anderer »hochgeschriebener« Buchstaben übersehen werden!	Es könnte sein, daß hier »nach Gehör« geschrieben wird!	Hier wird gegen die relativ klare Regel verstoßen, nach der Hauptwörter groß geschrieben werden.	Hier werden Flüchtigkeitsfehler gemacht, z. B. aufgrund einer undeutlichen Aussprache.	

5.4.7 Lernstrategie „Das Lernen in die eigene Regie nehmen"

Über die bisherigen Vorschläge hinaus ist es für jeden Lernenden wichtig, auf Dauer das Lernen in die eigene Regie zu nehmen. Solange man sich immer nur fremdbestimmten Lernanforderungen ausgeliefert fühlt, bleibt man in einer – letztlich unergiebigen – Defensivsituation stecken. Das Anliegen der nun zu skizzierenden Lernstrategie ist es, über kurzfristige Lernangebote hinaus einen Lernenden in den Stand zu setzen, sich zunehmend Klarheit über das zu verschaffen, *was* von ihm *warum* verlangt wird, was er selbst für wichtig erachtet und wie er auf die Dauer mit den Lernanforderungen selbständig fertig wird. In drei Schritten sei dazu ein Vorschlag entwickelt.

– *Sinn gewinnen*

Zuallererst ist es wichtig, dem Lernen Sinn abzugewinnen. Wenn man in ca. 14 Unterrichtsfächern unterrichtet wird, muss man erfahren, warum diese für die eigene Entwicklung bedeutsam sind, warum es gerade diese Fächer und nicht andere sein müssen. Da Lehrer Repräsentanten eines Curriculums, eines Lehrplans sind, kann man von ihnen Antwort auf folgende Fragen verlangen:

- Was soll ich eigentlich wissen und können, wenn ich einen bestimmten Schulabschluss erreichen will?
- Wie unterscheiden sich die verschiedenen Schulabschlüsse voneinander?
- Wie begründet sich ein bestimmter Fächerkatalog?
- Was soll ich warum in einem Fach lernen?
- Wie bauen die Inhalte eines Schuljahres (und mehrerer) aufeinander auf? Welche Zusammenhänge bestehen zwischen den Unterrichtsfächern, wo über-

schneiden sie sich, in welcher Weise könnte ich/könnten wir überfachlich arbeiten?

- Wie sieht der Plan für einen Monat, für ein Vierteljahr, für ein Halbjahr aus?
- Was könnte ich wie selbständig lernen, für was ist die Lehrererläuterung und -vermittlung wichtig?
- Könnte man nicht einen Plan aushängen, um mit verfolgen zu können, wie man vorankommt, wie man in Verzug gerät?
- Wo werde ich besondere Lernhilfen brauchen, um etwas zu verstehen, zu beherrschen, zu können?
- Gibt es Pflichtpensen, von denen auch die Lehrer gar nicht so überzeugt sind, die aber gemeinsam bewältigt werden müssen?

Das zuvor (siehe Seite 122ff.) näher erläuterte Metalernen erhält hier eine weitere Dimension: Durch die gemeinsame Besprechung und Planung von Lernpensen kann ihr Sinn - und der ist hoffentlich in der Regel gegeben! - erfasst werden. So lässt sich leichter lernen.

– *Zusätzliche Lernangebote sichten*

Der Schulunterricht ist für den Schüler immer nur ein Lernangebot neben anderen, manchmal wird es gar nicht das beste sein. Das Lernen in die eigene Hand zu nehmen heißt auch, um verschiedene Lernangebote zu wissen. Diese kann man z. B. finden

- in einem Lern- und Arbeitsbuch, das nicht schon im Unterricht benutzt wird
- in einem Lernprogramm zum Thema
- in weiteren Büchern der Schülerbibliothek/Stadtbücherei etc.
- bei einem anderen Lehrer (man fragt ihn einmal)
- in Angeboten des Schulfunks/Schulfernsehens
- in Aufzeichnungen älterer Schüler/Geschwister
- bei einem Freund, der vielleicht etwas viel besser als ein Lehrer erklären kann
- im Internet.

Wer nach ihnen sucht, findet zuweilen überraschend gute Angebote. Da Schüler auf den Schulunterricht von sich aus nicht verzichten dürfen – für den einen oder anderen wäre das allerdings durchaus hilfreich! –, wird das Hauptlernangebot in der Regel der Unterricht in dem entsprechenden Fach sein. Es ist aber nützlich, sich auch alternative Lernangebote zu sichern, mit denen man ergänzend, erweiternd oder gar verbessernd arbeiten kann, wenn man dies möchte und wenn man die Zeit dazu hat. Man bekommt ein anderes Verhältnis zum Unterricht, wenn man ihm nicht mehr völlig ausgeliefert ist, sondern mit Hilfe anderer Lernangebote einen eigenen Stand ihm gegenüber gewinnt.

– ***Überblick über Lerntätigkeiten gewinnen und bewahren***

In der Vielfalt der täglichen Pflichten vergisst oder verdrängt man schnell das, was eigentlich wichtig wäre.

Die folgende Übersicht ist ein Vorschlag, den Überblick immer wieder zu gewinnen und zu wahren:

Datum	**Bereich (Fach)**	**Normale Hausaufgaben**	**Was ich gründlicher *nach*-arbeiten müßte**	**Was ich für den Unterricht *vor*-arbeiten könnte**	**Größere Arbeiten, wenn einmal Zeit dafür da ist**

Es werden vier Bereiche unterschieden: die „normalen" Hausaufgaben; Themen, bei denen ich gründlicher nacharbeiten müsste, weil ich längst nicht alles im Unterricht verstanden und mitbekommen habe; Themen, für die ich vorarbeiten könnte (etwas lesen, eine Informationsquelle beschaffen u. a. m.), um am Unterricht besser und produktiver teilnehmen zu können; größere Arbeiten, um die ich mich einmal kümmern müsste, wenn Zeit dafür da ist (ein Buch lesen, das der Lehrer genannt hatte u. a. m.)

Die den Vorschlägen zugrundeliegende These ist, dass jeder viel mehr aus seinen Lernbemühungen machen kann, wenn er *bewusst und planmäßig* lernt. Häufig weiß man wichtige Termine (schriftliche Arbeiten, mündliche Prüfungen) früh genug. Man lässt die Zeit verstreichen und verdrängt eher, dass man arbeiten müsste. Man fängt erst ganz kurz vor dem Prüfungstermin an – und dann ist es meistens zu spät. Panik oder ein schlechtes Gewissen schaffen zusätzlich Unbehagen, man geht schlecht vorbereitet in die Arbeit oder Prüfung hinein. Die guten alten Regeln des häufigeren und kurzen Übens und Wiederholens bleiben unbeachtet, zum Schluss aber ist der „Berg" zu groß. Für das persönliche Befinden ist es darüber hinaus wichtig, seiner Situation Herr zu werden und nicht in ihr unterzugehen.

Wohlbefinden und Erfolg sind auf Dauer für jeden wichtig. Und wichtig ist es, dass man etwas dafür tut und nicht auf sein „Unglück" wartet. Die vorstehenden Ausführungen wollen dazu eine Hilfe geben.

5.4.8 Lernstrategie „Projektlernen"

In vielen Schulen wird neben dem herkömmlichen Unterricht im Lauf des Schuljahres Projektarbeit durchgeführt. Der *Grundgedanke* dieser Art von Lernarbeit ist, dass Schüler/innen zusammen mit Lehrerinnen beziehungsweise Lehrern eine Idee, einen Anlass, ein Thema finden, die/den/das beide Seiten für eine Bearbeitung als wichtig/interessant ansehen und in der dafür vorgesehenen Zeit (Projekttag/Projektwoche) nach einem gemeinsam entwickelten Plan ihre Arbeit gestalten. Damit ist diese Art des Lernens/Arbeitens sehr anspruchsvoll. Wenn man immer nur nach Auftrag/Aufforderung gelernt hat, kann man vielleicht zunächst die gemeinsame Arbeit gar nicht in die eigene Hand nehmen.

Deshalb ist es wichtig, zunächst eine klare Vorstellung von dieser Art der Lernarbeit zu bekommen und Möglichkeiten für Themen zu gewinnen. Die Übersicht 1 gibt den idealen Verlauf von Projektarbeit wieder und markiert zugleich die kritischen Stellen, die zu beachten sind. Die Übersicht 2 gibt eine Hilfe, um Projektideen für die eigene Arbeit zu finden. Sie können aus ganz unterschiedlichen Bereichen kommen. In der Planungsphase, die immer früh genug anlaufen sollte, ist zu überlegen, was interessant und wichtig sein könnte. Man muss miteinander besprechen, was man wählt und was man lieber lässt. Neben den Fächern und auch in den Fächern gibt es jedenfalls viele Anlässe, bestimmten Fragen und Problemen einmal genauer nachzugehen.

Die Dimensionierung ist durchaus vorläufig. Aber sie regt sicher sofort dazu an, Konsequenzen in der einen oder anderen Dimension zu bedenken. Sie liegen ganz unterschiedlich weit: Anliegen, Realisierungschancen, Voraussetzungen, Arbeitsumfang, Kompetenzen, Zeitressourcen u. a. m. stellen sich jeweils sehr unterschiedlich dar.

Übersicht 1

Idealtypischer Verlauf von Projektarbeit und ihre kritischen Stellen

Idealtypischer Verlauf	*kritische Stellen*
1. Thema, eine Aufgabe, ein Anliegen finden (Projektinitiative)	1. Kann sich eine ganze Klasse an einem Vorhaben erwärmen? Stellvertretende Themenfixierung durch Lehrer
2. Die Arbeit strukturieren (Projektplan) – Fragen stellen – einen Arbeitsplan erstellen – Gebrauchswert identifizieren (Projektergebnis)	2. – Fehlende Kompetenzen (»Zwischen-Lehrgänge«) – Fehlendes Wissen – (Lehrer-Überlegenheit) – Zeitmangel (Lehrplan)

3. Die Arbeit durchführen (Projektdurchführung) – Informationen gewinnen – Projekt herstellen – Aufführung üben usw.	3. – Gruppenprobleme (Kooperation – Arbeitsteilung – Stimmung – langer Atem) – Stundenplan hemmt
4. Erfahrungen, Ergebnisse darstellen – Ausstellung – Vortrag – Vorführen (z. B. Videoband) – Durchführung (z. B. Sportfest) und kritisch reflektieren (Projektprodukt)	4. – Didaktische Kompetenzen des Darstellens, Erklärens fehlen – Produkte gelingen nicht so ganz – Resonanz ist begrenzt

Übersicht 2

Didaktische Dimensionen von Projekten

1. *Projekte unter gesellschaftlich-politischem Aspekt*
   Projekte, mit denen wir außerhalb der Schule etwas bewirken wollen.
   Beispiele:
   – Wir machen eine Umfrage bei den Bürgern unseres Orts/Stadtteils über ihre Meinung an Freizeitangeboten.
   – Wir bemühen uns bei der Verwaltung um die Errichtung einer Ampelanlage.
   an einer gefährlichen Stelle.

2. *Projekte unter sozialem Aspekt*
   Projekte, mit denen wir etwas für andere unternehmen.
   Beispiele:
   – Wir machen einen Spielnachmittag im Altenheim.
   – Wir sammeln Geld für in Not geratene Menschen.

3. *Projekte unter innerschulischem Aspekt*
   Projekte, mit denen wir in der Schule etwas verändern, verschönern, bewegen wollen.
   Beispiele:
   – *Wir gestalten ein Faschingsfest.*
   – *Wir verschönern unsere Flure.*
   – *Wir gestalten unseren Schulhof neu.*

4. *Projekte unter innergruppalem Aspekt*
   Projekte, die unserer Klasse/Gruppe Spaß machen.
   Beispiele:
   – Wir basteln uns etwas.
   – Wir kochen uns etwas.
   – Wir ziehen uns lustig an.

5. *Projekte unter lerndidaktischem Aspekt*
   Projekte, die uns den Unterricht interessanter machen.
   Beispiele:
   – Wir richten eine Druckerei ein
   – Wir richten uns einen Schulgarten ein.
   – Wir leben wie die Steinzeitmenschen, wir reden nicht nur über sie.
   – Wir produzieren selbst ein Schulbuch.

Der Fahrplan

Im folgenden wird ein sogenannter Fahrplan entwickelt, bei dessen Beachtung man ein Projekt ganz gut durchführen können müsste. Ohne klaren Ablaufplan wird Projektarbeit schnell zur Enttäuschung.

1. Überlegen und Entscheiden

– Zunächst ist wichtig zu klären, in welchem *Rahmen* Projekte stattfinden sollen:

a) Wird in einer Klasse, in einem Jahrgang oder gar in der ganzen Schule Projektarbeit geplant?

b) Wie ist die *Vorgabe:* Kann jeder Vorschläge machen oder wird ein Rahmenthema vorgegeben?

– Wenn der Rahmen klar ist, muss überlegt werden, wie die Planung, wie Vorschläge *öffentlich* gemacht werden können:

a) Werden für die ganze Schule Projekte geplant, muss man wohl in der Eingangshalle/Pausenhalle eine Wandzeitung aufhängen, an der Vorschläge, Themen, Projektskizzen, interessante Fachleute, Quellen, Arbeitsmöglichkeiten angeschrieben werden können.

b) Wann kann in welchen Gruppierungen (Klasse, Schulgemeinde) über die entwickelten Vorschläge gesprochen werden?

– Wichtig sind die *Entscheidungs- und Abstimmungsprozeduren:*

a) Sollen Projekte in der Klasse, im Jahrgang, in der Schule beschlossen werden?

b) Kann man für sich Projektthemen, z. B. durch Ankleben eines Punktes an der Wandzeitung, entscheiden?

c) Gelten in dem verabredeten Rahmen (Klasse, Jahrgang, Schule) dann Mehrheitsentscheidungen, oder sollen durch freie Entscheidung von Schülerinnen und Schülern, von Lehrerinnen und Lehrern die Projektgruppen gebildet werden?

d) Oder bestimmen gar die Lehrer/innen darüber, welche Projekte zur Durchführung kommen?

2. Planen

Wenn die Projektthemen und -gruppen feststehen, geht es an die *konkrete Planung:*

– Das Projektthema ist genauer *zu bedenken:* Teilthemen und Handlungsmöglichkeiten müssen entwickelt werden.

– Ein *Projektplan* ist aufzustellen: was wird bearbeitet, welche *Ergebnisse* werden angestrebt, wer übernimmt welche Aufgaben, wie soll der *Zeitplan* aussehen, zu welchen Zeiten kommt man zusammen, berichtet vom Stand der

Arbeiten, von den Schwierigkeiten in der Gruppe und in bezug auf die Erledigung der Aufgabe?

- Soll es einen *Projektsprecher* geben?
- Soll das *Plenum* (die Projektgruppe insgesamt) über den Fortgang der Arbeit, über eventuelle Korrekturen entscheiden?
- Wie ist *Hilfe* für bestimmte Tätigkeiten zu organisieren, wenn man sie braucht?
- Wie will man die *Ergebnisse* vorstellen und für andere dokumentieren (Wandzeitung, Buch, Videoproduktion u. ä.)?

Bei Projektarbeit ist der Plan besonders wichtig!

3. Arbeitsdurchführung

Bei der Durchführung der Arbeit sind verschiedene Schritte wichtig: Weiß *jeder*, was er machen soll?

- Klappt die *Kooperation*?
- Werden *Tagespläne* aufgestellt?
- Sind *Zwischen-Lehrgänge* wichtig, um sich Wissen und Können für die Arbeit anzueignen (z. B.: wie macht man ein Interview, wie liest man eine Tabelle, wie bekommt man Zuständigkeiten bei der Gemeinde heraus?)?
- Will man in bestimmten Abständen miteinander über die Arbeit und ihren Fortgang sprechen *(Metainteraktionen)*, damit man nicht „hängenbleibt“?

4. Projektergebnis und seine Präsentation

Schließlich geht es zum Ergebnis hin. Damit nicht einfach die Zeit vergeht und sich eventuell nicht viel tut, ist das Ergebnis rechtzeitig in den Blick zu nehmen. Die wichtigen Fragen sind hier:

- *Wie* können wir unser *Ergebnis* festhalten?
  Entwerfen wir einen Vortrag mit Folien, machen wir eine Wandzeitung, bauen wir eine Ausstellung auf, machen wir eine Führung zu unserem Projektergebnis (z. B. Kinderspielplatz), stellen wir ein Video her?
- Wem wollen wir unser Ergebnis *präsentieren? Laden* wir andere Projektgruppen zu uns ein? Machen wir einen *Elternabend?* Gibt es zum Schluss der Woche ein *Forum*, auf dem wir uns mit unserem Projekt vorstellen?
- Schließlich: zum Schluss muss noch einmal über das Projekt *nachgedacht* werden:

a) *Wie* ist unsere Arbeit abgelaufen?
b) Sind wir mit dem Verlauf und dem Ergebnis *zufrieden?*
c) Wo gab es *Probleme?* Was würde man beim nächstenmal anders und besser machen?
d) Wer hat *gut mitgemacht*, wer hat sich warum nicht so richtig beteiligt?

Wenn man den Fahrplan mit seinen *Ablaufphasen* und „Haltestellen" beachtet, müsste das Projekt eigentlich ganz gut ablaufen!

Schritte

Für einige wichtige Schritte bei der Projektarbeit sollen nun noch praktische Hilfen gegeben werden (JOSTES/WEBER, 1987).

1. Projektthemen sammeln und gewichten

An einer großen Wandfläche können Projektthemen angeheftet werden (Mo/ Di) (Beispiel einer Klasse).

Anschließend können Interessierte darunter schreiben, was man tun könnte (Mi/ Do). Schließlich sollen Gewichtungen vorgenommen werden: jeder hat fünf rote Punkte und kann sie nach seiner Entscheidung zu den Vorschlägen kleben (Fr).

Mofas reparieren	Imker besuchen	Mülldeponie besuchen	Freizeit in der Stadt	Krankenhaus erkunden
Ich will selbst kleine Reparaturen vornehmen	Wieviel Bienen hat der Imker? Wird er oft gestochen? (Befragen)	Wie sieht die aus? Was kommt täglich dahin? (Erkunden)	Kinos, Theater, Freizeitheime aufsuchen	Kranke befragen, Ärzte interviewen, Pflegedienst mitmachen
●●●	●●●● ●●●●	●●●● ●	●●●●	●●●● ●●●

Nun besprechen wir die Themen genauer. Nach dem markierten Interesse kommen die Themen „Imker" und „Krankenhaus" in die engere Wahl. Dann folgt die zweite und entscheidende Abstimmung.

2. Wie wollen wir vorgehen?

Die konkrete Planung des Projektes steht jetzt an. Wir formulieren mit Hilfe folgender Tabelle (Beispiel Krankenhaus):

Handlungsziel	**Methode**	**Wer übernimmt?**
Wir wollen mit jemanden aus dem Krankenhaus sprechen	Kontakt aufnehmen (anrufen, Hingehen) Verabredungen treffen	Fabian, Kaj, Ulrike, Annette
Wir wollen einen Nachmittag lang das Krankenhaus kennenlernen	Führung durch verschiedene Abteilungen	Alle

3. Selbstprüfung

Jeder ist für das Gelingen verantwortlich. Aber machen alle mit? Jeder muss Tagebuch führen:

a) Wieviel Zeit habe ich für die Gruppe?
b) Was habe ich heute gemacht?
c) Hat das dem Projekt geholfen?
d) Was stört mich?
e) Wie bringe ich mich ein?
f) Was muss ich zur Verbesserung vorschlagen (morgen!)?

4. Projekt-Tagesplan

Tag:

Gruppe:

Ziele heute	Wer macht was?	Welches Material?	Wann (Von . . . bis . . .)

5. Gruppenarbeits-Blitzlicht (jeden Tag)
Wir bewerten die Zusammenarbeit in der Gruppe

Gesichtspunkte	sehr gut	gut	mittel	weniger	schlecht
Stimmung					
Arbeitsintensität					
Vorankommen					
Kooperation					
Beteiligung der einzelnen					
u. a. m.					

6. Protokoll der Tagesarbeit

Projekt: ______________________________

Tag: ______________________________

Gruppe: ______________________________

Zeit	Tätigkeiten	Kommentar
______	______________________________	______________________
______	______________________________	______________________
______	______________________________	______________________
______	______________________________	______________________
______	______________________________	______________________
______	______________________________	______________________
______	______________________________	______________________
______	______________________________	______________________
______	______________________________	______________________

7. Schlußeinschätzung

Gesichtspunkte	sehr gut	gut	mittel	weniger	schlecht
Thema					
Planung					
Realisierung					
Ergebnis					
Präsentation					

5.4.9 Lernstrategie „Lernen durch Erklären, Vermitteln, Helfen (Tutorenfunktionen wahrnehmen)"

Es ist eine alte pädagogische Erfahrung, dass der, der etwas erklären, vermitteln soll, einen großen Lerneffekt hat, weil er das zu Erklärende, zu Vermittelnde sich besonders gut klarmacht, um für seine Lehraufgabe gut gewappnet zu sein. Man könnte auch sagen: Lehrer/innen lernen in der Schule am meisten! Lernpsychologisch ist dieser Sachverhalt so zu erklären: Der passive Lernbesitz ist eines, der aktive Lernbesitz ist noch etwas ganz anderes. Ich meine, etwas zu wissen, zu kennen, wenn ich es aber plötzlich einem anderen erzählen soll, merke ich, dass ich Schwierigkeiten habe, dass ich das gar nicht so gut kann. Aus dieser „Lernlage" lässt sich eine Lernstrategie entwickeln, die Lernen durch Erklären, Vermitteln, Helfen (Tutorial) heißt und zwei Funktionen hat: Der, der schon etwas weiß, muss sich das Gelernte besonders klarmachen – das heißt: den Wissensbesitz aus dem passiven Lernbesitz in den aktiven überzuführen –, und der, der etwas noch nicht kennt beziehungsweise Schwierigkeiten hat, bekommt eine individuelle Erklärung-/Vermittlungshilfe. Das Lernen in der Schule kann damit eine doppelte Verbesserung erfahren.

Im folgenden wird eine Hilfe entwickelt, durch ein Tutorenprogramm die Lernstrategie zu beschreiben und ihre Realisierung anzuregen (FELDMANN 1980).

Der organisatorische Rahmen

Tutorenfunktionen können innerhalb einer Klasse (die Besseren helfen den Schwächeren) oder über verschiedene Altersstufen hinweg organisiert werden (Ältere helfen Jüngeren). Im Rahmen offenen Unterrichts könnten z.B. zweimal in der Woche Helferzeiten organisiert werden (zweimal 30 Minuten oder zweimal 45 Minuten), in denen gezielt an Lernaufgaben gearbeitet wird. Phasen der Wochenplan- oder Freiarbeit müssten für den Fall, dass Ältere Jüngeren helfen sollen, zeitlich koordiniert werden. Die jeweiligen Lehrer/innen sollten aufgrund ihrer Lerndiagnose gezielt Aufgaben für Tutoren, die mit ein bis zwei Schülerinnen beziehungsweise Schülern arbeiten sollen, aufstellen (schriftliches Multiplizieren üben, Lesen üben mit ausgewählten Texten, Diktatübungen u. a. m.). Die Tutoren bekommen die Aufgaben vorweg mitgeteilt und werden Schülerinnen und Schülern, mit denen sie üben sollen, zugeordnet.

Da der Tutor sowohl Lehrkompetenzen als auch soziale Fähigkeiten besitzen muss, ist ein sogenanntes Tutorentraining wichtig.

Tutorentraining

Die Tutoren müssen die intendierte Aufgabe für sich als *positiv* einschätzen können. Daher ist es wichtig, mit ihnen über die Tutorentätigkeit zu sprechen. Das Helfen ist im Rahmen des sozialen Lernens eine wichtige und bereichernde Tätigkeit, gleichzeitig kann man selbst vieles wiederholen und aktualisieren (positive Einstellung). Das gilt auch für die zu betreuenden Schüler. Sie müssen

Sinn und Chance des Arbeitens mit einem Tutor nachvollziehen und positiv einschätzen können.

Wie bei einem guten Lehrer auch sind dann *vier Aspekte* für die Tutorentätigkeit wichtig:

1. Metaebene

Bevor ein Tutor mit seiner Arbeit beginnt, sollte er seinem Schüler sagen, was er warum mit ihm vorhat. Nach der Begrüßung und des Kontaktnehmens erläutert er sein Programm und beteiligt den zu Betreuenden an der Durchführung, soweit das geht (Verfahrensweise, Buchauswahl u. a. m.).

2. Inhaltsebene: Richtiges Üben

- Berichtige falsche Antworten sofort, beginne mit der nächsten Aufgabe erst danach.
- Bei Leseübungen bittest du den Schüler, laut abschnittweise vorzulesen. Du berichtigst behutsam. Lass Abschnitte wiederholen, wenn es noch nicht so gut geht. Beim Lösen von Mathematikaufgaben: „Löse die erste Aufgabe!“ (Beispiel: 10–3=). Der Schüler schreibt 7 hin. Falls er einen Fehler macht (z. B.: er schreibt 13 hin), hilf ihm, den Fehler zu erkennen: „Sieh dir die Aufgabe noch einmal an.“ Gegebenenfalls: „Lies sie laut vor. Jetzt versuche es noch einmal!“

3. Beziehungsebene

Wichtig ist das richtige Verhalten. Bei überheblichem Verhalten können schnell Sperren oder Aggressionen entstehen. Man kann schnell entmutigen, wenn man barsch sagt: „Falsch“, „Nein“, „das ist keine gute Antwort.“ Besser ist es, sich beim Korrigieren konstruktiv zu verhalten: Wiederhole die Frage oder Aufgabenstellung und sage: „Lass uns das noch einmal versuchen“ oder „bei dieser Aufgabe müssen wir gut aufpassen“ oder „dies ist schwierig, pass gut auf und hör noch einmal genau zu.“ Zeige ihm auch einmal, wie du eine Aufgabe löst.

Das sind Beispiele, wie man auf der Beziehungsebene am besten miteinander umgeht. Manchmal ist es auch schwieriger. Wenn sich ein Schüler z. B. weigert, einen Abschnitt noch einmal vorzulesen, kann man die Aufforderung zunächst wiederholen; wenn die Weigerung fortbesteht, kann man das Gespräch auf die Beziehungsebene heben und fragen, ob etwas nicht in Ordnung ist. Zu vermeiden sind möglichst Bemerkungen, die den zu betreuenden Schüler verletzen.

Wenn ein Schüler die vorgelegten Aufgaben richtig löst und sagt „das ist zu leicht“, ist flexibles Verhalten wichtig: „Was meinst du, welche Aufgaben sollten wir uns dann lieber vornehmen?“

Wichtig ist das Bestätigen und Loben, wenn etwas richtig und gut gemacht wird. Und wenn etwas noch nicht so gut gemacht wird, ist Ermutigung wichtig: „Es sieht so aus, als wenn du auf dem richtigen Weg bist. Mach weiter so!“

4. Der gute Schluss

Für die Fortsetzung der Arbeit ist bedeutsam, einen guten Schluss zu finden. „Das hat heute mit dir richtig Spaß gemacht“ oder „beim nächstenmal können wir uns wirklich schwerere Aufgaben vornehmen“ oder „du hast neulich eine gute Erdkunde-Arbeit geschrieben, kannst du sie mir einmal zeigen?“ Die Stimmung des gemeinsamen Arbeitens bedarf der Pflege!

Grundlegende Fähigkeiten von Tutoren in Gestalt von Imperativen

- Sei freundlich zu dem zu betreuenden Schüler!
- Lächle ihn öfter an!
- Sprich langsam und deutlich!
- Sei nicht ungeduldig und ärgerlich!
- Setz dich an die Seite des Schülers, nicht ihm gegenüber!
- Überlege vorher genau, was gearbeitet werden soll!
- Hole dir dazu Aufgaben und Lernmaterialien von der Lehrerin/vom Lehrer.
- Schaffe erst einen positiven Kontakt!
- Gehe dann die Aufgaben ruhig und gelassen mit dem zu betreuenden Schüler durch!
- Bestätige gute Leistungen!
- Bearbeite Fehler konsequent und ruhig!
- Ermutige, wenn es noch schwer geht!
- Sage zum Schluss etwas Freundliches!
- Führe dann dein Tutorentagebuch, damit ein konsequenter Fortgang der Arbeit gesichert ist.
- Wenn du selbst Unsicherheiten in der Sache hast, besprich dich mit deiner Lehrerin/deinem Lehrer!
- Sei beweglich in bezug auf die Ansprüche! Wird es zu leicht, wähle anspruchsvollere Aufgaben aus; wird es zu schwer, nimm erst einmal leichtere Aufgaben!
- Besprich mit anderen Tutoren Erfahrungen! Man kann Enttäuschungen so besser verarbeiten, man hört von anderen und kann dabei lernen.

Die Bedeutung eines Programms „Schüler helfen Schülern“

Lernen bekommt einen anderen Charakter. Man kann sich mit personeller Hilfe Aufgaben und Defiziten zuwenden. Neben den Frontalunterricht tritt eine alternative Unterrichtsform. Innere Differenzierung kann konsequenter realisiert werden. Die einen können lernen durch Lehren, die anderen können mit Schülern lernen. Möglichst viele Schülerinnen und Schüler sollten als Tutor tätig sein können (gerade auch die leistungsschwächeren, die auch ihre Stärken haben). Das Interesse der Schüler/innen an den Lerninhalten kann so neu geweckt werden.

Untersuchungen zeigen, dass, die Schulleistungen sich bei Tutoren wie bei den betreuten Schülern verbessern (LIPPITT u. a. 1971). FITZ-GIBBON hat sogar festgestellt, dass gerade Schüler mit Schwächen bei der Wahrnehmung von Tutorenfunktionen profitieren (FITZ-GIBBON 1977). Die Leistungsschwächsten seien sogar die besten Lehrer gewesen. Die bisher in der Zahl sehr geringen Untersuchungen in bundesdeutschen Schulen zeigen ähnliche Ergebnisse (WELLENREUTHER u.a. 1979, KETTWIG 1978 und FELDMANN 1980). Die Differenzierung der Schülerrolle, die Veränderung und qualitative Verbesserung der Schüler-Schüler-Interaktionen und die positive Veränderung der Einstellung von Schülerinnen und Schülern, von Lehrerinnen und Lehrern sind häufig genannte Argumente. Das soziale Lernen erfährt einen neuen Anstoß und eröffnet allen Schülern neue Chancen der Selbstverwirklichung. Für das Lernen ergeben sich drei Effekte: die Selbstbewertung tritt neben die Fremdverstärkung, Kooperation wird wichtiger als Weisung, Strategielernen ersetzt Schemalernen (REDLICH/SCHLEY 1978). Wenn bei Tutorenprogrammen Schüler/innen ihre Tutoren selbst wählen können, ist der personale Bezug ein qualitativ anderer als bei zugewiesenen Lehrerinnen und Lehrern.

Natürlich gibt es auch Probleme und Einwände. Sie reichen von organisatorischen Problemen über größeren Zeitaufwand bei Lehrerinnen und Lehrern (Vorbereitung differenzierter Aufgaben und der Tutoren) bis zu Raumproblemen. Auch können Tutoren Engagement und Ausdauer verlieren. Tutorenprogramme könnten sich nur auf einfachste Lernprozesse beziehen, komplexeres Lernen scheide aus. Tutoren sollen nur den Lehrermangel verdecken.

Bilanz und Perspektiven

Die Ausführungen enden hier und sind noch lange nicht am Ende! Das letzte Kapitel „Lernstrategien“ bedürfte sicher der Systematisierung und Ausweitung, während der Teil „Üben und Wiederholen im Unterricht“ wohl hinreichend Struktur und Chancen deutlich macht. Ihm müssten im Grunde Reservoirs von konkreten Übungs- und Wiederholungsmöglichkeiten folgen – eine Endlosaufgabe!

Der Autor muss hier auf den Einfallsreichtum der Lehrer und die Texte in den schulpädagogischen Zeitschriften verweisen. Was die lernpsychologischen und allgemeindidaktischen Grundlagen des übenden und wiederholenden Unterrichts anbelangt, so ist der Rahmen ausführlich und systematisch entwickelt worden. Der Anregungsgehalt (Verweise auf relevante Literatur) müsste auch groß genug sein.

Die große Aufgabe einer schülerorientierten Didaktik, hier gekennzeichnet mit dem Stichwort „Autodidaktik“, bedarf, allgemeindidaktisch gesehen, der weiteren Ausfaltung. Dies gilt für die Bereiche, die mit den Leitbegriffen „kommunikative Didaktik“, „offener Unterricht“, „selbständiges Lernen“, „Metakommunikation“ und „wahldifferenzierter Unterricht“ (vgl. BÖNSCH/SCHITTKO 1979) beschrieben werden. Dies gilt mehr noch für den hier zur Rede stehenden Bereich autonomen Lernens. Ein Curriculum „Lernen“ wird dabei schließlich. entstehen. Die didaktischen Kategorien „Zugriff“ und „Verfügung“ lenken das didaktische Interesse, die Lern- und Arbeitstechniken stecken den Rahmen ab, die Lernstrategien konkretisieren die Möglichkeiten, dem Schüler zu helfen.

Dem Schüler zu helfen – das ist vielleicht das über das Methodisch-Technische hinausgehende Anliegen, das mit der Bezugnahme auf BOLLNOW seine anthropologisch-pädagogische Begründung findet und der „archimedische Punkt“ aller Ausführungen ist. Mit ihm treten wir in der Theorie und Praxis schulischer Arbeit an – an ihm sind alle Bemühungen theoretischer wie praktischer Art zu messen. In diesem Sinn sind die vorstehenden Ausführungen hoffentlich für alle Betroffenen eine Hilfe.

Mit zwei Ausblicken aber sollen zwei konkrete Perspektiven eröffnet werden. Eine große Chance für nachhaltiges Lernen scheint in dem sich gerade erst konturierenden Ansatz einer Performativen Didaktik zu zeigen. Sie wird im folgenden Abschnitt kurz dargestellt. Den Abschluss bildet ein Unterkapitel, mit dem zusammenfassend und gleichzeitig den Stand der Diskussion über offenen Unterricht aufnehmend Kriterien und Möglichkeiten nachhaltigen Lernens in einem guten Unterricht beschrieben werden. Mit diesen Ausführungen wird nachhaltiges Lernen über das Üben und Wiederholen i.e.S. hinausgehend in guten Unterricht insgesamt eingebettet.

1. Performative Didaktik

Ausgangspunkte

Unter dem Begriff der handlungsorientierten Didaktik wird seit Jahren ein Ansatz verfolgt, im Gegenzug zur Vermittlungsdidaktik, der einen rezeptiv gut aufgelegten Lerner erwartet, Handlungsprozesse und Handlungsprodukte initiiert, um den Lerner auf einem anderen Gleis zu Aktivitäten zu animieren, der ihn in Er- und Bearbeitungsprozesse führt, in denen die aktive Rezeption bzw. Konstruktion von Lernverhalten wichtig ist (Meyer, 1987; Gudjons, 2000[6]; Bönsch, 2000[3]). Dieser Ansatz ist relativ gut ausgearbeitet, gerät aber überall dort in die Defensive, wo man meint, dass fachliche Strukturen für ihn nicht genug hergeben (lehrgangsorientierte Fächer), obwohl z. B. für den Literaturunterricht unter dem Stichwort „produktorientierter Deutschunterricht“ sehr produktive Ansätze entwickelt worden sind, für die Naturwissenschaften forschendes und entdeckendes Lernen, für den fremdsprachlichen Unterricht Simulationsansätze längst alternative Lernwege darstellen.

Mit der Chiffre, dass jede Art von Unterricht als eine Art „Schaubühne“ zu verstehen sei, auf der in bestimmten Modi Lerninhalte ihre Darstellung fänden (Hiller, 1973), ist der alte Gedanke von Didaktik als Dramaturgie (Hausmann, 1959) fortgeschrieben worden. Die Darstellungen sog. kreativer Unterrichtsmethoden (Janssen, 2004) oder des Methodentrainings (Klippert, 2001[2]) sind alles in allem auch Versuche, Lernende zu einem qualitativ anderen Umgang mit Lerninhalten zu bringen.

Aus der evang. Religionsdidaktik kommt nun der Ansatz performativen Unterrichts, der vielleicht einen neuen Gedanken beinhaltet (Klie, 2003; Klie/Leonhard, 2003). Er soll im folgendem kurz dargestellt und dann auf eine eventuelle Verallgemeinerung (Allgemeine Didaktik) hin geprüft werden.

Performanz als eine neue Sicht auf Unterricht

Klie stellt fest, dass evang. Religion didaktisch offenbar dann ‘up to date’ ist, wenn man sie als szenisches Phänomen wahrnimmt, also zunächst einmal wahrnehmbare Außenseiten aufweist, wenn man sie als Formenspiel begreift und entsprechend gestaltet, behandelt. Performativ – so definieren die Kommunikationswissenschaften – nennt man eine sprachliche Handlung, performativ meint einen Sprechakt. Eine Performance ist eine Art Ausdruckshandlung.

Ihren klassischen Ausdruck finden performative Sprechakte in der Welt des Theaters. Auf der Schaubühne werden Texte in Szene gesetzt und in eine anschauliche (ansehbare) Handlung übertragen. Mit den Mitteln einer Inszenierung verwandelt man Gedrucktes in Gesten des Spiels, in Sprech-Akte. Inszenierungen sind Vorgänge, bei denen etwas prozesshaft „in Form“ kommt und sich dadurch mitteilt oder zeigt. Wortaufführungen sind auf Anschauung und aktive Teilhabe aus. Und wenn unsere Sinne ins Spiel kommen, betätigen wir uns als kreative Konstrukteure der uns vorgespielten Welt. Wir füllen das Wahrgenommene mit subjektiver Bedeutsamkeit auf.

Analog dazu ist eben auch das Lesen weniger ein rezeptiver als vielmehr ein kreativer Akt. Handlungen wollen begriffen, Gesten erkannt, Sätze zugeordnet werden. Auf Unterricht übertragen: Unterricht ist gegeben, wenn vor und mit Schülern ein Thema innerhalb eines bestimmten Schulraumes in eine methodisch formatierte Folge von Lernhandlungen übersetzt wird.

Die Kerngedanken: Alles nur Theater oder?

Mitunter könnte man schon den Eindruck haben, dass der unterrichtliche Aktionismus bizarre Blüten treibt. Wenn man sich aber auf den Kerngedanken des hier zu verfolgenden Ansatzes einlässt, kann der Gewinn für das Lernen von Schüler/innen erheblich sein.

- Bei der Planung von Unterricht greift er schon. Mit der Frage, was eigentlich Unterrichtsgegenstand ist, Gegenstand des Lehr-/Lernprozesses, tritt eine erste Relevanz auf: ist fertiges Wissen einfach zu übernehmen und zu speichern, sind Realitäten kennenzulernen, zu analysieren, zu hinterfragen oder geht es in produktiven Prozessen um die Schaffung, Herstellung, Schöpfung von Produkten? Je nach den Planungsentscheidungen bekommt der Gedanke performativen Unterrichts andere Chancen. Das folgende Raster kann dies verdeutlichen.

Gegenstände des Lernens / Modi des Lernens	Realitäten (physische, psychische, soziale, po-litische) des menschlichen Lebens	Wissen über Re-alität (gegenwärtige, vergangene, zukünftige)	Spiegelungen, Darstellungen, Auffassungen, Schöpfungen (Romane, Gedichte, Bilder Lieder, Opern, Plastiken usw.) menschlichen Lebens	Gestaltungen (Sprache, Spiel, Sport, Malen, Singen, Musizieren, Werken) über menschliches Leben
Rezeption Hören, Sehen, Lesen, Sprechen, Speichern, Interpretieren, Nachmachen				
Erforschen Erfahren Erarbeiten				
Verarbeiten Verorten Veröffentlichen durch Produzieren durch Gestalten durch Verändern durch Handeln durch Verwenden durch Anwenden				

- Für die Organisation des Lernens ist immer die Frage wichtig, welchen Sinn es hat, welche Bedeutung Lerninhalte bekommen können. Rein rezeptives Lernen wird häufig als relativ sinnlos erlebt (man lernt eben für Zensuren!). Kann es dagegen zu Prozessen des Entäußerns, damit des Neu- bzw. Umgestaltens, jedenfalls der eigenständigen Darstellung kommen, sind Wahrnehmung und Vorstellung anders gepolt, sind aktive Teilhabe und Bedeutungsschöpfung wie -schaffung von anderer Intensität.
- Lerntheoretisch gilt die Grundaussage, dass erst etwas richtig verstanden und gelernt worden ist, wenn man das Gelernte anderen darstellen kann. Mit guten Gründen gibt es den Ansatz Lernen durch Lehren (Bönsch, 1999). Je besser also Schüler/innen die Unterrichtsinhalte rekonstruieren bzw. wiedergeben können, um so effektiver wird der Lernprozess sein.
- Unterrichtsmethodisch gesehen wird der Unterricht abwechslungsreicher, wenn er durch souveränen Umgang mit Lerninhalten, vielfältigen „performances" gefüllt werden kann. Die pädagogische Rückschau im Jenaplan oder allgemeiner der Wochenschlusskreis in der Klasse oder klassenübergreifend dient nicht zuletzt diesem Anliegen der Darstellung, Präsentation, Performance.

So kann man sagen: Die Akzentverschiebung von der Rezeption zum aktiven Umgang mit Lerninhalten im skizzierten Sinn – mehr als Akzentsetzung kann es nicht sein – kann die Lernintensität befördern und ist allgemeindidaktisch ein interessanter Gedanke.

Konkretisierungen: Performance-Formen

Wenn man einmal versucht, Konkretionen vorzunehmen, kann man zunächst die folgende Übersicht geben, die dann zu kommentieren ist:

Performance-Formen

1. Ebene: Einfache Performance-Formen					
Kleinere Ansprüche	**Sprache**	**Spiele**	**Mediale Präsentationen**	**Kreative Schöpfungen**	**Experimentelle Präsentationen**
	Freie Rede Referat Text Diskussion Debatte Dialog Statement Ich-Text	Rollenspiel Theaterstück Sketch fiktives Interview Standbild	Mind-Mapping Overhead-Folien Tafelbild Wandzeitung Collage Dia-Reihe Wort-Bild-Reihe Fotos Video Power-Point- Präsentation	Gedicht Kurzgedichte Musikstück Gemälde Werkstück Bewegungs- folgen Ausstellungen	Naturwissenschaft- liches Experiment Computersimulation
2. Ebene: Komplexere Perfomance-Formen					
mittlerer Anspruch	Buch	Planspiel	Feature	Der Musikabend im Altenheim	Pflanzenzuchtversuche im Gewächshaus
hoher Anspruch	Die Simulation		Das Projekt	Lernen durch Lehren	

Der Grundgedanke sei aus den vorstehenden Überlegungen noch einmal formuliert: Schulisches Lernen kann intensiviert werden, wenn für Schüler/innen oft Gelegenheiten entstehen, Erfahrenes oder Erarbeitetes in einer Performance, d. h. in Darstellungen, Produkten, Darstellungs- und Vermittlungsprozessen mit eigener Sinnformulierung wieder- bzw. weitergeben zu können. Diese Art der Entäußerung verlangt einen Grad des Verarbeitethabens, der eine souveräne Verfügung über Gelerntes verlangt. Die vorbereitenden Prozesse dafür liegen in der Sinnformulierung, Konzeptionierung und der Suche nach Darstellungsformen, die Realisation in Performances unterschiedlicher Komplexität.

Die vorstehende Übersicht unterscheidet zwei Ebenen: einfache Performance-Formen mit kleineren Ansprüchen, die aber immer noch anspruchsvoll genug erscheinen mögen. Sie zeigen sich z. B. in Sprachformen, Spielformen, medialen Präsentationen, kreativen Schöpfungen und experimentellen Präsentationen. In der Geografie wird ein Referat über die Erweiterung der EU gehalten. Jemand kann in freier Rede in 3–4 Minuten über einen Konfliktfall in der Schule berichten. Im Englischunterricht wird eine Einkaufsszene als Dialog in der Fremdsprache realisiert. Die spielerischen Formen mögen vielen helfen, Sprachkenntnisse besser zu überwinden. In Geschichte werden die Pro und Contras über den Versailler Vertrag durch Vertreter der relevanten Parteien im Rollenspiel wieder gegeben. Das Standbild drückt Gefühle in einer Familiensituation aus. Das fiktive Interview ist die Umarbeitung der Interpretation einer Kurzgeschichte in ein fiktives Interview zwischen einem Leser und dem Autor. Es kann schriftlich vorgelegt werden. Die medialen Präsentationen verstehen sich in der Auflistung leichter von selbst. Folien sind mit unterschiedlichem technischen Anspruch

Möglichkeiten, ein Thema zu systematisieren (Mind-Map), Denk-, Handlungs- und Erkundungsprozesse mit den Techniken des Auf- und Abdeckens, der sukzessiven Ergänzung, der Überdeck- und Auffülltechnik prozessartig zu (re-)konstruieren. Das Video bedarf des Drehbuches und damit der planerischen Vergegenwärtigung einer Thematik (z. B. Besuch eines Polizeireviers), um Aufgaben, Personen, Ereignisse, Handlungen angemessen vertont zu visualisieren. Die Power-Point-Präsentation ist etwas für Computerfreaks, kann aber natürlich sehr gekonnt ein Thema aufbereiten. Ein eigenes Gedicht kann eine schöne Spiegelung bestimmter Gedichtformen sein (z. B. Ballade). Ein Gemälde im Stile Paul Klees kann die Charakteristika eigenständig verarbeitet deutlich machen. Im Sport ist unmittelbar evident, dass eigene Bewegungsfolgen Sprünge, Läufe, Würfe, Balltechniken am überzeugendsten zeigen. Die Ausstellung über die Unterrichtseinheit 'Biotope' im Biologieunterricht zeigt überzeugend die Grundeinsichten. Der eigenständige Aufbau von Anlagen für naturwissenschaftliches Experimentieren und die Durchführung mit Erklärung verlangt intensives Verstehen. Die Computersimulation gar z. B. von chemischen Prozessen oder Verkehrsabläufen wäre sicher ein High-light. Soweit die exemplarische Konkretisierung der sogenannten ersten Ebene von Performance-Formen. Nicht jedes Stichwort braucht die erläuternde Konkretion.

Auf der zweiten Ebene wird zwischen einem mittleren und einem hohen Anspruchsniveau unterschieden. Auf der mittleren Anspruchsebene ist entsprechend der Kategorien je ein Beispiel genannt, andere ließen sich sicher hinzufügen. Das von einer Klasse selbst geschaffene Buch zu einem Thema wie z. B. Impressionismus verlangt schon gediegene Kenntnisse, ein kleines Buch einer Grundschulklasse über die Feuerwehr aber auch. Das Feature ist eine Mischform von Text, Bild, Statement, Tabellen u. a. m. und wäre für ein sozialwissenschaftliches Thema gut zu nehmen. Das Planspiel schafft einen didaktischen Rahmen, innerhalb dessen mannigfache Operationen möglich sind (z. B. das Börsenspiel). Der Musikabend im Altenheim mit Ansage, Moderation, Liedern und Musikstücken ist schon ein Ernstfall einer Performance. Die Pflanzenzuchtversuche im schuleigenen Gewächshaus sind ein Anwendungsfall biologischer Kenntnisse. Schließlich sind drei Beispiele mit hohem Anspruch genannt. Mit dem Begriff der Simulation sind alle die spielerisch-ernsten didaktischen Konstruktionen gemeint, mit denen z. B. ein Kiosk in einer Schule betrieben wird, wenn in dem Lehrrestaurant einer beruflichen Schule die Prozesse des Services realisiert werden. Das Projekt ist schulpädagogisch lange bekannt. In seiner Reinform verlangt es von Schüler/innen komplexe Planungs- und Realisierungsprozesse auf der Basis profunden Wissens wie z. B. die Dokumentation eines Wahlkampfes im Ort, im Land, im Bund. Der didaktische Ansatz 'Lernen durch Lehren' beinhaltet die Vermittlung etwa von Englisch-Lektionen von Schülern an Schüler. Das heißt, die Neuerarbeitung erfolgt von Schüler/innen. Es ist unmittelbar einsichtig, dass dabei die Vorbereitung verlangt, methodisch gut aufbereitet eine Performance des Lehrens und Lernens zu realisieren.

Schluss: Die Reichweiten sind beträchtlich!

Bilanziert man die Prüfung des Ansatzes performativen Unterrichts, kann man dem Ansatz erhebliches Potential zubilligen. Die Chance, lernen zu intensivieren, ist beträchtlich. Und die Reichweiten des Ansatzes können recht unterschiedlich gestaltet werden: von den kleinen Möglichkeiten bis zu komplexen Formen. Die Akzentverschiebung vom bloßen Aufnehmen hin zur Performance könnte dem Lernen einen sehr viel sinn- und ernstbestimmteren Charakter geben. Freilich muss man wohl früh mit einem zentralen Einwand rechnen, dass nämlich Zeit- und Kraftaufwand als zu groß angesehen werden könnten. Bleibt das „Aber“: aber wie effektiv ist der herkömmliche Unterricht? Unterliegt er nicht häufig illusionären Erwartungen, die regelmäßig enttäuscht werden?

2. Guter Unterricht – nachhaltiges Lernen

Einleitung

Die Frage nach der Qualität des Unterrichts an den Schulen wird im Zuge der Entwicklung von Schulprogrammen und der Berücksichtigung der Ergebnisse der PISA-Studie besonders aktuell. Sie war natürlich immer schon wichtig. Sie wird sich positiv oder negativ daran entscheiden, inwieweit Unterricht nachhaltiges Lernen initiiert und zu erfolgreichen Ergebnissen führt. Dabei wird die immer etwas verkürzende Prüfung von Lernergebnissen nicht im Mittelpunkt stehen. Gefragt ist vielmehr die Leistung von Unterricht, die das Lernen von Schülern/innen im umfassenden Sinne erfolgreich werden lässt. Nachhaltiges Lernen ist nicht allein von abprüfbaren Ergebnissen (Tests, Prüfungen) bestimmt, es ist mehr davon bestimmt, wie Selbstkompetenz (das Lernen des Lernens) gefördert werden kann.

1. Der zentrale Begriff der Selbstkompetenz

Immer war klar, dass Lernen von Schüler/innen selbst realisiert werden muss, Unterricht immer nur als Lernhilfe verstanden werden kann. Mit dem Begriff der Selbstkompetenz sind in bezug auf das Lernen drei Subkompetenzen gemeint.

Selbstorganisation – Selbststeuerung – Selbstverantwortung

- Mit Selbstorganisation ist die Fähigkeit gemeint, sich selbst und seine Lerngelegenheiten effektiv und hilfreich zu gestalten. Dies beginnt bei äußeren Dingen wie die Ordnung im Tornister, am Arbeitsplatz und der eigenen Unterlagen (Hefte, Mappen, Bücher), setzt sich im umfassenderen Sinn fort z.B. bei der Organisation der eigenen Wissensbestände. Niemand ist heute noch in der Lage, im persönlichen Gedächtnis all das zu speichern, was wichtig ist und gebraucht wird. Er braucht es auch nicht. Wichtiger ist, wie ein Individuum eine effektive Organisation seines Wissens gewinnt, wie es die folgende Übersicht exemplarisch aufzeigt:

Die Organisation des Wissens

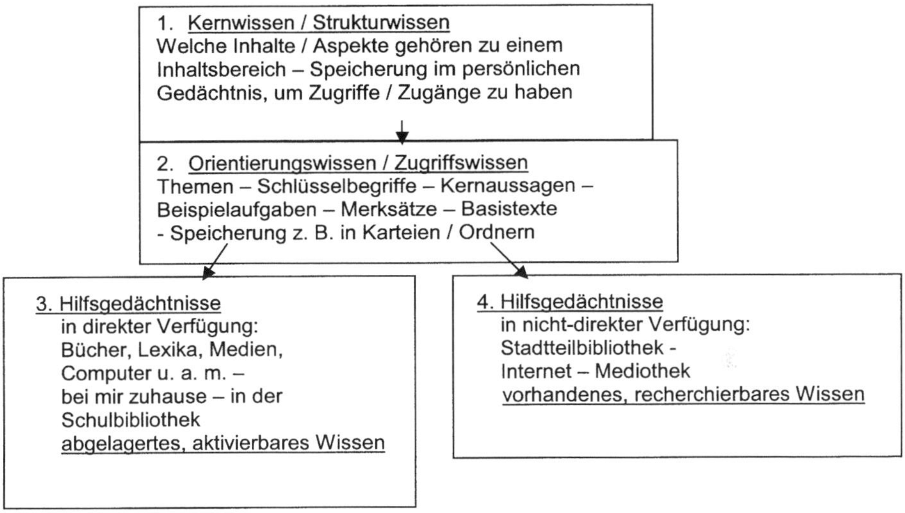

- <u>Selbststeuerung</u> meint die Fähigkeit, über Verfahren zu verfügen, die ein Individuum aus der Lage – in die Handlungsorientierung bringen. Lageorientierung heißt, man kann schon seine Erfolgs-/Misserfolgslage beschreiben, man nimmt sie aber als gegeben an und kommt aus ihr nicht heraus (in Mathematik ist man halt schwach, da kann man nichts machen!). Handlungsorientierung beinhaltet auch das Wissen um die eigene Lernlage, bleibt aber dabei nicht fatalistisch stehen, sondern sucht nach Möglichkeiten, verändernd damit umzugehen (Stabilisierung guter Leistungen, Verbesserung nicht so guter Leistungen). Dazu bedarf es klaren Aufgabenbewusstseins, eines Zeitmanagements und der Ressourcensuche und –bereitstellung: Klärung persönlicher und aufgetragener Ziele, Regeln und Techniken der Arbeits- und Zeitplanung, Fähigkeit der Analyse von Störfaktoren und ‘Zeitkillern’, Abklärung der Arbeitsbedingungen, Umgang mit sich selbst (Abmachungen mit sich selbst, Terminierungen, Selbstdisziplin, sich aber auch etwas Gutes tun), Fähigkeit der Selbstmotivation.

- <u>Selbstverantwortung</u> beinhaltet Einstellungen zum Lernen und gute Gewohnheiten. Wie stelle ich mich auf Aufgaben ein? Zum Schluss bin ich allein verantwortlich für meine Lernergebnisse. Ich muss also das, was mir Freude macht, kultivieren, aber mich in anderen Bereichen auch schinden können. Immer befinde ich mich auf einer Handlungsebene (was der Alltag in- und außerhalb der Schule von mir fordert), wenn ich eine Metaebene gewinne (ich kann mir über die Schulter schauen!), lerne ich, mit mir umzugehen, meine Verantwortung mir und anderen gegenüber wahrzunehmen.

Der Begriff der Selbstkompetenz mit seinen Subkompetenzen markiert also einen Lernbegriff, der über schnelle Reproduktionsleistungen weit hinausgeht. Hat man ihn gewonnen, lässt sich unbefangener über notwendige Lern- und Arbeitstechniken, Lernstrategien schreiben. Ein Überblick lässt sich mit folgender Aufstellung gewinnen:

Das Curriculum ‚Lernen lehren'			
Lernkompetenz	Kanon von Lern- und Arbeitstechniken	Lernstrategien	begleitende Hilfen
- Lernkompetenz heißt Schüler zu gewinnen für ihr Lernen. - ein Eigenkonzept für ihr Lernen zu entwickeln. - Die Gewinnung von Lernregeln, günstigen Lernbedingungen, Lernhilfen. - Lernhilfe durch gemeinsames Lernen (Inhalte eines Textes speichern, auswendig lernen usw.). - Aufstellung von Wiederholungsplänen für Hausaufgaben, für die Vorbereitung von Klassenarbeiten usw.	- Techniken der Informationsschaffung und –sammlung - Techniken der geistigen Auseinandersetzung - Darstellungstechniken (für die vor allem kognitive Bearbeitung von Unterrichtsinhalten). - Experimentier-, Erkundungstechniken - Training von Fertigkeiten (Sport, Musik, Werken) - handwerklich-technische Fertigkeiten	- mit Hilfsgedächtnissen arbeiten - Lernen durch Zuhören - Lernen durch Lesen - Lernen im Gespräch - Lernen in der Gruppenarbeit - Auswendiglernen - Planvoll üben und wiederholen - Lernen durch Vermittlung an andere (Tutoren) - Projektlernen - Fehlerminimierung - Lernen durch Schreiben - Lernen mit Medien und durch Medienproduktion	- Die kleinen Übungen zum Behalten und Konzentrieren - Lerntaktiken z. B. beim Vokabellernen - Lernspiele - Konzentrations- und Merkspiele - Das „materialisierte" Gedächtnis Buch Wandzeitung Ausstellung Videofilm Protokollwand Mappe Fotografien

1. Guter Unterricht für nachhaltiges Lernen

Eine immer bleibende Aufgabe ist es, die Fülle der aufgetragenen Unterrichtsinhalte lernerfreundlich zu vermitteln, zu erklären, zu strukturieren. Aber dies ist gewissermaßen nur die Hälfte der Aufgabe. Die andere Hälfte besteht in der Entwicklung und Realisierung einer Lernerdidaktik. Die Abb. 3 kann den Überblick zunächst einmal geben:

Von der Vermittlungsdidaktik zur Lernerdidaktik

Vermittlungsdidaktik
- Lehrer/innen gestalten den Unterricht.
- Sie vermitteln Inhalte.
- Sie geben Lernaufträge.
- Sie kontrollieren die Lernergebnisse.

↓

- Das Lernen ist fremdbestimmt.
- Das Lernen ist kurzschrittig.
- Inhalte und Anforderungen werden erst kurzfristig bekannt.
- Das Lernen ist an einem Durchschnittstempo orientiert.
- Die Lernkultur ist eingeschränkt.

→

Lernerdidaktik

1. Stufe:
Planungshilfen
(1) stellvertretend:
- Tagesplan
- Wochenplan
- individueller Lernplan
(2) Planungsmanagement entwickeln helfen
(metakognitive Strategien)
Zielklärung
Aufgabenverständnis
Zeitmanagement
Vorgehensschemata
z. B. bei Mathematikaufgaben, beim Umgang mit Texten
(Elaboration, Wiederholung, Kontrolle)
(3) Lernerfreundliche Didaktik

2. Stufe:
Eigenkonzept entwickeln helfen
(1) Das Orientieren
über Aufgaben, Inhalte, Quellen, Bearbeitungsmöglichkeiten (Stöbern)
(2) Strukturieren
Was will/muss ich bearbeiten?
Wie gehe ich vor?
Wie stelle ich es mir und anderen vor?
(3) Die Selbststeuerung
Gehe ich so vor, wie ich es mir vorgenommen habe?
Wo gibt es Schwierigkeiten?
Wie motiviere ich mich?
Wo bekomme ich Hilfen?
Bin ich in der Zeit?
(4) Die Prüfung der eigenen Ergebnisse
Wie schätze ich mein Ergebnis ein?
Wie wird es von der Lehrerin, von Mitschülern eingeschätzt?

Die Übersicht zeigt links die zentralen Merkmale und Konsequenzen der Vermittlungsdidaktik. Der große Kasten rechts zeigt den Ansatz einer Lernerdidaktik in zwei Stufen. In der ersten Stufe geht es um Planungshilfen für Schüler/innen zum Aufbau eines Eigenkonzeptes. Stellvertretend werden über Tages- oder Wochenpläne oder individuell zugeschnittene Lernpläne Aufgaben, Zeitrahmen entwickelt und ein Planungsmanagement aufgebaut, das zunehmend metakognitive Strategien für die Schüler/innen schaffen soll. In der zweiten Stufe soll sich das Eigenkonzept aufbauen im Vierschritt 'Orientieren – Strukturieren – Selbststeuerung – Prüfung der eigenen Ergebnisse'.

Zum Aufbau von Verfahrenskompetenzen muss dann wohl eine Erweiterung der Lerngelegenheiten kommen. Während die notwendigen Unterrichtskonzepte über das Thema 'Offener Unterricht' gut abgeklärt zu sein scheinen, muss die 'Topologie der Lerngelegenheiten' erst noch genauer entwickelt werden. Die Elemente sind vorhanden. Für den Anfang soll folgende Strukturierung den Ansatz darstellen:

Zur Topologie der Lerngelegenheiten

	Lernecken	Lernstationen	Lernwerkstätten	Lernzentralen/-ateliers	außerschulische Lern-orte
Einrichtung und didaktische Qualitäten	Matheecke Leseecke Spielecke Forscherecke Lesezelt	Lernen mit Modellen Lernen mit dem Computer Büchertisch Experimentaltisch Planspiele Lernen mit allen Sinnen Projekttage	Dauerensemble vielfältiger Lern- und Handlungsangebote Druckerei Computer Kopierer Schreibmaschine Papiere, Kartons Experimentalgeräte	auf Dauer Schülerbibliothek Mediothek Forschungslabor Schulgarten temporär Lesenächte Lesungen	Museen Zoo Biologisches Zen-trum Sciencecenter Ökologiestationen Dokumentations-stätten (Geschichte)
Lernpfade	Wegezettel	Stationeninstruktio-nen	Nutzungserklärun-gen	Berater/Tutoren	
	Landkarte der Mög-lichkeiten konkreter Lernweg mit Vorschrift Rallyes mit Aufträ-gen	Handlungsanwei-sungen Kontextbeschreibun-gen Verfahrensalgorith-men	Erläuterungen Inszenarien Anforderungsni-veaux Strategien Aufgaben	Instruktionen Beraten Vermitteln Moderieren	

Sie zeigt, dass Lerngelegenheiten in einem strukturierten Zusammenhang zu entwickeln sind, die das Lernen der Schüler/innen entsprechend der inhaltlichen Anforderungen, der sich artikulierenden Lerntypen und der sich entwickelnden Lernkompetenzen angemessen anregen, initiieren und nachhaltig werden lassen können. Schule verändert sich nicht unwesentlich, wenn man die Beförderung des Lernens ernstnehmen will! Aber das, was die PISA-Studie unter den Begriffen Elaborationsstrategien, Wiederholungsstrategien und Kontrollstrategien fasst, wird auf diesem Wege Realisierung finden können.

Literatur

Aebli, A.: Grundformen des Lehrens. Stuttgart [12]1981

Apelt, E.: Arbeitsmittel und ihre Verwendung in der neuzeitlichen Erziehung.

Artelt, C.: Strategisches Lernen, Münster, 2000

Aschersleben, K.: Einführung in die Unterrichtsmethodik. Stuttgart [3]1979

– : Übung und Wiederholung. In: Hohmann, M.: Handlexikon der Schulpädagogik. Stuttgart 1979

Bach, H.: Die Unterrichtsvorbereitung. Hannover [9]1971

Bak, U.: Übung heißt Fordern. In: Die Grundschule, 1981, S. 36ff.

Bärmann, E: Übung – eine vergessene Selbstverständlichkeit. In: Die Grundschule, 1981, S. 4

– : Tägliche Übungen – Beispiel des „Zehnminuten-Rechnens". In: Die Grundschule, 1981, S. 4ff.

Ballhorn, H.: Müssen wir Kinder zum Üben verführen? In: Die Grundschule, 1985, S. 38ff,

Beer, U.: Methoden der geistigen Arbeit. Tübingen [6]1973

Beiler, A.: Der Lehrentwurf für den biologischen Unterricht. Berlin 1959

Benner, D./Ramseger, J., Wenn die Schule sich öffnet. München 1981

Bloom, B. S.: Individuelle Unterschiede in der Schulleistung – ein überholtes Problem? In: Edelstein, W/Hopf, D. (Hrsg.): Bedingungen des Bildungsprozesses. Stuttgart,1973

– : Alle Schüler schaffen es. In: betrifft: erziehung 1970

Bönsch, M.: Üben und Wiederholen im Unterricht, München, 1993[2]

Bönsch, M.: Lerngerüste – Didaktik 2000 für die Primarstufe, Baltmannsweiler 1998

Bönsch, M. : Lernen durch Lehren, in: Lehrer und Schule heute, 3/4 1999

Bönsch, M.: Praxishandbuch Gute Schule, Baltmannsweiler, 2000

Bönsch, M.: Beziehungslernen, Baltmannsweiler, 2002

Bönsch, M. (Hrsg.): Selbstgesteuertes Lernen in der Schule, Neuwied [2]2004

Bönsch, M.: Intelligente Unterrichtsstrukturen, Baltmannsweiler, [2]2004

Bönsch, M.: Variable Lernwege. Ein Lehrbuch der Unterrichtsmethoden, Paderborn, 2000[3]

Bönsch, M.: Unterrichtsmethoden – kreativ und vielfältig, Baltmannsweiler, 2002

– : Situationen im Unterricht. Ratingen 1965

– : Grundphänomene im Unterricht. Bad Heilbronn 1966

– : Immanente Wiederholung. In: Lebendige Schule, 1968, S. 203ff.

– : Die Wandtafel als Arbeitsmittel im Unterricht. Hannover 1972

– : Beiträge zu einer kritischen und instrumentellen Didaktik. München 1975

– : Bedingungen und Dimensionen sozialen Lernens in der Sekundarstufe I. Essen 1975

– : Wie sichere ich Ergebnis und Erfolg in meinem Unterricht? Essen [4]1977

– : Moderne Unterrichtsgestaltung. München 1981

– : Zu einer Methodik des übenden und wiederholenden Unterrichts. In: Erziehung und Unterricht, 1983, S. 152ff.

– : Üben und Wiederholen. In: Schulverwaltungsblatt für Niedersachsen, 1986 (a), S. 183ff.

– : Lernökologie – Zur Konstruktion von Lernsituationen. Essen 1986 (b)
– : Unterrichtskonzepte, Baltmannsweiler, 1986 (c)
– : Schule verbessern. Hannover 1990
– : Schüler aktivieren. Hannover ^{3}1994
– : (Hrsg.): Einprägen, Üben und Anwenden. München 1966
– : (Hrsg.): Unterricht mit audiovisuellen Mitteln. Donauwörth 1973
– : (Hrsg.): Formen und Funktionen von Lernmaterialien. Ravensburg 1976
– / Schittko, K. (Hrsg.): Offener Unterricht. Hannover 1979
Bollnow, O. E.: Die Macht des Wortes. Essen 1964
– : Vom Geist des Übens. Freiburg i. Br. 1978
Bosse, D. (Hrsg.): Unterricht, der Schülerinnen und Schüler herausfordert, Bad Heilbrunn, 2004
Bredenkamp, J./Wippich, W: Lern- und Gedächtnispsychologie. 2. Bde. Stuttgart 1977
Carroll, J. B.: Ein Modell schulischen Lernens. In: Edelstein, W/Hopf, D. (Hrsg.): Bedingungen des Bildungsprozesses. Stuttgart 1973
– : Lernerfolg für alle. In: Westermanns Pädagogische Beiträge 1972
Cohn, R.: Von der Psychoanalyse zur themenzentrierten Interaktion. Stuttgart, ^{5}1981
Correll, W.: Lernpsychologie. Donauwörth ^{2}1963
– : Lernen und Verhalten. Frankfurt/M. 1971
v. Cube, F: Kybernetische Grundlagen des Lehrens und Lernens. Stuttgart 1965
Dewey, J.: Wie wir denken. 1910. Dt. Zürich 1951
Dienes, Z. R: Aufbau der Mathematik. Freiburg i. Br. ^{3}1969
Dorn, M./Eckart, M./Thieme, A.: Lernmethodik in der Grundschule, Weinheim, 2002
Drefenstedt, E.: Didaktische Schriften. Berlin 1985
Ebbinghaus, H.: Über das Gedächtnis. Leipzig 1885
Edelmann, W: Lernpsychologie München/Weinheim ^{2}1986
Eggersdorfer, E. X.: Jugendbildung. München ^{7}1961
Eisenhut, G./Heigl, J./Zöpfl, H.: Üben und Anwenden. Zur Funktion und Gestaltung der Übung im Unterricht. Bad Heilbrunn 1981
Endres, W. (Hrsg.): Die Endres Lernmethodik, Weinheim, 2001
Erdnijew, RM.: Übungsformen im Mathematikunterricht. Berlin 1977
Eyferth, K.: Das Lernen von Haltungen, Bedürfnissen und sozialen Verhaltensweisen. In: Handbuch der Psychologie. Bd. 1. Hrsg. v. R. Bergius. Göttingen 1964
Feldmann, K.: Schüler helfen Schülern, München 1980
Fischer, A.: Über Reproduzieren und Wiedererkennen bei Gedächtnisversuchen. In: Zeitschrift für Psychologie 1909
Fitz-Gibbon, C. T.: CSE Report on Tutoring 0-5. Los Angeles 1977
Fleischmann, U. M./Oswald, WD.: Lernen und Gedächtnis im höheren Erwachsenenalter. In: Unterrichtswissenschaft, 1986, S. 19ff.
Foppa, K.: Lernen, Gedächtnis, Verhalten. Köln/Berlin ^{4}1968
Friedrichs, K./Meyer, H./Pilz, E.: Unterrichtsmethoden. Oldenburg 1982
Fürst, U.: Der Weg zum guten Gedächtnis. Wien 1963
Gabele, R: Leitlinien für eine pädagogische Volksschulpraxis. München 1962

Gage, N. L./Berliner C. D.: Pädagogische Psychologie. Bd. 2. München [2]1979

Gahn, J.: Steigerung des Übungserfolges durch die Arbeit mit Kleingruppen. In: Unterrichten/erziehen, 1983, S. 45ff.

Gaudig, H.: Didaktische Präludien. Leipzig/Berlin 1908

Glogauer, W: Übungsformen im Rechtschreibunterricht und ihre Begründung für die Grundschule. In: Blätter für Lehrerfortbildung, 1981, S. 41ff.

Glueck, S. u. E.: Predicting Delinquencey and Crime. Cambridge, Mass. 1959

Gordon, Th.: Lehrer – Schüler – Konferenz. Reinbek, 1981

Grimm, W: Simulationsgebundene Unterrichtsformen. In: Neue Unterrichtspraxis, 1968, S. 225ff.

Grüner, G.: Einfache Erklärungs-, Einpräge- und Merkhilfen im Berufsschulunterricht. Braunschweig 1967

Grzesik, J.: Effektiv lernen durch guten Unterricht, Heilbrunn, 2002

Gudjons H.: Handlungsorientiert lehren und lernen, Bad Heilbrunn, 2000[6]

Guyer, W: Wie wir lernen. Erlenbach/Zürich [5]1967

Hallitzky, M.: Strukturen der Offenheit als Qualitätgskriterien nachhaltigen Lernens, Bad Heilbrunn, 2002

Hasler, H.: Die Übung im Rechtschreibunterricht. In: Die Grundschule, 1981, S. 29ff.

Hasselhorn, M. (Hrsg.): Wirkungsvoller lernen und arbeiten. Heidelberg 1973

Hausmann, G.: Didaktik als Dramaturgie des Unterrichts, Heidelberg, 1959

Heckhausen, H.: Hoffnung und Furcht in der Leistungsmotivation. Meisenheim 1963

– : Motivation und Handeln. Berlin 1980

Hegele, J.: Wie kann man das Schreiben von Texten üben? In: Die Grundschule, 1981, S. 16ff.

Hehlmann, W: Wörterbuch der Psychologie. Stuttgart [2]1962

Heimann, R/Otto, G./Schulz, W: Unterricht – Analyse und Planung. Hannover 1962

Hellpach, W: Sozialpsychologie. Stuttgart [3]1951

Hempel, M. (Hrsg.): Lernwege der Kinder, Baltmannsweiler, 1999

Herbart, J. E: Umriss pädagogischer Vorlesungen (1835). Hrsg. J. Esterhues. Paderborn [2]1964

Hilgard E. R./Bower G. H.: Theorien des Lernens. Bd. 2. Stuttgart 1971

Hillebrand, G.: Die Übung im Deutschunterricht der Grund- und Hauptschule. Ratingen 1974

Hiller, G: Konstruktive Didaktik, Düsseldorf, 1973

Hofer, M.: Instruktion als Optimierung von Lernprozessen. Teil II: Unterrichtsmedien. In: Weinert, F. E. u. a.: Pädagogische Psychologie. 2 Bde. Frankfurt/M. 1974

Hoffbauer, H.: Die Studien – Begleitbriefe im Medienverbund des Quadriga-Funkkollegs Erziehungswissenschaft. Diss. Tübingen 1972

Hofstätter, P. R.: Psychologie. Frankfurt/M. 1957

Högl, K.: So lernt man richtig. Neue Wege zur erfolgreichen Lernkunst. Wien 1963

Honner, E: Die Übung im Mathematikunterricht der Hauptschule. In: Pädagogische Welt, 1986, S. 120ff.

Huber, E: Allgemeine Unterrichtslehre. Bad Heilbrunn [11]1972

Hülshoff, E/Kaldewey, R.: Training – Rationeller lernen und arbeiten. Stuttgart [5]1980

Huschke, R/Mangelsdorf, M: Wochenplan-Unterricht. Weinheim/Basel 1988

Jannasch, H. W./Joppich, G.: Unterrichtspraxis. Hannover [7]1969

Janssen, B.: Kreative Unterrichtsmethoden, Braunschweig, 2004

Jeziorsky, W: Selbstbildungsmittel in der Grundschule. Braunschweig 1965

Jost, A.: Die Assoziationsfestigkeit in ihrer Abhängigkeit von der Verteilung der Wiederholungen. Weimar 1897

Jostes, M./Weber, R.: Projektlernen. Köln 1987

Kahabka, B.: Die mechanisierende/automatisierende Übung als notwendiger Bestandteil des Mathematikunterrichts in der Grundschule. In: Blätter für Lehrerfortbildung, 1981, S. 364 ff.

Kasper, H. u. a.: Lasst die Kinder lernen – Offene Lernsituationen, Braunschweig, 2002

Kebeck, G.: Emotion und Vergessen. Münster 1982

Keck, R.: Artikulationsmodelle. In: Nicklis, W. S. (Hrsg.): Handwörterbuch der Schulpädagogik. Bad Heilbrunn 1973

Keller, E. S./Sherman, J. G.: The Keller Plan Handbook. Menlo Park 1974

Kemper, M./Klein, R.: Lernberatung, Baltmannsweiler 1998

Kern, B.: Formen der Übung. Münster 1930

Keseling, G. u. a.: Sprach-Lernen in der Schule. Köln 1974

Kettwig, U.: Lernen durch Lehren. Dipl.-Arbeit. Universität Oldenburg 1978

Klafki, W: Unterrichtsspiele im Dienste der Wiederholung. In: Unsere Schule, 1952, S. 542–549

Klie, Th.: Performativer Religionsunterricht, in: Loccumer Pelikan, 4/2003

Klie, Th./Leonhard, S. (Hrsg.): Schauplatz Religion, Grundzüge einer performativen Religionspädagogik, Leipzig, 2003

Kliemann, H.: Anleitungen zum wissenschaftlichen Arbeiten. Freiburg i. Br. [10]1975

Klingberg, L.: Einführung in die allgemeine Didaktik. Kronberg/Ts. 1975

Klippert, H.: Kommunikationstraining, Weinheim, [8]2000

Klippert, H.: Eigenverantwortliches Arbeiten und Lernen, Weinheim und Basel, 2001[2]

Klippert, H.: Methoden-Training, Weinheim, [12]2002

Klippert, H./Müller, F.: Methodenlernen in der Grundschule, Weinheim, 2003

Knopf, M.: Überblick über die Entwicklung des Lernens und des Gedächtnisses im Kindes- und Erwachsenenalter. In: Unterrichtswissenschaft, 1986, S. 8 ff.

Kösel, E./Schneider, J.: Übung – Grundlage des Lernens. Ravensburg 1978

Kowalczyk, W./Ottich, K.: Erfolgreich in der Schule, Reinbek, 1997

Kowalczyk, W./Ottich, K.: Hausaufgaben – so klappt's besser, Reinbek, 1999

Kraepelin, E.: Über geistige Arbeit. Jena 1934

Kretschmann, J./Haase, D.: Natürlicher Unterricht. Hannover. [2]1948

Krüger, R.: Zur Qualität des Übens im Grundschulunterricht – Beobachtungen in 24 Deutschstunden. In: Ehrenwirth Grundschulmagazin, 1985, S. 5 ff.

Küpper, D.: Üben – eine Schuldigkeit des Sportunterrichts. In: Die Grundschule, 1981, S. 7 ff.

Kugemann, W. E.: Kopfarbeit mit Köpfchen. München [7]1971

– : Lerntechniken für Erwachsene. Stuttgart 1972

Kuhl, J.: Motivation, Konflikt und Handlungskontrolle. Heidelberg 1983

Lado, R.: Moderner Sprachunterricht. München 1967

Lauter, J.: Überlegungen zum Problem der Übung im Mathematikunterricht in der Grundschule. In: Pädagogische Welt, 1983, S. 642ff.

Leitner, S.: So lernt man lernen. Freiburg i. Br. 9 1977

Lindahl, R.: Lernen und Gedächtnis. In: Handbuch der Psychologie. Hrsg. v. D. Katz. Meisenheim/Glan 2 1960

Lippitt, P. u. a.: Cross-age helping program. Ann Arbor 1971

– : AG Lernmethodik: So macht Lernen Spaß. Weinheim/Basel 3 1980

Lersch, Ph.: Aufbau der Person. München 10 1960

Löbner, W: Lehrmethoden der beruflichen Erwachsenenfortbildung. Braunschweig 1964

Loser, E.: Die Übung im Unterricht und ihr Beitrag zu einer pädagogischen Theorie des Lehrens und Lernens. In: Dohmen, G./Maurer, F. (Hrsg.): Unterricht – Aufbau und Kritik. München 1968

Luft, U.: Übung und Wiederholung. In: betrifft: erziehung, 1983, S. 29ff.

Mandl, H./Friedrich H. F.: Förderung des Wissenserwerbs im Kindes- und Erwachsenenalter. In: Unterrichtswissenschaft, 1986, S. 40ff.

Metzger, W: Politische Bildung aus der Sicht des Psychologen. Hannover 1965

Meumann, E.: Abriss der experimentellen Pädagogik. Leipzig 1914

– : Ökonomie und Technik des Gedächtnisses. Leipzig 5 1920

Meyer, H.: Unterrichtsmethoden, 2 Bde, Frankfurt/M., 1987

Michael, B.: Selbstbildung im Schulunterricht. Weinheim 1963

Mielke, R.: Psychologie des Lernens, Stuttgart, 2001

Naef, R. D.: Rationeller Lernen lernen. Weinheim 11 1982

Odenbach, K.: Die Übung im Unterricht. Braunschweig 6 1974

– : Das Wagnis des Unterrichts. Braunschweig 1967

Okon, W: Der Unterrichtsprozess. Berlin 1957

Otto, G./Schulz, W. (Hrsg.): Methoden und Medien der Erziehung und des Unterrichts. Stuttgart 1985

Pacolt, E.: Lernen – Üben – Wiederholen. Wien/München 1973

Petersen, P.: Führungslehre des Unterrichts. Braunschweig 6 1959

Peterßen, W. H.: Handbuch Unterrichtsplanung. 5., überarbeitete und aktualisierte Auflage. München 1992.

Potthoff, W.: Erfolgssicherung im Unterricht. Freiburg i. Br. 1981

Preibusch, W.: Unterrichtsbezogene Differenzierung. Berlin 1969

Ramseger, J.: Offener Unterricht in der Erprobung. München 1977

Rebel, Kh.: Zur didaktischen Struktur des Funkkollegs Erziehungswissenschaft. In: Die Deutsche Schule 1970

Redlich, A./Schley, W.: Kooperative Verhaltensmodifikation im Unterricht. München 1978

Reischmann, J.: Leichter lernen – leicht gemacht. Arbeitstechniken für Schule und Studium, Fortbildung und Examensvorbereitung. Bad Heilbrunn 3 1985

Rösner, M.: Unterrichtstechnik. Hannover 2 1955

Rogers, C. R.: Lernen in Freiheit, München [3]1979

Rohracher, H.: Einführung in die Psychologie. Wien [7]1960

– : Gedächtnis und Lernen. In: Meili, R./Rohracher, H. (Hrsg.): Lehrbuch der experimentellen Psychologie. Bern/Stuttgart [2]1968

Rose, G.: Grundriss einer allgemeinen Unterrichtslehre. Bonn 1953

Roth, H.: Pädagogische Psychologie des Lehrens und Lernens. Hannover [12]1970

Roth, L.: Handlexikon zur Erziehungswissenschaft. 2 Bde. Reinbek 1980

Scharrelmann, H.: Von der Lernschule über die Arbeitsschule zur Charakterschule. Hamburg 1973

Schaub, H.: Üben im Sachunterricht. In: Die Grundschule 1981, S. 20ff.

Scheibner, O.: Zwanzig Jahre Arbeitsschule in Idee und Gestaltung. Leipzig 1928

Scheller, J.: Erfahrungsbezogener Unterricht, Königstein/Ts., 1981

Schenk-Danzinger, L.: Latente Reifung. Kongressbericht. Göttingen 1965

Scheufele, U. (Hrsg.): Weil sie wirklich lernen wollen, Weinheim, 2003

Schiefele, H.: Programmierte Unterweisung, München [2]1966

Schermer, F. J.: Lernen und Gedächtnis, Stuttgart, [3]2002

Schneider, K.-H./Suttner, K.: Wenn das Dreieck noch nicht gleichseitig ist. In: Themenzentrierte Interaktion, 2/1988

Schräder-Naef, R.: Lerntrainings in der Schule, Weinheim, 2002

Smola, J.: Anregende Übungsformen im Mathematikunterricht in der Grund- und Hauptschule. In: Blätter für Lehrerfortbildung, 1981, S. 376ff.

Spandl, O. R.: Methodik und Praxis der geistigen Arbeit. München 1973

Stern, W: Allgemeine Psychologie. Leipzig 1935

Stern, E.: Auf falschen Fährten – Wie man intelligentes Wissen zum Lernen bereitstellt – das müsste das zentrales Thema der derzeitigen Bildungsdebatte sein, in: Frankfurter Rundschau, 30.09.2003

Stöcker, K.: Neuzeitliche Unterrichtsgestaltung. München [15]1970

Stoltenberg, U.: Nachhaltigkeit lernen mit Kindern, Bad Heilbrunn, 2002

Strote I.: Das Wochenplanbuch in der Grundschule. Heinsberg 1985

Vester, E: Denken, Lernen und Vergessen. Stuttgart 1975

Vortmann, H.: Die Bedeutung der Übung für den Lernerfolg im Mathematikunterricht der Grund- und Hauptschule. In: Blätter für Lehrerfortbildung, S. 350ff.

– /Schmid, H.: Die Übung im Mathematikunterricht der Grund- und Hauptschule in Unterrichtsbeispielen. Ratingen 1975

Weidenmann, B./Knapp, A. u. a. (Hrsg.): Pädagogische Psychologie. München/Weinheim 1986

Weidenmann, B.: Erfolgreiche Kurse und Seminare, Weinheim, [4]2001

Weinert, F. E.: Metakognition und Motivation als Determinanten der Lerneffektivität. In: Weinert, E. E./Kluge, R. H. 1984

– /Kluge, R. H. (Hrsg.): Metakognition, Motivation und Lernen. Stuttgart 1984

Wegner, W. (Hrsg.): Computer und Computernetze als Lehr- und Lernmedien, Bad Heilbrunn, 2002

Weise, M.: Pädagogische Übung. Dresden 1932

Wellenreuter, M. u. a.: Tutorenarbeit mit Schülern als Alternative zum Klassenunterricht? In: Joppich, G. (Hrsg.): Projekte der inneren Schulreform. Hannover 1979

Wenzel, K.: Durch Übung und Anwendung zur besseren Schrift. In: Unterrichten/erziehen, 1983, S. 30ff.

Wertheimer, M.: Produktives Denken, Frankfurt/M. 21964

Whorf, B. L.: Sprache – Denken – Wirklichkeit. Reinbek 1963

Wiederhold, R. A.: Die Artikulation des Unterrichts. In: W. Twellmann (Hrsg.): Handbuch Schule und Unterricht. Bd. 4.1. Düsseldorf 1981

Wiechmann, J. (Hrsg.): Zwölf Unterrichtsmethoden, Weinheim, 32002

Wippich, W: Perspektiven einer angewandten Gedächtnispsychologie. In: Unterrichtswissenschaft, 1986, S. 56ff.

Wittek, A./Rupprecht, R.: Übender Unterricht mit Kleingruppen – zentrale Aufgabe der Pädagogischen Assistenz. In: Unterrichten/erziehen, 1983, S. 47ff.

Zielinski, J./Schöler, W: Methodik des programmierten Unterrichts. Ratingen 1965

Zielinski, W.: Lernschwierigkeiten, Stuttgart, 31998

Zielke, W: Schneller lesen – besser lesen. München 1966

– : Schneller lernen – mehr behalten. München 1967

– : Schneller lesen – besser trainiert. München 1967

– : Nicht mehr so vergesslich sein. München 1969

Zievogt, U. E.: Tägliches Kopfrechnen im Mathematikunterricht der Hauptschule. In: Blätter für Lehrerfortbildung, 198 1, S. 370ff.